UNA**VIDA** SALUDABLE

Según los fundamentos del judaísmo
y la medicina moderna

Escrito por

Rab Yejezkel Asjayek

el autor de
Una vida sin fumar según la Torá

Benei Berak • 5773 / 2013

*La traducción de este libro está basada
en la décima edición en hebreo de la obra: 5763-5773.
Título original en hebreo:* Jaím Briím Kahalajá.

Primera edición en español: 5773 / 2012

Traducción: Braja Davidovich
Corrección: Mesod Amar
Colaboración: Jaim Fuica
Diseño gráfico: Yael Knochen

ISBN: 978-965-90923-4-5

Dirección del autor:

Rab Yejezkel Asjayek
email: info@bnpublishing.com

ESTE LIBRO SE PUEDE CONSEGUIR EN LOS SIGUIENTES IDIOMAS:
Hebreo, francés, ruso, yídish,
y próximamente en inglés.

www.bnpublishing.com

ESTE LIBRO
ESTÁ DEDICADO
CON AMOR
Y AGRADECIMIENTO
A LA MEMORIA
DE MI QUERIDO PADRE
Y MAESTRO,

RABÍ SALMAN z"l
HIJO DE
MENASHÉ Y JATÚN z"l,

NACIDO EN BAGDAD
EL 13 DE TISHREY DE 5669 (1908)

FALLECIDO EN LA TIERRA SAGRADA
EL 4 DE TEVET DE 5765 (2005).

CARTA DE RECOMENDACIÓN
para la edición en hebreo

Rabí Yejezkel Asjayek, el autor del libro *Una vida saludable*, no es médico ni nutricionista. Él no cursó ninguna clase de estudios formales de medicina, pero es sencillamente un hombre inteligente. Y por ser un experto conocedor de los asuntos halájicos y de los escritos de los Sabios de nuestro pueblo, logró volcar en su libro una interesante y singular combinación de sabiduría.

En esta obra el autor expone las enseñanzas de Maimónides (el *Rambam*) concernientes a la salud, tanto en lo que respecta a los alimentos que se ingieren, como a la conducta alimenticia y a la forma de vivir en general. Y aunque en la época de aquel gran sabio judío la medicina casi no se basaba en conocimientos fisiológicos o bioquímicos, sino en una reflexión profunda de la conducta humana, el Rab Asjayek supo combinar con inteligencia todo ese acervo cultural con los descubrimientos científicos actuales, mostrando como a través de ambos caminos se llega a las mismas conclusiones.

El autor analiza minuciosamente el proceso de la digestión, desde la masticación del alimento hasta su eliminación del cuerpo; habla del uso de ingredientes que pueden provocar la falta de salud, como el azúcar, la sal, etc. –entrando en detalles que sin duda extrajo de fuentes bien calificadas–; e incluso se refiere al peligro que implica el cigarrillo. Asimismo, alude a la necesidad del ejercicio físico y al cuidado del bienestar del alma, y a los mecanismos que estos asuntos comprenden.

El libro presenta además una "tabla de conducta saludable" que detalla el camino a seguir para conservar y mantener la salud, lo cual recalca que el tema central aquí es la medicina preventiva que asegura una vida saludable, larga y feliz.

Como médico, el libro del Rab Asjayek me pareció una obra muy interesante –a pesar de que el autor no se aventuró a innovar conclusiones en el campo de la medicina–. Por ello, cálidamente recomiendo su lectura.

Profesor Tzvi Bank (z"l)

Especialista en medicina interna
Director del Departamento de Medicina Interna,
Centro Médico "Shiba", Tel Hashomer, Israel

CARTA DE RECOMENDACIÓN

para la edición en hebreo

El libro del Rabino Asjayek consiste en un programa y una guía singular de cómo vivir una vida saludable. No es un escrito científico, sino una obra muy legible y comprensible que explica en términos sumamente sencillos cómo vivir una vida sana y feliz.

El autor no es médico ni científico; sin embargo, logró con mucho éxito describir los principios de la correcta alimentación y digestión, así como los de la conducta de vida saludable. Todo en forma detallada y muy fácil de llevar a la práctica.

El Rabino Asjayek es una persona muy sabia. Él logró combinar las enseñanzas de los Sabios de antaño –como el *Rambam*– y las normas alimenticias consideradas por la ley judía, con la medicina moderna que se basa en las pruebas y evidencias de las investigaciones científicas más actuales. Recientemente, un artículo publicado en Japón confirmó aquello que el Rabino Asjayek viene afirmando durante ya varios años: que las personas que comen pausadamente y cuidando las indicaciones expuestas en este libro, tienden a subir menos de peso y a estar más saludables.

El autor ha sido dotado de una sabiduría singular, y sabe estudiar con profundidad las conductas humanas. Su comprensión, conocimientos y sabiduría, resaltan en esta obra singular. Como médico, disfruté de la lectura y, de hecho, yo sigo y me comporto según las indicaciones del Rab Asjayek. Recomiendo este libro a mis familiares, conocidos y pacientes también. Y estoy seguro de que todo aquel que se comporte de acuerdo a los principios descritos en el libro en todo lo que respecta a la alimentación, el agua y la conducta en general, vivirá una vida más larga, sana y con bienestar.

Yaacov Shaní

M.D., F.A.C.P., F.A.C.C., F.S.C.A.I.

Presidente del Instituto Cardiológico

Director del Departamento de Cardiología

Director del Programa de Enfermedades Cardiovasculares en Adultos

Director del Programa de la Beca de Residencia de Cateterismo Cardíaco

Profesor de Medicina en la Universidad de Medicina "Monte Sinai"

Profesor de Cateterismo Cardíaco en la Universidad de Roma, Italia.

CARTA DE RECOMENDACIÓN
para la edición en hebreo

Es un honor y un placer para mí escribir una carta de recomendación al libro de mi querido amigo, el Rab Yejezkel Asjayek, "Una vida saludable".

En los últimos años he estado reunido varias veces con el Rab Asjayek, hablando sobre temas de la medicina. A veces se han despertado entre nosotros interesantes charlas sobre cuestiones diversas, entre ellos: la medicina preventiva y la relación entre la perspectiva judía, la conducta adecuada y la salud.

El Rab Asjayek no es médico, pero a lo largo de los años se ha interesado en todo lo relacionado con la salud; en especial, con la conducta saludable y la prevención de enfermedades. El Rab Asjakek ve el tema de la salud desde el enfoque particular que sólo alguien que es versado en la sabiduría judía y en la vida cotidiana la vez puede tener. Y así añade al tema de la salud un interesante condimento, que es precisamente lo que ha despertado el interés de los grandes Rabinos de las generaciones pasadas en este tema, ya que también ellos fueron grandes conocedores de asuntos médicos y conductas saludables.

Más de una vez la sabiduría del Rab Asjayek me ha asistido a mí como médico, para ayudar a prevenir y tratar enfermedades como la hipertensión, la diabetes, el colesterol y la obesidad. Su punto de vista particular ha abierto ante mí una puerta a interesantes caminos para llegar a mis pacientes (especialmente a los creyentes entre ellos) y ayudarlos a cambiar sus hábitos de vida, e influir a formar un concepto de vida sana también para el bienestar de sus hijos.

Con el tiempo aprendí a conocer al Rab Asjayek como un hombre de conocimientos bien fundamentados. En su libro "Una vida saludable" él hace una exposición muy beneficiosa en lo referente a la alimentación y el ejercicio, lo cual ayuda a muchos de nosotros a tratar de cuidar nuestra salud entendiendo el valor y la santidad de la vida.

Siendo un Rabino, padre de una familia numerosa, y experto en la medicina preventiva y la salud, el Rab Asjayek reúne una mezcla infrecuente y especial de elementos, que nos ofrece en este libro tan interesante. No tengo dudas de que, acompañado del seguimiento apropiado de un médico, este libro puede ser de mucho beneficio para todo aquel que desee saber cómo vivir apropiadamente.

Con mis bendiciones,

Profesor Yarón Bar-Dayán
Experto en Medicina Interna

CONTENIDO

PREFACIO

Es de mi agrado presentarte esta obra que trata acerca de la conducta correcta a tomar para el buen cuidado de la salud. Este compendio está basado en las enseñanzas de la Torá y en los conocimientos actuales en el campo de la medicina.

¿Qué me llevó a escribir este libro?

Por la gracia Divina, ya desde la niñez, mi padre y maestro, Rabí Salman z"l[1], y mi madre –que viva con salud por muchos años más–, me educaron a seguir las reglas naturales que conducen al apropiado cuidado de la salud. Varios años después, me relacioné mucho más con este tema cuando tuve el mérito de ser el asistente personal del gran líder de nuestra generación, el *Gaón* Rabí Elazar Menajem Man Shaj zt"l, para lo cual debí comprender en profundidad los asuntos que concernían a su estado de salud.

Los esfuerzos en el cuidado de la salud son una obligación indiscutible de toda persona creyente, y el Rab Shaj cuidaba las indicaciones de los médicos con gran esmero. En esta obra

---

1.   Hijo de Menashé y Jatún z"l, fallecido el 4 de Tevet de 5765 (2005).

menciono algunas de las diversas conductas que el Rab Shaj y el *Jafetz Jaím* tenían en relación con el cuidado de la salud. Tal vez, algunas historias o anécdotas te parecerán sencillas. Pero mi intención es mostrarte que aunque estos gigantes de la Torá fueron los sabios más grandes de su generación, de todos modos "tenían tiempo" para cuidar su salud. Y he aquí, ellos tuvieron el mérito de vivir muchos años; pues el *Jafetz Jaím* falleció en el año 1933, a los 95 años de edad, y mi maestro, el Rab Shaj, el 2 de noviembre de 2001, a los 104 años de edad.

(Aprovecho también la oportunidad para recordar al Profesor R. Amram Jaím Abujatzira z"l[2], de quien aprendí gran parte de esta doctrina del cuidado de la salud. El Rab Shaj se reunió con el Profesor Abujatzira en numerosas oportunidades, e incluso varias veces viajó especialmente a Jerusalem para consultar con él acerca de su estado de salud.)

Pero además de ser una obligación, el cuidado de la salud es, por supuesto, un gran mérito.

¿Quién no desea tener una vida normal y saludable, con el mínimo de molestias y el máximo de potencial para cumplir su propósito y función en este mundo? ¡¿Quién no aspira a tener una buena longevidad?!

Tú, preciado lector, no debes pensar que algo así no está en nuestras manos conseguir, y que en el Cielo es donde inflexiblemente se decreta sobre la persona este asunto. Ya leerás más adelante en este libro (específicamente en los capítulos 1-3) que hay muchas fuentes talmúdicas y de las autoridades Rabínicas posteriores que demuestran que el cuidado de la salud por parte de la persona tiene una incidencia directa en la longevidad y la calidad de nuestras vidas, y así vemos también el comportamiento de las grandes personalidades de

---

2.   Hijo de Rabi Masud y Rajel z"l, fallecido el 2 de Av de 5758 (1998).

nuestro pueblo en todas las generaciones. (¡Además, dichos capítulos te proporcionarán la energía espiritual necesaria para pasar del estudio teórico a la etapa práctica; y estoy seguro de que encontrarás en ellos novedosas ideas que cambiarán tu perspectiva de vida, supuestamente "fundamentada" en la Torá!)

Cuando me encuentro con gente cuyo rostro y aspecto físico revelan deterioro, que llevan una vida no saludable, que su calidad actual de vida ya está estropeada –¡y quién sabe que ocurrirá con ellos en el futuro!–, converso unas palabras con ellos e indago un poco acerca de su forma de vida.

Las personas me responden con convencimiento: "Ya no hay nada para hacer... con la obesidad, el cigarrillo, el desequilibrio del azúcar, el deterioro renal, la hipertensión arterial, la dificultad para caminar, la constipación de vientre, etc., etc.". Y yo cada vez me sorprendo nuevamente de la falta de conocimiento que existe respecto de este asunto.

No obstante, luego de algunas palabras explicativas de mi parte, el oyente siempre muestra interés y está dispuesto a escuchar más. Me pide que le explique más, que le escriba y le envíe información, como si fuera la primera vez en la vida que escucha sobre este tema. Encuentros de este estilo son los que generaron en mí la idea de escribir esta obra.

En realidad, desde el primer día que estudié las palabras del *Rambam* (Maimónides) en *Hiljot Deot* me lamenté de que, a primera vista, en esta época parece ser imposible cumplirlas en su totalidad, pues las nociones y los conceptos de la naturaleza humana han cambiado mucho desde entonces. Sin embargo, un tiempo más tarde abrí el libro *Kitzur Shulján Aruj*, escrito por Rabí Shlomo Gantzfried *zt"l*, y me alegré de encontrar allí una adaptación de las palabras del *Rambam* a la época en la que vivió dicho autor.

De él aprendí; lo imité; y efectivamente Dios me dio el

mérito de poder adaptar la sabiduría del *Rambam* a nuestra época y enlazarla con las enseñanzas de la medicina moderna.

En honor a la verdad, toda esta gran sabiduría es digna de ser escrita en un libro en forma más detallada, explayándose en todas las fuentes, etc. Sin embargo, en la brecha entre lo deseado y lo posible de realizar, encontró su lugar esta obra, escrita con un vocabulario sencillo, la cual es un compendio de las enseñanzas prácticas más necesarias.

El cuerpo humano fue creado con una maravillosa sabiduría, como está escrito en el Libro de *Yov*: "Y a través de mi cuerpo descubriré a Dios" (Yov 19:26)[3]. Jamás podremos comprender todos los procesos que ocurren dentro de nuestro organismo. Sin embargo, nuestro objetivo en este libro ha sido tratar de explicar un poco las indicaciones que brindamos al lector como para no dejarnos llevar por una "creencia ciega". Cada instrucción viene acompañada de su razón; a veces más extensa, otras veces más sintetizada. Pero siempre la finalidad ha sido ayudarte a ti, querido lector, a llevar a la práctica en la forma correcta estas importantes enseñanzas del cuidado de tu salud, con la ayuda de Dios.

Sólo para representar un poco ante nuestros sentidos la complejidad del cuerpo humano y la precisión de su funcionamiento, tomemos el ejemplo de un automóvil. ¡Qué maravilloso invento! Al coche se le carga gasolina; aceite para el motor, para el volante y la dirección, para los cambios, para los frenos; grasa; agua para el radiador, para la limpieza del parabrisas; etc. Cada uno de estos elementos posee un orificio de entrada y un recipiente particular que lo almacena. ¡Y si introdujéramos todo por la misma abertura, las consecuencias serían terribles para el funcionamiento del auto! Sin embargo, en el ser humano hay una sola entrada para todo, y aun así

---

3. El cuerpo humano es una muestra fiel de la gran Sabiduría Divina. Al reflexionar sobre la creación del cuerpo queda revelada la grandeza del Creador, aun más que al contemplar los astros celestiales.

las uñas no crecen en la cabeza ni los dientes en las manos. ¡Y todo esto no sólo por un lapso de cinco o diez años sino durante toda la vida de la persona!

Este es sólo uno de tantos ejemplos que existen para mostrar la perfección del organismo humano creado por Dios[4].

Es importante recalcar: el contenido de este libro no es una nueva clase de "teoría naturista" ni una de las tantas "dietas milagrosas" que ocasionalmente aparecen. En cambio, es un camino de vida, son actitudes convenientes y al alcance de toda persona, tanto para hombres como para mujeres, jóvenes y adultos. El objetivo es alejarte de todos aquellos factores que perjudican tu salud, y alentarte a adoptar conductas beneficiosas. Es importante que recuerdes una regla simple y clara: es mucho más fácil prevenir una enfermedad, que curarla.

Es mi deseo que obtengas de este libro el máximo beneficio, y que logres incrementar incluso más conocimientos de los que escribí en él. Y lo principal es llevarlos a la práctica.

Con mis mejores deseos de buena salud,
con la ayuda Divina,

Yejezkel Asjayek

> Uno de los obsequios más grandes que podemos brindarles a nuestros hijos es ser padres sanos.

---

4. Este ejemplo está sacado del libro "*Hearot ubeurim*" sobre el comentario de *Rabenu Yoná* al Tratado de *Avot* (escrito por el Rab Hilel Brisk, Jerusalem, 5764).

EL "BANCO" DE LA SALUD

Introducción

Querido lector: Si quieres, este libro puede ser el más entretenido que jamás hayas leído.

¿Por qué *entretenido*?

Porque no cuenta sobre la vida de otros sino ¡sobre la tuya propia! Porque expone ante tus ojos lo más preciado para ti en este mundo: el cuidado de tu cuerpo y de tu alma.

¿Por qué, solamente, *si quieres*?

Porque hubo quienes lo miraron de reojo y prefirieron no descubrir su contenido por temor a que el conocimiento los obligara a cambiar su modo de vida. Si logras terminar de leer toda esta introducción, las probabilidades de que disfrutes del libro son bastante altas. Y aun si hacer esto también te cuesta bastante, ¡no te desesperes! Espera encontrar algún momento para hacerlo con más predisposición. Quizás esa "hora de gracia" se demore en llegar, pero no dudo que finalmente ocurrirá.

No sé en qué etapa de la vida te encuentras. Si tienes

menos de 30 años de edad, es comprensible que tomes este libro con cierta indulgencia. Si tienes menos de 40, probablemente lo tomes con cierta cautela. Si tienes más de 40 años, estoy seguro de que lo tomarás con seriedad.

De cualquier forma, sería bueno interiorizar el concepto de que cuanto antes comiences a poner en práctica lo aquí mencionado, en mejor estado llegarás a una edad más avanzada. Y, sin duda, sería bueno también que encamines a tus hijos en el tema del cuidado de la salud, sea cual fuere su edad.

La Vida se Asemeja A una Cuenta Bancaria

La vida se administra en forma semejante a una cuenta bancaria. Cada persona tiene una cuenta por separado.

Al llegar al mundo, ¡en buena hora!, tú "depositas" en el "banco de la vida" los datos que el Creador te suministró. El Todopoderoso, bendito sea, también es el "Director del banco", que de vez en cuando aprueba 'anomalías' (pero ese ya es otro asunto, que se relaciona con todo el sistema espiritual de nuestra vida –el rezo, el estudio de Torá y los méritos de la persona–). Este libro se propone enseñar cómo debe ser la administración normal y natural de la "cuenta" en el marco de las reglas generales del "banco". Como verás más adelante, la Torá misma nos ordena comportarnos con el 'banco de la vida' de acuerdo a las normas naturales que poseemos y no extralimitarnos.

El *Midrash Tanjumá* (Parashat Pekudé, 3) expone cómo es el saldo a nuestro favor al llegar al mundo. Allí dice que previo a la creación de cada persona, el Creador decreta si ella será débil o fuerte, hombre o mujer, rico o pobre, bello o feo, alto o pequeño, etc.

A partir de aquel momento, nosotros realizamos los movimientos bancarios según nuestra propia voluntad. Cada uno posee un "cajero automático" personal. No se necesitan permisos de ningún funcionario ni consejero. Sólo tú eres quien decide si "extraer" o "retirar", o si "depositar". (Y como verás a continuación, una misma acción puede convertirse de "extracción" a "depósito", y viceversa).

Tomemos por ejemplo el tema de la alimentación, lo cual es una actividad indispensable que realizas tres o cuatro veces por día durante todos los días de tu vida. ¿Consumiste alimentos saludables y nutritivos? Considéralo un "depósito bancario". ¿Optaste por algún tipo de comida rápida? (comida "basura", perjudicial). Eso fue una operación de "extracción" que el cuerpo deberá "cubrir" mediante la disminución de las reservas con las cuales naciste.

Hasta los 30 años de edad, tus reservas están "frescas y fuertes", y las "extracciones" aún son pocas en cantidad; es por ello que anteriormente escribí que si todavía no has llegado a esta edad, probablemente no te apresurarás a leer con detenimiento toda la información que este libro provee, pues gracias a Dios, por el momento no sufres de nada grave.

Pero a partir de los 40, las reservas naturales de tu cuerpo van disminuyendo y las "extracciones" aumentan. Alcanzada esta edad, la mayoría de las personas perciben las consecuencias de su conducta errónea, que se manifiesta en cada uno de diferente manera, de acuerdo a la estructura y estabilidad del cuerpo, y a los genes que porta.

Aun si eres joven, te aconsejo que no rechaces la oportunidad que aquí te ofrezco de echar un vistazo a tu interior y "leer las instrucciones" para el funcionamiento correcto de tu organismo. Es importante que recuerdes que la mayoría de las enfermedades no le sobrevienen a la persona en forma repentina, sin previo aviso. Se trata de un sistema de "extracciones" desequilibrado a lo largo de varios años que, al principio, cuando tu cuenta bancaria señalaba descubierto de mil, ni tú ni el director del banco se "estremecieron" demasiado. Tampoco cuando el descubierto se convirtió en dos mil. Pero en forma lenta aunque constante el descubierto continuó en aumento, hasta que un día, cuando la deuda ya era de decenas o cientos de miles, suena el teléfono y el director del banco pide hablar contigo. ¡Se trata de una última advertencia previo al cierre de la cuenta! Tú te sobresaltas, suplicas, te sorprendes, te enojas; pero ya es demasiado tarde. Sin darte cuenta estuviste extrayendo dinero por encima de tus posibilidades. ¡No hay solución!

Algo similar ocurre con la salud de la persona, excepto que entonces las consecuencias son mucho más críticas y dramáticas. No se trata del dinero necesario para vivir, ¡sino de la vida misma!

Es por ello que me dirijo a ti como a un amigo, y te digo: "¡Aprende de la experiencia de los demás, y sálvate a tiempo!".

La Cuenta Bancaria Judía

Aquí hay un punto adicional. Además de la buena recomendación que acabo de darte, tú, como judío creyente, posees el precepto de *"Venishmartem meod lenafshotejem* – Cuiden mucho vuestras almas" (*Devarim* 4:15). A través de esta obligación de cuidar la salud, la Torá te demuestra que tu cuerpo no es una "propiedad privada" de tu pertenencia. No puedes actuar con él como deseas, sino que el cuerpo te fue otorgado por el Creador a modo de "préstamo" o "depósito". Este depósito o préstamo que Él dejó en tus manos viene acompañado de instrucciones para su cuidado. Algunas indicaciones fueron expuestas en la Torá Escrita; otras, en la Torá Oral, y fueron transmitidas a través de los Sabios de las distintas generaciones.

Si bien somos personas creyentes, a veces parece que no

comprendemos ciertamente hasta dónde llega esta obligación. Para demostrarlo, utilizaré un conocido ejemplo[5]:

Es probable que al llegar el turno de la persona de presentarse ante la Corte Celestial, le reclamen por algunos años, o incluso decenas de años, en los que no se colocó los *tefilín*, no cuidó el *Shabat*, no habitó en la *Sucá*, etc.

Entonces la persona se asombrará y exclamará: "¡¿Cómo es posible, si siempre me cuide de cumplir los preceptos?! ¡¿Cuándo ocurrió eso?!".

A lo cual le responderán: "¡Así es! De haber cuidado tu salud, habrías vivido más años en el mundo terrenal, en los cuales hubieras podido cumplir decenas y centenas de veces todos estos preceptos, y no lo hiciste...".

¡Observa hasta dónde llega la obligación de cuidar la salud!

Por lo tanto, querido lector, esta obra que está delante de ti, fue preparada de forma tal que te ayudará a seguir el camino y los fundamentos legados por nuestros Sabios, adecuándolos a la medicina contemporánea y a la información que fue revelada desde entonces hasta hoy en día para que, con la ayuda de Dios, estés sano y vivas muchos años.

LOS FUNDAMENTOS DE ESTA OBRA

Si buscase resumir los principios de este libro en una sola oración, sería ésta: "¡Lo principal es saber controlarse, abstenerse!".

Mi intención es transmitirte la conciencia de que para cuidar tu salud no necesitas forzosamente realizar grandes cambios en tus normas de vida, como si tuvieras que armar tu cuerpo de nuevo.

5.   Basado en las palabras del *Jafetz Jaim*, el *Maavar Yabok*, el Rab Shimshon Rafael Hirsch y el *Séfer Jasidim* (citadas más adelante en este libro).

Con Su infinita sabiduría, el Creador construyó la maravillosa maquinaria que denominamos cuerpo humano, e
incluso previo a tu creación Él preparó todo lo necesario para
el buen funcionamiento de esta máquina. De modo que lo
único que te fue encomendado a ti es: ¡no arruinarla! A esta
función que tenemos en el mundo se le puede atribuir las
siguientes palabras de nuestros Sabios:

"Cuando el Santo, bendito sea, creó al primer hombre, lo
paseó por todos los árboles del *Gan Éden* (Paraíso) y le dijo:
'Observa Mi creación, ¡cuán bella y loable es! Ten cuidado
de no deteriorar y destruir Mi mundo'" (*Kohélet Rabá* 7:13). (Por
supuesto, en su connotación más profunda, este *Midrash* se
refiere a la función espiritual de *Adam Harishón*).

Uno de muchos ejemplos sobre la belleza de la obra del
Creador, podemos verlo en nuestro cuerpo mismo.

El cuerpo humano fue creado en forma simétrica: con dos
orejas a la misma altura, dos cejas parejas, el cerramiento
del párpado superior sobre el inferior es perfecto, los labios
también cierran exactamente uno sobre el otro, las manos –con
las palmas y los dedos–, las piernas y las plantas de los pies...
¡Todo es simétrico y exacto a las necesidades del hombre!

Sin embargo, al contemplar nuestra dentadura veremos
algo muy interesante: aunque las muelas superiores cierran
perfectamente sobre las inferiores, los dientes delanteros
(incisivos) superiores no cierran bien sobre los inferiores.
Tú puedes comprobar esto por ti mismo al ver que al juntar
los dientes, los incisivos inferiores quedan por detrás de los
superiores.

La explicación de este extraño e increíble fenómeno es el
siguiente:

Como su nombre indica, los dientes incisivos tienen por
función cortar el alimento que entra a la boca. Normalmente,
para cortar se necesita algo filoso, por ejemplo, un cuchillo.

Luego, el alimento entra en la boca y es molido por los dientes molares, que necesitan ser chatos y planos para cumplir su función y triturar una gran cantidad de alimento.

Si los incisivos superiores cerraran justo sobre los inferiores no solo en el momento de cortar la comida sino también durante su triturado, éstos se desgastarían muy rápido. Pero aquí vemos la bondad del Creador con la persona, que en el momento de cortar la comida, cuando es necesario, los incisivos superiores cierran sobre los inferiores y cortan el alimento, pero después, al masticarlo, los inferiores se van un tanto para atrás con relación a los superiores mientras las muelas hacen su trabajo. ¡Un ama de casa jamás se podría imaginar una moledora de carne o una multiprocesadora que, sin requerir acción alguna, automáticamente cambie de cuchillas!

¡Cuán bella y loable es la Creación de Dios!

Este es el objetivo del libro que sostienes en tus manos: orientarte correctamente y proporcionarte los conocimientos necesarios a fin de no deteriorar y destruir, sino cuidar y mantener tu cuerpo, que fue creado con una maravillosa sabiduría.

No me he propuesto enseñarte medicina, sino ofrecerte, querido lector, el camino hacia una conducta adecuada. Las explicaciones expuestas son fáciles y simples de comprender, lógicas y convincentes; y fueron escritas en forma amistosa y con un vocabulario sencillo para que, incluso quien no tiene conocimientos avanzados en medicina, los pueda comprender. (Además, si lo hubiera escrito con estilo académico, el libro habría sido tan extenso que probablemente jamás lo hubieras abierto.)

Analizando y estudiando nuestras fuentes sagradas y combinándolas con los principios de la correcta alimentación conocidos en la actualidad en base a estudios e investigaciones médicas, llegué a extraer un grupo de normas básicas que constituyen el camino esencial del cuidado de la salud. El resumen de ellas es una lista titulada "La conducta saludable", que aparece en el interior de la tapa, la cual contiene 11 "puntos de abstinencia" y 6 "puntos de acción". (Yo también he distribuido estas listas impresas sobre imán, para pegar en la heladera o el refrigerador: el "depósito de alimentos" en la actualidad.)

En síntesis: para mejorar tu estado de salud deberás abstenerte de ciertas actitudes perjudiciales a las que te acostumbraste por no prestar la debida atención, o por falta de conocimientos. Aun así, una vez que te acomodes al cambio, no te sentirás limitado en absoluto, como fue dicho: "En cualquier cosa, la costumbre termina dominando" (*Maharshá,* Tratado de *Taanit* 4a). Asimismo, los "puntos de acción" son sencillos de realizar, y rápidamente te serán tan naturales que no los sentirás como algo a lo que te debiste acostumbrar.

¡Pero presta atención a lo que recibes a cambio de estos pequeños esfuerzos! ¡Una vida de calidad! ¡Salud!

¡Si oyes la sirena de una ambulancia que se acerca, sabes que no viene por ti! ¡Te puedes olvidar dónde queda el hospital!

Todas estas recompensas son de valor infinito, y sería adecuado que toda persona que desea vivir una vida larga y cualitativa adoptara estas normas y se comportara de acuerdo a ellas en todo momento y lugar. Y tú, querido lector, debes saber que cuanto antes comiences a seguir este camino, más te beneficiarás.

—∞—

Cabe recalcar una vez más que, por más práctico y completo que este libro pretenda ser dentro de sus objetivos, no viene a reemplazar a ningún libro de medicina ni a ningún médico.

Por lo tanto, ante cualquier cambio que la persona perciba en su estado de salud, se requiere una consulta al especialista. No se debe desatender ninguna señal del cuerpo, por más pequeña que sea; y muy especialmente cuando se trata de los ojos.

—∞—

El primer capítulo de este libro habla sobre la obligación de cuidar la salud en la perspectiva de la Torá. Allí citamos las palabras de nuestros Sabios y anécdotas de las grandes personalidades de nuestro pueblo al respecto. También presentamos y abordamos allí el argumento popular según el cual no hace falta esforzarse por el cuidado de la salud, pues "todo está en Manos de Dios y por tanto nada puede ayudar".

El segundo capítulo contiene las indicaciones del *Kitzur Shulján Aruj* en referencia al cuidado natural de la salud, sin medicinas ni tratamientos especiales.

El tercer capítulo trata sobre la importancia de la prevención de las enfermedades; allí exponemos las enseñanzas y el aseguramiento del *Rambam* al respecto.

En el cuarto capítulo exponemos una orientación para hacer de la "medicina general" una "medicina personalizada".

Desde el capítulo quinto hasta el octavo hablaremos de los puntos más esenciales para la vida del hombre, sobre los cuales se basa este libro: la comida beneficiosa y la perjudicial, el agua como base de la vida, la correcta digestión, y la eliminación de los desechos corporales.

A partir del capítulo 9 proponemos una orientación práctica para la vida, desde el despertar hasta el dormir, y una guía de conducta en temas que no se relacionan directamente con la alimentación. Asimismo, hay un capítulo especialmente dedicado el cigarrillo, indicaciones específicas para los estudiantes de *Yeshivá*, y consejos para antes y después de los ayunos.

Te deseo una grata lectura; y principalmente, fructífera.

Yejezkel

La Obligación de Cuidar la Salud Según la Torá

Capítulo 1

Como es sabido, la obligación de toda persona en este mundo es refinar el alma mediante el estudio de la Torá, el cuidado de las *mitzvot* y la mínima ocupación mundana y material. Aun así, también aprendemos de las palabras de nuestros Sabios sobre la gran responsabilidad y obligación de ocuparnos de la salud de nuestro cuerpo.

Por ejemplo, vemos en el *Talmud* (Shabat 82a) que Rab Huna le preguntó a su hijo Raba por qué no acudía a las clases de Rab Jisda, cuyas enseñanzas eran muy refinadas. Le respondió Raba: "¿Para qué habría de acudir a las clases de Rab Jisda, si cuando voy, me habla de asuntos mundanos como sobre el cuidado del cuerpo?". Sorprendido, Rab Huna le respondió a su hijo: **"¡¿Él se ocupa del cuidado de la salud y tú llamas a eso asuntos mundanos?! ¡Con más razón debes ir a estudiar con él!".**

De aquí, no sólo aprendemos que las normas del cuidado de la salud no se consideran "asuntos mundanos", sino además, que incluso hay preferencia por un maestro que enriquece sus clases de Torá con la mención de estos asuntos. Como dijo Rab Huna: "¡Con más razón debes ir a estudiar con él!".

Reflexionemos sobre las ejemplares palabras del Rab Shimshón Refael Hirsch z"l, acerca de la obligación que tiene toda persona de cuidar su salud y la integridad de su cuerpo[6]:

> Debes saber que tanto tu cuerpo, como tus fuerzas y el tiempo limitado que te encuentras en este mundo, no te pertenecen [...] Todo ello te fue entregado solamente para que lo utilices como medios y herramientas para el cumplimiento de tus obligaciones. Por lo tanto, eres responsable de utilizar tu cuerpo, así como los demás obsequios con los que fuiste congraciado, sólo de acuerdo a la voluntad de Dios y a Su orden.
>
> Pero arruinar, anular y destruir estas herramientas [...] ¡De ninguna manera! ¡Dios te guarde de hacer algo así!; eso es algo inconcebible [...] Pues Dios te llevará a juicio y te reclamará severamente por lo más preciado que tienes [...] ¡Tu propia vida demandará si la arruinas! Eres un servidor de Dios, una persona de espíritu; fuiste enviado aquí a la tierra para entremezclarte con los asuntos materiales y [aun así] cumplir en este mundo con la orden de tu Dios [...] Todo esto es un mandato Divino y un objetivo para ti; ¿acaso habrás de rehusarte a desempeñar fielmente tu función? [...] ¡Incluso el daño más pequeño tienes prohibido causarle a tu cuerpo!
>
> ¡Ay de ti si por ser irresponsable debilitas la constitución de tu cuerpo... ay de ti si por privarte de lo necesario y permitido te extenúas demasiado! [...] No pierdas tu vigor a causa de una alimentación desorde-

---

6.   *Jorev, Pirké Hajukim,* capítulo 7: La prohibición de ponerse en peligro y la obligación de cuidar el cuerpo.

nada; no disminuyas ni desgastes tu salud, tampoco acortes los días de tu vida. Pues tu responsabilidad por el desgaste errado de tus fuerzas es severa delante de Dios. Cualquier flojera y perjuicio, por mínimos que sean, son un "asesinato parcial". Por lo tanto, recae sobre ti la obligación y el precepto de ser cuidadoso en todo esto lo más posible y evitar cualquier cosa que pueda dañar tu salud [...] No pruebes a Dios ni confíes en un milagro de la Providencia, pues la Providencia Divina no protege ni resguarda cuando hay negligencia, descuidos e imprudencia [...] Y es más grave lo que es peligroso que lo que es prohibido [según la *halajá*].

Entonces, cuida mucho tu alma y presta atención de alimentar correctamente a tu cuerpo. Así, siempre tendrás a tu servicio una herramienta que contendrá bendición, fuerte y saludable, la cual podrás utilizar para el desarrollo de tu vida. Abstente de todo lo que pueda dañar a tu cuerpo y deteriorar su salud; utiliza y aprovecha en tu vida diaria todo aquello que incrementa la fuerza, la salud, el vigor y la firmeza.

Palabras similares, aunque más sucintas, encontramos en las cartas del *Jazón Yish* (Rabí Abraham Yeshayahu Karelitz, 1878-1953). Allí él escribió:

En lo que a mí respecta, considero que el cuidado natural en lo que concierne a la salud es una obligación y una *mitzvá*, como las demás obligaciones cuyo objetivo es perfeccionar al ser humano, así como lo implantó el Creador en la naturaleza (Epístola, tomo I, 136).

El cuidado estricto de las conductas saludables es una tarea preciada delante de Dios (Epístola, tomo I, 137).

En el libro *Mesilat Yesharim* (La Senda de los Justos), el Rab Moshé Jaím Luzzatto *z"l* se refiere a quien desatiende su salud con las siguientes palabras: "...no es considerado sino un necio absoluto" (cap. 11).

También encontramos que el *Shulján Aruj* se refiere al tema de la preservación de la integridad física. Al final del último capítulo de la parte *Jóshen Mishpat*, Rabí Yosef Caro escribe: "Todo aquel que se expone al peligro merece ser castigado con azotes". Y escribe allí el autor del comentario *Beer Hagolá*:

> **Quien pone en peligro su vida es como si despreciara la voluntad de su Creador y rechazara tanto Su servicio como la recompensa que Él retribuirá por éste. Y esto es un insulto y un abandono libertino sin igual. Mas quienes atienden su obligación se beneficiarán.**

EL CUIDADO DE LA SALUD ES UN PRECEPTO DE LA TORÁ

Para el *Rambam*, el cuidado del cuerpo y la salud es mucho más que una buena recomendación. Según él, esto está incluido en el precepto de *Vehalajtá bidrajav*, seguir los caminos de Dios, intentando imitarlos (*Debarim* 28:9; y véase Ibíd. 8:6, 26:17, 30:16).

¿Cómo sabemos esto?

He aquí, el *Rambam* comenzó su gran obra –el libro *Yad Hajazaká* o *Mishné Torá*– con las *Leyes de los Fundamentos de la Torá*, donde codificó todas las reglas relacionadas a la creencia en la existencia de Dios. Luego de explicar las normas en las cuales se basan la Torá y la creencia en Dios, prosiguió con las *Hiljot Deot*, nombre que podría traducirse como *Leyes de los Caracteres* o, más conceptualmente, *Leyes de las Actitudes* o *Leyes de las Conductas*.

Así como el *Rambam* mismo escribió al comienzo de esas *Halajot*, el primer precepto que se propuso explicar allí es el de *Vehalajtá bidrajav*, seguir los caminos de Dios, a cuya elucidación el *Rambam* le dedicó los primeros cinco capítulos de dichas leyes.

Al profundizar en el estudio, vemos que en los primeros tres capítulos (de los cinco), el *Rambam* expone el primer aspecto del cumplimiento de este precepto: la obligación de distanciarse de las malas cualidades de la personalidad tales como el enojo, la soberbia, la envidia, la ambición y la búsqueda de honor. Asimismo, el maestro plantea la obligación de encaminarse en pos de los atributos Divinos, por ejemplo: la bondad, la piedad, la santidad, y también se refiere a la obligación del hombre de realizar todos sus actos *leshem Shamaim*, es decir en aras del Cielo.

El *Rambam* finaliza ese primer aspecto del cumplimiento del precepto de *Vehalajtá bidrajav* con las siguientes palabras: "Y sobre esto dijo sabiamente el Rey Shelomó: 'Conoce al Creador en todos tus caminos y Él enderezará tus conductas' (Mishlé 3:6)".

Luego, al comenzar el cuarto capítulo, el *Rambam* pasa a explicar el segundo aspecto del cumplimiento del precepto de "seguir los caminos de Dios", y abre dicho capítulo con las siguientes palabras:

> Dado que el estado saludable e íntegro del cuerpo es uno de los caminos [del servicio] de Dios –pues es imposible adquirir comprensión o sabiduría si se está enfermo–, el hombre debe apartarse de las cosas que arruinan su cuerpo y conducirse según los modos que lo fortalezcan y lo mantengan saludable.

(Nótese que gracias a esta explicación del *Rambam* queda aclarado por qué las leyes del cuidado del cuerpo y la salud preceden a las leyes del estudio de la Torá y los demás 613 preceptos.)

En dicho capítulo, el *Rambam* se explaya en una detallada exposición de todas las normas del cuidado de la salud. Sus palabras están dirigidas a todos por igual, tanto al público general como al sabio y el erudito. Allí explica cómo y qué comer, cómo y cuándo dormir, cuándo hacer ejercicio físico, en incluso cómo debe ser la evacuación. Todas sus palabras allí también son *"halajot* del *Mishné Torá"*, por lo cual es digno estudiarlas, analizarlas, comprender su profundidad, y cumplirlas al igual que cumplimos todas las demás leyes de su obra.

Como dijimos, todas las reglas que el *Rambam* expone allí, en el cuarto capítulo de las *Hiljot Deot*, están destinadas por igual a todo el público en general. No obstante, en el capítulo siguiente, el Maestro pasa a explicar en forma cabal la obligación particular que tienen los sabios de la Torá de distinguirse de la gente normal en sus acciones y sus hábitos alimenticios. Así comienza la primera *halajá* del quinto capítulo:

> Así como el sabio se distingue por su sabiduría y sus conocimientos, y de este modo se destaca entre el resto de las personas, también debe sobresalir por sus acciones, por su forma de comer y beber [...] por su forma de vestir [...] pues todas estas actividades deben verse en él de manera muy honrada y correcta.

> ¿Cómo debe comportarse? Un sabio no debe ser glotón, sino consumir [sólo] los alimentos que requiere para mantener sano su cuerpo; no debe comer en forma voraz ni buscar llenar su estómago como aquellos que comen y beben hasta que su estómago explota [...] Por el contrario, el sabio debe comer uno o dos platos, y sólo en la cantidad necesaria para su subsistencia. Y así dijo el Rey Shelomó: "El justo come para saciar su alma".

Luego, en la *halajá* 9, el *Rambam* declara:

> La vestimenta de un sabio debe ser pulcra y limpia, no debe haber en ella ninguna mancha o suciedad.

Y así finaliza el *Rambam* el capítulo 5, y por ende, las leyes del precepto de *Vehalajtá bidrajav* (seguir los caminos de Dios):

> La regla general es que... la persona que se conduce según todos estos modos, y similares, sobre ella dice el versículo: "Y me dijo: 'Tú eres Mi siervo, oh Israel; contigo Me habré de glorificar".

—※—

Cabe mencionar que también el *Tur* considera el cuidado de la salud como un precepto, así como escribió en *Óraj Jaím*, capítulo 155:

> Es una *mitzvá* guiarse correctamente y tener una buena conducta en el cuidado de la salud, a fin de estar sanos y fuertes para servir al Creador.

También el *Jafetz Jaím* codificó como dictamen halájico estas palabras del *Tur* en su libro *Mishná Berurá* (155:11).

Escribió el *Ramá* en nombre del *Bet Yosef* y el *Shibolé Haléket*: "La mesa se asemeja al altar y la comida a la ofrenda" (*Óraj Jaím* 167:5).

Y explicó el *Jafetz Jaím* en la *Mishná Berurá* (167:31), que se refiere a la comida que la persona consume para fortalecerse y estar sana y fuerte para servir al Creador.

EL JAFETZ JAÍM INSTABA SIEMPRE
AL CUIDADO DE LA SALUD

Escribió el Rab Petajia Mankin z"l, ex alumno de la *Yeshivá* del *Jafetz Jaím* en Radin:

> El amor del *Jafetz Jaím* por los estudiantes de la Torá era como el amor de un padre por sus hijos. No le bastaba con el hecho de reunir a su alrededor a los alumnos ni se conformaba con la preocupación por su nivel espiritual. Él también se ocupaba con gran afecto de la salud física de ellos.
>
> Recuerdo que en una oportunidad, a comienzos del verano del año 5663 (1903), cuando yo estudiaba en Radin, el *Jafetz Jaím zt"l* entró antes de la plegaria de *Arbit* al recinto donde se estudiaba *musar*. Él acostumbraba hacer eso todos los lunes y jueves antes del rezo, para despertar a los alumnos con sus palabras de ética. Pero aquella vez mi asombro fue muy grande al escuchar de su sagrada boca las siguientes palabras de *musar*, tan poco usuales:
>
> "No acostumbren a estudiar más de lo normal. La persona debe cuidar que su cuerpo no se debilite ni se enferme, para lo cual es necesario descansar, refrescarse y respirar aire fresco. ¡Es importante salir a pasear un rato por la tarde o sentarse en la habitación y descansar; y en lo posible, incluso bañarse en el río para fortalecer el cuerpo! Pues la diligencia excesiva en el estudio es una persuasión del instinto del mal para que mediante el esfuerzo exagerado el cuerpo se debilite y con el transcurso del tiempo el hombre se vea obligado a dejar de estudiar Torá por completo. ¡Entonces la persona termina perdiendo más de lo que ha ganado!
>
> "Y yo, en mi propio cuerpo sufrí esto", continuó

diciendo el *Jafetz Jaím*, "pues en mis años de juventud solía estudiar más de lo que mis fuerzas me permitían y finalmente mis ojos se debilitaron tanto que los médicos me ordenaron no leer ningún libro durante dos años. ¿No vemos entonces que la diligencia excesiva es producto del impulso del mal?

"Y si, Dios nos libre, el hombre habría de enfermarse por no cuidar su salud a causa de su excesiva diligencia, estaría restando de los setenta años destinados a su vida. ¡Y sin duda se lo reclamarán en la Corte Celestial!".

Aproximadamente durante veinte minutos el *Jafetz Jaím* continuó hablándonos sobre esto, concentrando en este asunto todo el estudio de *musar* de aquella noche.

(Extraído de la publicación *Shaaré Tzión* de Jerusalem, del volumen llamado *Orjot Tzadik*, en conmemoración del primer aniversario del fallecimiento del *Jafetz Jaím*.)

Escribe el autor del libro *Meír Ené Israel* (tomo II, páginas 168-169):

El *Jafetz Jaím* verificaba que los alumnos de la *Yeshivá* no se quedaran estudiando al llegar la hora de dormir. Ocurrió más de una vez que el Rab mismo entró a la sala de estudio a altas horas de la noche y, con palabras suaves pero firmes, les ordenó a los alumnos que interrumpieran el estudio y se retirasen a dormir.

A veces, incluso él mismo se subía a un banco y apagaba la lámpara de la sala de estudio...

Asimismo, en el libro *Toldot HaJafetz Jaím* se relata lo siguiente:

El *Jafetz Jaím* cuidaba que las habitaciones estuvieran siempre bien ventiladas [...] su alimentación seguía estrictamente las normas de la salud. Su vestimenta y calzado eran muy pulcros.

Él tenía un cuidado muy especial del precepto de *Venishmartem lenafshotejem*, la integridad corporal, tanto respecto de sí mismo como respecto de su familia y sus alumnos. Siempre aclaraba que el cumplimiento de toda la Torá depende de la observancia del precepto de cuidar la salud. Más de una vez le cerró la *Guemará* al alumno más diligente, a la vez que le decía: "También esto es un consejo del instinto del mal para que se debilite y deteriore la salud de los más estudiosos debido a su excesiva diligencia. Y luego ellos se ven obligados a cesar de estudiar por completo debido a su extenuación".

ELEGIR LA VIDA

En la *Parashá Nitzavim* está escrito: "Ante ti he puesto la vida y la muerte, la bendición y la maldición; ¡y escogerás la vida!" (*Devarim* 30:19).

Sobre este versículo ya se ha explayado el Rab Yitzjak Blazer *zt"l* al comienzo del libro *Or Israel*, en la sección *Shaaré Or* (capítulo 3). Allí pregunta: "¿Acaso la Torá tenía necesidad de exhortarnos a elegir la vida? ¿Acaso es posible que alguien no desee la vida? ¡¿Quién no desea vivir?!" Véanse allí sus preciadas palabras.

No obstante, me gustaría proponer una respuesta adicional a estas fuertes preguntas, en base a lo que escribió Rabenu Yoná en su libro *Shaaré Teshuvá* (capítulo 3, inciso 15).

Allí Rabenu Yoná se refiere al versículo en el cual Dios dice: "Y su temor a Mí ha sido como un precepto cumplido por rutina" (*Yeshayahu* 29:13). Él explica que quienes no reflexionan acerca del temor a Dios, su *yirat Shamaim* es considerada una rutina, una mera costumbre.

Del mismo modo podemos explicar nuestro versículo: ¡La Torá nos está enseñando aquí que la persona debe tener el deseo de vivir! Debe elegir por sí misma la opción de la vida. *Ubajartá bajaím* es escoger activamente la vida, no vivir por inercia. No vivir porque todos viven; no vivir por costumbre. ¡Es necesario desear vivir!

¿Cómo es posible darse cuenta si una persona vive con ganas, o sin voluntad? Cuanto más esfuerzo alguien invierte por conseguir cierto objetivo, más demuestra cuán grande es su deseo por éste. Alguien a quien normalmente le cuesta mucho levantarse por las mañanas, cuando tiene algún buen motivo que lo incentiva a hacerlo, se levanta con presura. ¿Por qué? Porque tiene una gran voluntad.

¡Uno de los principales puntos en la "elección de la vida" es que la persona tenga ansias de vivir! No vivir porque todos viven ni crecer porque todos crecen, sino elegir vivir.

¿Cómo se manifiesta este deseo de vivir?

Para comprobar cuántas ansias de vivir tienes, puedes verificar cuán dispuesto estás a invertir esfuerzo por ese deseo. Cuanto más esfuerzo inviertas en la vida, más demostrarás cuán grande es tu deseo de vivir.

En mi humilde opinión, el Rab Shaj *zt"l* demostraba en su proceder un gran deseo de vivir. No sé si otros percibieron eso, pero yo sí lo vi de cerca.

Él comprendía el valor de la vida y solía hablar al respecto. Su deseo de vivir era muy fuerte; hasta tal punto, que ese deseo prevalecía sobre sus demás anhelos. Es por ello que cuando escuchaba de algo relacionado con la salud y comprendía que aquella conducta le podía prolongar la vida, comenzaba a regirse según ésta, ya sea que fuera algo usual o no. No importaba si toda su vida ya se había acostumbrado a algo distinto. ¡Él sí tenía voluntad de vivir! Su vida no se desarrollaba por rutina e inercia, sino por su deseo de vivir.

¡El Rab Shaj comprendía el valor de la vida y sabía cuán importante era invertir todo lo posible en ella!

Una anécdota sobre la conducta
de nuestro gran maestro, el Rab Shaj zt"l
(relatada por uno de sus alumnos cercanos, shlita):

Calcular los pasos

Ocurrió que un día del mes de Yiar, el Rab Shaj *zt"l* viajó a Jerusalem. Al parecer debía encontrarse con el Rab de Brisk *zt"l*. Era el comienzo del anochecer, y yo salí a recibirlo en Jerusalem.

Camino a su destino, el Rab se disculpó y me pidió entrar un minuto al vestíbulo de entrada a un edificio. Allí se quitó el frac rabínico que vestía, sacó de su bolso un suéter de lana, lo vistió y luego se puso nuevamente el frac.

Ante mi mirada expectante, él dijo con simpleza: "Yo vengo de Benei Berak. En esta época del año, el clima allí ya es bastante cálido. Sin embargo aquí, en Jerusalem, aún refresca bastante en las horas del anochecer. Es por ello que traje un saco de lana, para no resfriarme".

Aun después de su "explicación", mi sorpresa no desapareció. Quien tuvo el mérito de conocer al Rab Shaj de cerca, a ese *Gadol Hador*, sin duda lo primero que apreció en él es que estaba inmerso en el estudio de Torá día y noche, segundo tras segundo. Toda su vida era una sola palabra: ¡Torá! Por eso fue tan increíble para mí ver como, aun así, él tenía bien presente la importancia del cuidado de su salud y prestó atención hasta al más simple de los detalles.

"TODO ESTÁ EN MANOS DEL CIELO"

Entre las personas creyentes que viven "sin control" y consumen cualquier clase de alimentos, en todo momento y sin medida, es típico y aceptado pensar: "¿Cómo es posible decir que tal o cual alimento acorta la vida de la persona? ¡Como judíos creyentes nosotros pensamos que sólo Dios es quien le asigna a la persona los días y años de vida según sus acciones, buenas o malas!".

Superficialmente, este argumento parece ser legítimo. Sin embargo, al estudiar las palabras de nuestros Sabios del *Talmud* y de las posteriores autoridades Rabínicas, queda claro cuán carente de base y fundamento es este alegato. Hasta se podría decir con certeza que frases como éstas son en realidad un pretexto que proviene simplemente del auto-convencimiento erróneo y de la necesidad de justificar las acciones propias para permitirnos continuar con una forma de vida incorrecta, alimentando los antojos, sin sentirnos presionados a modificar nuestro camino.

La realidad demuestra que en la vida del ser humano existen dos clases de acontecimientos:

1. Están los sucesos que le ocurren a la persona a raíz de que fueron decretados directamente desde el Cielo (en base a sus acciones y sus actos), como dice el *Talmud*: "No ocurre que la persona se golpee un dedo en este mundo sin que así le haya sido dictaminado desde Arriba" (Tratado de *Julín* 7b).

    Y así explica este asunto el *Meíri*: "Uno de los fundamentos de la Torá es que la persona debe observar y reconocer que cualquier sufrimiento que le ocurre es decretado en forma justificada por Dios, así como los Sabios dijeron que 'la persona no puede golpearse un dedo en este mundo sin que así le haya sido dictaminado en el mundo Celestial'. Y esto es así para que, de este modo, la persona reflexione sobre sus acciones y se arrepienta de sus malos actos".

2. Por otro lado, están los acontecimientos que la persona misma se provoca; y respecto de ellos el Creador nos ordenó conducirnos según los caminos que son beneficiosos y saludables para el cuerpo, y que alargan la vida de la persona. Y he aquí, cuando el hombre desprecia las normas de cuidado de la salud, a través de ello puede causarse distintas enfermedades e incluso la muerte antes de tiempo, ¡Dios no permita!

EJEMPLOS DE LOS SABIOS DEL TALMUD Y EL MIDRASH

Un ejemplo de lo expuesto lo encontramos en las palabras de Rabí Yehudá en el *Talmud* (Tratado de *Berajot* 54b), cuando enumera tres factores que **alargan la vida de la persona**, entre los cuales menciona: el ser paciente y tomarse el tiempo apropiado a la hora de realizar las necesidades fisiológicas. Y sobre esto *Rashí* comenta: "**Pues esta conducta es saludable para el hombre**".

Asimismo, allí se relata sobre Rabí Yehudá bar Yilai, que atribuía su aspecto bueno y saludable a sus esfuerzos por llevar una conducta de vida saludable.

Del mismo modo, encontramos en nuestras fuentes que aun si a cierta persona le fue decretada una larga vida, hay veces que ella puede llegar a morir antes de tiempo. Dice el *Talmud* (Tratado de *Babá Metziá* 107b):

> El Sabio llamado Rab fue al cementerio, hizo lo que hizo allí[7], y luego dijo: "Noventa y nueve por ciento de las personas mueren por el mal de ojo, y un uno por ciento muere de muerte natural[8]".

---

7. El Sabio Rab conocía una forma para saber por qué causa había muerto cada persona: si fue una muerte natural, en el tiempo originalmente decretado, o si murió a causa del mal de ojo (*Rashí* allí).

8. En el tiempo que le fue decretado originalmente (*Rashí*). Véase la nota siguiente, y más adelante, en la cita del *Midrash Vaikrá Rabá*.

De estas palabras de la *Guemará* resulta que no es correcto alegar que cada persona muere en el momento que le fue decretado originalmente, y que no puede morir antes; pues vemos claramente que la gran mayoría de las personas muere antes de tiempo[9].

También en otra *Guemará* vemos que la muerte antes de tiempo es común entre los seres humanos; como dice el *Talmud* (ibíd. 85a): "Todos los años que Rabí Elazar el hijo de Rabí Shimón padeció sufrimientos, nadie murió antes de tiempo". Explica *Rashí*: "Debido a que él aceptó con amor esos terribles sufrimientos que padeció, su gran mérito protegió a toda la generación para que nadie muriera antes de tiempo".

Entonces, también de esta *Guemará* vemos que es algo "natural" en el mundo que la gente fallezca antes del tiempo que originalmente se le había decretado.

Y todo este concepto que ha sido explicado aquí, lo he encontrado también en el *Midrash Rabá* (Vaikrá Rabá 16:8):

> Dijo Rabí Aja: En manos de la persona está el no enfermarse; como dice el versículo: "...y Dios quitará de ti toda enfermedad" (Devarim 7:15), pues de ti depende que no te enfermes[10] [...]

---

9. Y aunque en la *Guemará* se explica que la causa es "el mal de ojo", eso no significa que, de todos modos, la persona misma no sea quien haya provocado esa situación. Este asunto en particular es muy profundo y merecería ser explicado en forma extensa, pero esta obra no es el marco apropiado para hacerlo. De todos modos, tú lector, debes entender que también es Dios el que "permite" y "decreta" que la persona muera "antes de tiempo", pues nada está fuera de la Providencia Divina (véanse las palabras del *Séfer Hajinuj* que citamos más adelante).

10. En un sentido simple y literal, no es éste el entendimiento del versículo. Pero al parecer Rabí Aja interpreta la palabra *mimjá*, "de ti" del versículo, como si dijera: "a través de ti", "por medio de ti". Entonces el versículo estaría diciendo: "...y Dios quitará por medio de ti toda enfermedad". Y esto significa que a través del propio esfuerzo para cuidar su salud, el hombre puede hacer que Dios lo ayude a no enfermarse.

Rabí Tanjumá en nombre de Rabí Elazar y Rabí Menajma en nombre de Rab dijeron que este versículo, "...y Dios quitará de ti toda enfermedad", se refiere al mal de ojo.

Y ellos siguen la opinión de Rabí Elazar, quien sostiene que, de cien personas, noventa y nueve mueren por el mal de ojo, y una por el decreto Celestial[11]. Pero en este tema existen varias opiniones, pues Rab sostiene que noventa y nueve mueren por el mal de ojo, y una por el decreto Celestial, y Rabí Janiná opina como Rabí Natán, que noventa y nueve mueren a causa del frío[12], y una por el decreto Celestial. [Esta diferencia de opinión se debe a que] Rab vivía en Babilonia, donde era común el mal de ojo, [y] Rabí Janiná vivía en Tzipori, donde *normalmente* el clima es frío.

Rabí Yishmael el hijo de Rabí Najman sostiene que noventa y nueve mueren a causa de calor, y una por el decreto Celestial.

Los [demás] Sabios opinan que noventa y nueve mueren por el descuido, y una por el decreto Celestial.

Hasta aquí las palabras del *Midrash*; y he aquí, vemos que todos los comentaristas allí explican las palabras de los Sabios, "noventa y nueve mueren por **el descuido**", en el mismo sentido:

- El *Matnot Kehuná* y el *Maharzú* escribieron que "por el descuido" significa que el 99% por ciento de los seres humanos no se cuidan de aquellas cosas que son dañinas para ellos, y así se perjudican a ellos mismos.

- El *Etz Yosef* explica, más en detalle, que al decir "por el descuido" se está hablando de la falta de precaución en lo

---

11. Véase lo que escribimos al respecto en la nota 9.
12. Esto seguramente se refiere a todas las enfermedades invernales, o provocadas por enfriamiento.

referente al **frío**, el **calor**, la **comida en exceso** y **demás conductas** que requieren atención para el cuidado de la salud.

- En el *Yalkut Likutim* (en las nuevas ediciones del *Midrash*) se cita una opinión adicional: "por el descuido" significa que las personas no se cuidan de los **alimentos perjudiciales**, el **aire contaminado**, etc.

> **Conclusión:** de todas estas fuentes de nuestros Sabios vemos claramente que la persona puede contribuir activamente a su salud y longevidad; y por lo tanto, es incorrecto exceptuarse de la obligación de cuidar la salud alegando que todo está "en Manos de Dios".

LAS PALABRAS DE LAS AUTORIDADES RABÍNICAS POS-TALMÚDICAS

Y he aquí, esta idea de que la persona misma puede llegar a provocarse enfermedades y sufrimientos, y que no puede objetar que "así le fue decretado en el Cielo", la encontramos también en los libros de varios Sabios de nuestro pueblo posteriores al *Talmud*. (E incluso vemos que tampoco en litigios o pleitos legales se puede aceptar este argumento.)

Citaremos a continuación algunas de las múltiples fuentes.

El Rambam

Escribió el *Rambam* en su libro *Mishné Torá* (Hiljot Shelujín cap. 8, *halajá* 7):

> Si [en una sociedad,] uno de los hermanos o socios se enferma, puede pagar su curación con dinero del fondo común [de la sociedad]. Pero si él se enfermó por descuido –por ejemplo, si anduvo por la nieve o bajo el sol hasta enfermarse, etc.– él deberá pagarse su curación en forma particular.

Y en su comentario sobre las *Mishnayot* (Tratado de Babá Batrá 9:5), el *Rambam* detalla un poco más su opinión sobre este tema:

> Lo que hemos dicho en el caso del socio que debe pagarse su curación en forma particular, y no del fondo común, se refiere a un caso donde él mismo se provocó intencionalmente la enfermedad al comportarse de una forma que todos saben que ineludiblemente es causa de enfermedades –como consumir reiteradamente alimentos dañinos o exponerse prolongadamente al sol o al frío–.
>
> Pues la ley en estos casos se asemeja a la ley respecto de alguien que voluntariamente se lastima a sí mismo en la mano.

Vemos que el *Rambam* se expresó muy claramente: según él, todo aquel que no se cuida de las enfermedades y los peligros se asemeja a quien se lastima a sí mismo intencionalmente, pues de ese modo provoca que le lleguen enfermedades y sufrimientos. Alguien así, por lo tanto, pierde el derecho de disponer para su curación de los fondos comunes de la sociedad. Esa persona no podrá argüir que en el Cielo fue decretado que debía enfermarse, pues ella misma se provocó el daño y la enfermedad.

Maimónides también se refirió a nuestro tema en su libro *Guía de los Perplejos* (parte III, capítulo 12). Citaremos aquí las palabras del *Rambam* así como fueron mencionadas en forma resumida por el *Rambán* en su libro *Sháar Haguemul*, al referirse al tema de los sufrimientos:

> ...La mayoría de las desgracias que les ocurren a las personas suceden por su falta de conocimiento. Sin embargo, con nuestra insensatez, nosotros clamamos y lloramos por las desdichas que sólo nosotros voluntariamente nos provocamos. Y así dijo el rey Shelomó en *Mishlé*: "La necedad de la persona distorsiona su camino, y su corazón se enfurece con Dios" [...]

Él (el *Rambam*) explica allí (en la *Guía de los Perplejos*) que la mayoría de los daños y perjuicios que le ocurren al hombre son provocados por su prójimo –como en el caso de las riñas y las guerras– o son causados por él mismo –debido al antojo excesivo de alimentos, etcétera–.

Quien entra al campo de batalla y le disparan con flechas no debería quejarse de los otros sino de sí mismo. Similarmente, quien enfermó [...] por comer alimentos perjudiciales sólo es apropiado que proteste contra su propia necedad. Asimismo hay quienes se meten en peligros, yendo a través del desierto o el mar, simplemente para enriquecerse más que sus vecinos; y cuando les acontecen infortunios lloran y se quejan, sorprendiéndose por la mala suerte que tuvieron. Mas el Creador no hace milagros o portentos en el mundo para ayudar a los locos, con sus cualidades innobles...

Vemos que las palabras del *Rambam* son explícitas: a veces el hombre se perjudica a sí mismo a causa de su antojo excesivo por ciertos alimentos o cosas similares, hasta que llega a enfermarse. Una vez que lo hizo, entonces, no tiene que culpar a nadie más que a él mismo y a su necia conducta; una conducta que, de acuerdo con el *Rambam*, surge de su falta de conocimiento (ignorancia) y de las cualidades innobles de su personalidad.

(Véanse además todas las citas del *Rambam* que mencionaremos en el capítulo 3.)

El Séfer Hajinuj

Asimismo, de lo que escribió el autor del *Séfer Hajinuj* en el Precepto 546 ("construir un barandal en los techos o balcones de las casas"), aprendemos este gran principio que es que el ser humano debe conducirse según los caminos del cuidado de su cuerpo y su salud:

> Una de las razones de este precepto es que, si bien la Providencia del Creador está sobre cada persona en detalle, y Él conoce todas sus acciones, y todo lo que le ocurre –bueno o malo– es con Su orden y voluntad, de acuerdo a lo que se merece –como dijeron los sabios: "la persona no puede golpearse un dedo en este mundo sin que así le haya sido dictaminado en el mundo Celestial"– de todos modos, el ser humano debe cuidarse a sí mismo de los accidentes que ocurren en el mundo. Esto se debe a que el Creador formó el mundo y lo estableció sobre los fundamentos de la naturaleza.

> Él decretó que el fuego queme y que el agua extinga la llama. Asimismo implantó en la naturaleza que si una piedra grande cae sobre la cabeza de una persona, le destrozará el cerebro; o que si alguien cae de un techo alto, habrá de morir.

A continuación el *Séfer Hajinuj* explica cómo se debe conducir la persona:

> Pero el Santo, bendito sea, dotó al cuerpo humano y le insufló un alma viviente con entendimiento para cuidarse de todo daño, [...] y puesto que el Creador sometió el cuerpo humano a la naturaleza –y así lo determinó Su sabiduría porque el ser humano es terrenal–, Él le ordenó cuidarse de los accidentes, ya que de lo contrario, la naturaleza a la que fue sometido actuaría sobre él.

Concluye entonces el autor:

> **Es por eso que la Torá nos ordenó cuidarnos para que en nuestras moradas no ocurran muertes por descuido, y para que no pongamos en peligro nuestras vidas al confiar en un milagro.**

El Jovot Halevavot

Algo similar encontramos en el libro *Jovot Halevavot* (Sháar Habi-tajón, cap. 4). Allí el autor escribe:

> Similarmente, podemos ver que aunque el lapso de vida de la persona es decretado por el Creador, ella debe dedicarse positivamente a los medios necesarios para la vida según su necesidad –como la comida y la bebida, la vestimenta, la vivienda–, y no debe encomendar estos asuntos a Dios con el pretexto de que si Él ya dictaminó que viva, entonces Él preservará al alma dentro de su cuerpo aun sin alimentarse durante toda la vida y sin molestarse en buscar el sustento.

> Asimismo, no es correcto que la persona se exponga a los peligros confiando en el decreto Divino, y consuma veneno, se enfrente a los leones, se lance al mar o al fuego, o realice cualquier otra acción similar respecto de la cual no posee la seguridad de que será salvado del peligro al cual se expuso. Y sobre esto ya nos fue advertido: "No prueben a Dios" (*Devarim* 6:16). Pues, de hacerlo, la persona se introduce en alguna de las siguientes dos posibilidades:

> 1. Puede ocurrir que muera, siendo ella misma la causante de su muerte, y se la acusará como cualquier otro asesino [...] Y quien se suicida, sin duda será castigado severamente [...] además de excluirse del Servicio Divino por su rebeldía al haberse expuesto a un peligro de vida.

> Y así vemos que [el Profeta] Shemuel dijo: "¿Cómo habré de ir? ¡Si Shaul se entera me matará!" (*Shemuel I* 16:2). Y eso no le fue considerado una falta de confianza en Dios. En cambio, la respuesta del Creador demuestra que su precaución fue elogiable: "Toma un ternero y ve diciendo que has ido para ofrendarlo a

Dios". Mas si hubiera sido una falta en su confianza en Dios, la respuesta del Creador hubiera sido: "Yo quito y confiero la vida" (*Devarim* 32:39) o alguna otra frase similar [...] Entonces, si Shemuel, con toda su devoción, no se tomó la libertad de poner en peligro su vida incluso ante un riesgo pequeño –a pesar de que hubiera estado realizando un mandamiento del Creador– [...] con más razón aún es incorrecto que cualquier otra persona que no está realizando un mandamiento del Creador haga esto.

2. O puede ocurrir que, con la ayuda de Dios, se salve, pero entonces disminuyen sus méritos y pierde su recompensa; como dijeron nuestros Sabios sobre este asunto: "La persona jamás debe exponerse al peligro y pedir que le ocurra un milagro, pues quizás el milagro no suceda, y en caso de suceder, se le descuenta de sus méritos" (Tratado de *Shabat* 32a).

Y el autor concluye allí diciendo:

> **Y asimismo fue dicho respecto de la salud y la enfermedad: en estas cosas la persona debe confiar en el Creador y, junto con ello, debe procurar tener una buena salud a través de los medios naturales para ello y prevenir las enfermedades de la manera que se acostumbra prevenirlas...**

El mensaje de estos párrafos del *Jovot Halevavot* es bien claro:

Está prohibido exponerse al peligro y descuidar la salud con el argumento de que "de todos modos ocurrirá lo que el Creador ya decretó", pues junto al dictamen Divino de los acontecimientos, también fue decretado que la persona se cuide de ellos. Y si no se protegerá, y le ocurrirán desgracias, en el Cielo se le reclamará por haber traído sobre sí un perjuicio; o si le ocurrirá un milagro, se le descontará de sus méritos y su recompensa.

El Séfer Jasidim

También el autor del *Séfer Jasidim* concuerda con la opinión de que a veces la persona puede provocarse una muerte anticipada; como escribe allí en el capítulo 145 (préstese atención a las palabras que hemos remarcado):

> "Quienes se **enojan,** arruinan sus vidas **y mueren antes de tiempo**".

El Maavar Yabok

También el autor del libro *Maavar Yabok* se refirió a nuestro tema. Allí escribe (Korbán Taanit, 85):

> Entre las enfermedades, hay algunas que ocurren por desidia de la persona, como al exponerse al frío y al viento intenso; y en estos actos el hombre se asemeja a quien se suicida, y será enjuiciado por ello. **Asimismo, quien se enferma por perseguir las tentaciones. Y esto incluye también a quienes no realizan los tratamientos médicos necesarios; ellos se consideran pecadores. Y si la persona debe suspender el servicio al Creador debido a su enfermedad, también por ello le será reclamado.**

El Jazón Yish

En sus *Epístolas*, también el *Jazón Yish* se refirió a nuestro tema. Mira lo que escribe allí (tomo I, 35):

> He recibido tu carta. Debes saber, querido mío, que [lo que te ha ocurrido] no es a causa de un pecado o algo similar, sino que una de las leyes de la naturaleza es que la persona se canse. Y no es indicado despreciar las leyes de la naturaleza, pues aquello que nosotros denominamos "naturaleza" es, en realidad, el deseo

más perpetuo del Creador, bendito sea[13]. Por ende, es tu obligación interrumpir completamente tu estudio durante dos semanas, y en ellas debes incrementar tu alimentación con comidas saludables, añadir horas de sueño, paseo y recreación; y quizás sería conveniente que vengas aquí por algunos días hasta que te repongas.

Y en otra carta (tomo III, 159), el *Jazón Yish* escribe:

La negligencia en lo que se refiere a salvar la vida también es parte del pecado de derramar sangre.

Rabí Israel de Salant

Para finalizar esta sección deseo citar dos anécdotas sobre el gran sabio del *musar*, Rabí Israel de Salant *zt"l*. De ellas, podremos apreciar su lealtad a la obligación de cuidar la salud.

El Rab Ben Tzión Yadler relata (en el libro *Betuv Yerushalaim*, en nombre de Rabí Yitzjak Blazer *zt"l*) que en cierta oportunidad, Rabí Israel Salanter le dijo lo siguiente a un "abstinente" [*parush*] que se apartaba en exceso de todos los asuntos mundanos:

Yo creo que, según la opinión de nuestros Sabios, no existe un pecado más grande que ser desagradecido. Y la bondad más grande que hizo Dios con la persona es haberle conferido la salud, pues al estar sana puede servir al Creador. Por lo tanto, me temo que quien no cuida su salud es considerado un desagradecido.

13. Quiere decir: hay "naturaleza" y hay "milagros". Ambos responden al deseo y la voluntad de Dios de que existan; por lo tanto, ambos son en esencia lo mismo: Su voluntad. No obstante, la diferencia entre ellos es únicamente que el deseo de Dios es que lo que llamamos "milagros" ocurra sólo en forma muy esporádica, y lo que llamamos "curso natural" ocurra permanentemente.

Asimismo, en el libro *Or Olam* (página 82), el Rab Avigdor Miler cuenta que cierta vez Rabí Israel Salanter viajó a Alemania para hacerse un tratamiento médico específico. Al llegar ante el doctor, mientras señalaba a Rabí Israel de Salant, éste exclamó: "Miles de personas acuden a mí, pero entre ellas no vi siquiera una que sea tan escrupulosa en acatar mis indicaciones como este anciano Rabino".

(Y quien desee leer más acerca de la conducta de Rabí Israel Salanter *zt"l* en relación al cuidado de su salud, encontrará mucha información en el libro *Tnuat Hamusar*, tomo I, capítulo 11).

Conclusión

Vemos, pues, que la postura del judaísmo es absolutamente clara respecto de este tema: aunque los días de la vida del ser humano hubieran sido decretados, con su conducta incorrecta él puede provocarse enfermedades y hasta la muerte prematura. Entonces, no sólo que no será un "argumento" acertado decir que "en el Cielo decretaron", sino que, por el contrario, existe una obligación y una orden explícita de que el hombre debe cuidarse a sí mismo y a quienes lo rodean de posibles accidentes.

El Creador del mundo dotó a la "naturaleza" y a los "accidentes naturales" del poder de poner al ser humano en peligro y acortar su vida, pero a nosotros nos ordenó que nos cuidemos de todo acontecimiento natural que nos puede perjudicar.

Entonces, si habremos de ser cuidadosos en las normas de la salud y llevaremos una conducta adecuada, podremos, con la ayuda de Dios, vivir una vida saludable, sin enfermedades, ¡e incluso podremos, tal vez, aumentar nuestros días de vida!

LA OPINIÓN DE LOS MÉDICOS
EN LA HALAJÁ

Toda persona consciente sabe cuidarse de cualquier cosa que presenta un riesgo evidente; sin embargo, a veces, el peligro no es tan evidente y obvio.

Los especialistas, los conocedores de la salud del cuerpo humano, son los médicos. Los médicos son capaces de detectar los peligros, las enfermedades y los daños, y proponer caminos para combatirlos. En el ámbito de la *halajá* el médico tiene un lugar destacable, pues vemos que, en ocasiones, la ley se dictamina en base a la evaluación del médico especialista.

Dice la *Mishná* (Yomá 82a), al referirse a las leyes del ayuno en Yom Kipur: "A un enfermo se le da de comer en base a la opinión de los especialistas". A continuación, explica la *Guemará* (Yomá 83a): **"Si el médico opina que el enfermo necesita comer, y éste dice que no, se obedece al médico"**.

Y, realmente, así dictamina la *halajá*:

> "Si respecto de alguien enfermo, un médico –incluso idólatra– diagnostica que de no comer, su enfermedad posiblemente se agrave y su vida llegará a estar en peligro, **se le debe dar de comer** en base a esta opinión; y más aún, si dice que puede llegar a morir por falta de alimento. Y aun si el enfermo dice que no lo necesita, **se debe obedecer al médico**" (Shulján Aruj, Óraj Jaím 618:1).

Y sobre esto escribe allí la *Mishná Berurá* en nombre de los *Poskim*:

> "E incluso si el enfermo desea conducirse en forma más estricta, puesto que necesita comer, de él dice la Escritura: 'Y Yo reclamaré de vuestra alma [la culpa por] vuestra sangre'".

Estas palabras hablan por sí mismas: ¡Incluso en la tan severa prohibición de comer en Yom Kipur, el Rabino debe obligar al enfermo a comer en base a la apreciación del médico, y aun en contra de su propia voluntad! Vemos hasta qué punto la *halajá* considera la opinión del médico.

Una idea similar encontramos en lo que respecta a la profanación del sagrado Shabat, pecado que es más grave incluso que el de comer en Yom Kipur. Allí también prevalece la opinión del médico, como ha sido dictaminada la *halajá*:

> "Por toda enfermedad que los médicos califican como peligrosa, aun si es externa, se debe profanar el Shabat" (*Shulján Aruj, Óraj Jaím* 328:10).

Nuestros Sabios dijeron que aquel que profana el Shabat es considerado como si incidiera en la idolatría, y merece la pena de muerte. El santo Shabat, por el cual los judíos dieron sus vidas a través de las generaciones para no violarlo, ese mismo Shabat debe ser profanado en base a la apreciación del médico con el fin de preservar la vida de un judío, ¡e incluso si se trata sólo de un posible peligro de vida (*safek pikúaj néfesh*)!

Todos los conocimientos médicos, desde su origen y hasta la actualidad, son considerados por nuestros Sabios sólo como "estimaciones". Esto se debe a que dichos conocimientos acerca del futuro desarrollo de cierta enfermedad no son seguros, sino que se basan en la experiencia del pasado y la investigación de casos similares en otras personas, y esa experiencia deriva en deducciones intuitivas respecto del futuro. Aun así, vemos que en las severas leyes del Shabat y Yom Kipur, cuando se trata de un caso de *pikúaj néfesh* (peligro de vida), el Rabino que dictamina la *halajá* no necesita estudiar medicina, ¡sino que puede y debe basarse en las "suposiciones médicas"!

Una anécdota sobre la conducta
de nuestro gran maestro, el Rab Shaj zt"l:

La estima por sus médicos

Ya desde el comienzo del mes de Adar, el Rab Shaj les recordaba a sus asistentes que debían preparar para la fiesta de Purim un *mishlóaj manot* grande y majestuoso para cada uno de los médicos que lo trataban, al cual, luego él añadía un deseo personal escrito con su puño y letra.

Su médico personal, el profesor Tzvi Bank z"l, solía visitarlo generalmente al finalizar su jornada de trabajo en el hospital de Tel Hashomer. A veces, llegaba en los minutos previos a la plegaria de Minjá, cuando el Rab Shaj conversaba con los alumnos en el *Bet Midrash* sobre lo estudiado ese día. Aun así, cuando le notificaban al Rab que el Profesor Bank lo esperaba en su casa, él salía de prisa a su encuentro, incluso si no había sido planificado que su médico lo vendría a visitar, y aunque sabía que quizás no tendría fuerzas para volver a subir hasta la *Yeshivá* para el rezo de Minjá.

Vemos hasta qué punto nuestro maestro, el Rab Shaj, respetaba y consideraba a sus médicos.

EL CUIDADO NATURAL DE LA SALUD[14]

Capítulo 2

A continuación citaré textualmente algunos párrafos de las importantísimas y fundamentales instrucciones que escribe Rabí Shlomó Gantzfried en su obra *Kitzur Shulján Aruj*, respecto del cuidado natural de la salud.

La mayoría de estas *halajot* figuran en el capítulo 32 de dicho libro; algunas, en otros capítulos. Al final de cada *halajá* escribimos la fuente precisa de cada indicación en el *Kitzur Shulján Aruj*.

Como ya escribí en el prefacio del libro, estas indicaciones del *"Kitzur"* se basan en su mayoría en las palabras del *Rambam* en *Mishné Torá, Hiljot Deot*.

Cabe mencionar que el principio rector que escribió el *Kitzur Shulján Aruj*, según el cual **"la salud o la debilidad corporal dependen principalmente de la digestión de los**

---

14. Quiere decir: el cuidado de la salud en forma natural, sin medicinas ni tratamientos especiales.

alimentos", es el pilar primordial sobre el cual está fundamentado todo nuestro libro.

1. Dado que el estado saludable e íntegro del cuerpo es uno de los caminos [del servicio] de Dios –pues es imposible adquirir comprensión o sabiduría si se está enfermo–, el hombre debe apartarse de las cosas que arruinan su cuerpo y conducirse según los modos que lo fortalezcan y lo mantengan saludable. Y así dice el versículo: "Cuiden mucho vuestras almas" (*Devarim* 4:15). (*K.Sh.A.* 32:1)

2. El Creador, bendito sea, creó al ser humano y lo dotó de un calor natural (y así también a todos los demás seres vivos); y eso es la vitalidad humana. Y si éste se extinguiera, se anularía dicha vitalidad. La conservación de este calor natural se consigue mediante los alimentos que la persona consume. Así como cuando al fuego ardiente no se le agrega leña constantemente, éste se extingue por completo, lo mismo ocurre con el ser humano: si no come, su calor interior se extingue, y muere.

   El alimento se muele con los dientes, se mezcla con la saliva y se desintegra. De allí desciende al estómago, nuevamente se descompone y se mezcla con los jugos gástricos y la bilis; se desintegra, es procesado por medio del calor y los jugos, y es digerido. La parte más selecta del alimento es lo que nutre a todos los miembros del organismo y mantiene la vitalidad en el hombre. Lo que se descarta, que es el desecho, es expulsado afuera. Y sobre esto es que alabamos a Dios [después de salir del toilet] en la bendición de *Asher Yatzar* (según una de las explicaciones): "*Baruj...*, *rofé jol basar umaflí laasot* – Bendito... Quien cura toda carne y obra maravillosamente", pues el Creador implantó en el ser humano la capacidad natural de seleccionar lo provechoso del alimento, y que cada miembro reciba los nutrientes adecuados, y que los desechos sean eliminados afuera. Y si el desecho permaneciera dentro del cuerpo, se descompondría [por completo] y sería la causa de numerosas enfermedades, Dios nos guarde.

Es por ello que la salud o la debilidad corporal dependen principalmente de la digestión de los alimentos; si estos se digieren fácil y correctamente, la persona estará sana. Mas si el proceso de la digestión se deteriora, la persona se debilitará e incluso podrá llegar a estar en situaciones de peligro, Dios nos libre. (*K.Sh.A.* 32:2)

3. La digestión ideal ocurre cuando el alimento no es excesivo y es fácil de digerir. Pues si la persona come demasiado y el estómago se llena, esto dificulta la digestión, ya que en ese caso el estómago no puede expandirse y contraerse como debería hacer naturalmente, y no puede procesar el alimento correctamente. Esto se asemeja al fuego, que al ponerle demasiada leña no puede encender bien. Lo mismo ocurre con el alimento en el estómago. Por eso, quien desea cuidar su salud debe procurar comer sólo en forma moderada, de acuerdo a la naturaleza de su cuerpo; ni muy poco ni hasta saciarse [por completo].

   He aquí que la mayoría de las enfermedades sobrevienen a causa de la ingestión de alimentos perjudiciales, o por un consumo desmedido y excesivo incluso de alimentos beneficiosos. Y esto es lo que ha escrito con su gran sabiduría el rey Shelomó: "Quien cuida su boca y su lengua, cuida su alma de las penurias" (*Mishlé* 21:23). Él quiso decir que se debe cuidar la boca para no ingerir alimentos perjudiciales o saciarse [demasiado]; y la lengua, para hablar solamente lo necesario. Y ya dijo uno de los sabios que aquel que come un alimento perjudicial en poca cantidad se daña menos que aquel que come alimentos nutritivos en demasía. (*K.Sh.A.* 32:3)

4. En la época de la juventud, el sistema digestivo de la persona es fuerte; por ello el joven necesita alimentarse con más frecuencia que quien ya alcanzó una mediana edad.

El anciano, en cambio, a causa de su debilidad requiere una alimentación más liviana –exigua en cantidad pero cuantiosa en calidad– para mantener sus fuerzas. (*K.Sh.A.* 32:4)

5. En los días calurosos el sistema digestivo se debilita por el calor; por eso, el consumo de alimentos debe ser menor que en los días de frío. Y los médicos calcularon que en los días calurosos se requiere comer sólo dos tercios de lo que se consume en la época de invierno. (*K.Sh.A.* 32:5)

6. Una regla fundamental de una conducta saludable es que, previo a las comidas, la persona incremente el calor de su cuerpo realizando algún tipo de ejercicio, como una caminata o alguna labor física. Eso es lo que dijo el versículo: "Con el sudor de tu frente comerás el pan" (*Bereshit* 3:19); y también está escrito: "Un pan de holgazanería no se habrá de comer" (*Mishlé* 31:27).

Antes de sentarse a comer, se debe desabrochar el cinturón [para que el estómago no esté comprimido]. Durante la comida se debe permanecer sentado en el lugar o bien es posible reclinarse hacia la izquierda. Después de la comida no debe agitarse mucho para que los alimentos no desciendan del estómago antes de su [completa] digestión, lo cual es perjudicial. Es aconsejable caminar un poco y luego descansar, pero no pasear demasiado ni esforzarse luego de las comidas. Asimismo, no se debe dormir hasta dos horas después, para que los "humos" no asciendan al cerebro y lo debiliten[15] [...] (*K.Sh.A.* 32:6)

7. [...] En general, una persona sana y fuerte necesita comer dos veces al día. Sin embargo, las personas débiles y los ancianos deben comer poca cantidad cada vez, pues el alimento excesivo puede debilitar al estómago. Por lo tanto, deben comer varias veces al día.

---

15. Véase más adelante, en el capítulo 7, sección 4, una explicación sobre este concepto de los "humos".

Quien desee cuidar su salud no debe comer antes de que su estómago se haya vaciado de la comida anterior. Y la digestión habitual en las personas sanas que consumen alimentos intermedios y realizan ejercicio moderado es de seis horas.

Es bueno omitir una comida por semana para darle un descanso al estómago y así se fortalezca el sistema digestivo. Y me parece que es bueno que esta omisión sea en la víspera de Shabat. (*K.Sh.A.* 32:10)

8. Es bueno acostumbrarse a comer pan por la mañana. (*K.Sh.A.* 32:11)

9. Quien desea consumir alimentos diversos, debe darles prioridad a aquellos que aligeran la digestión. Y no debe mezclarlos con el resto de la comida, sino esperar un poco entre ellos. Asimismo, se debe anteponer los alimentos ligeros, que son más fáciles de digerir; por ejemplo: la carne de ave antes de la carne de cuadrúpedo, y la carne caprina u ovina antes de la vacuna. Los alimentos que extenúan a los intestinos deben ser consumidos enseguida después de la comida, y no en exceso. (*K.Sh.A.* 32:12)

10. Dado que el proceso de la [degradación de los alimentos y su] digestión comienza en la boca, mediante la trituración del alimento con los dientes y su humedecimiento con la saliva, es importante no tragar ningún alimento antes de masticarlo [bien]. De no hacer así, se extenuará al estómago, pues allí deberá realizarse toda la [degradación y la] digestión. (*K.Sh.A.* 32:13)

11. Ya dijimos que no todas las personas poseen la misma naturaleza; por ello, cada persona debe escoger, según el consejo de los médicos, los alimentos más favorables de acuerdo a su condición física, al lugar y a la estación [...] (*K.Sh.A.* 32:14)

12. Con respecto a las bebidas, el agua es la bebida más natural para la persona y la más saludable para el cuerpo. Si

es pura y límpida, es beneficiosa, pues mantiene la humedad del cuerpo y apresura la eliminación del desecho. Al beber agua, se debe preferir la de temperatura natural, pues sacia la sed y favorece más la digestión. Por ello, no se debe beber agua demasiado fría, pues disminuye el calor natural del cuerpo. Y con más razón, luego de esforzarse físicamente se debe tener mucho cuidado de no beber agua fría [...] y el agua fría podría ser dañina, llegando incluso a poner en peligro la vida, ¡Dios nos guarde!

Si bien el agua es beneficiosa para la salud, no se debe beber en exceso. No es bueno beber antes de las comidas, pues eso enfría el estómago y el alimento no se digiere adecuadamente. También durante las comidas es correcto beber sólo poca agua, mezclada con vino. Recién cuando la comida comienza a digerirse se puede beber, pero sin exagerar.

No es bueno beber después de bañarse, para que no se enfríe el hígado; y con más razón, durante el baño [...] (*K.Sh.A.* 32:17)

13. [...] No se debe retardar la evacuación ni siquiera un instante. Tampoco se debe comer hasta asegurarse de que no necesita evacuar. (*K.Sh.A.* 32:19)

14. La persona siempre debe tratar que la consistencia de sus evacuaciones sea ligera, sin llegar al nivel de la diarrea. Y esta es una regla fundamental en la salud: cuando se retiene la evacuación o se evacua con dificultad, eso es presagio de enfermedades. Por lo tanto, si la persona percibe que sus intestinos se debilitaron y no tienen la fuerza necesaria para eliminar los residuos debidamente, debe consultar con un médico cómo fortalecerlos según su condición física y su edad. (*K.Sh.A.* 32:20)

15. Quien desea cuidar su salud debe reconocer los factores que producen alteraciones anímicas –como la alegría

[excesiva], la preocupación, el enojo, el miedo, etc.— y prevenirse de ellas, pues éstas tienen influencia sobre el organismo. Por ello, la persona sabia debe ser feliz con su parte todos sus días sobre la tierra, y no preocuparse por un mundo que no le pertenece. No debe buscar la superioridad, sino estar feliz de corazón y moderadamente alegre, pues esto es beneficioso para que ascienda el calor natural, se digieran mejor los alimentos, se expulsen adecuadamente los excedentes, se fortalezca la vista y los demás sentidos, y también para que se refuerce el trabajo cerebral.

Y en verdad la persona no debe excederse en la alegría por medio de la comida y la bebida, como hacen los necios, ya que el alborozo provoca que el calor interior emerja hacia la superficie corporal y se pierda el calor natural; y eso lleva a que el corazón pierda calor súbitamente, lo cual puede causar la muerte repentina. Y he aquí, las personas obesas son más propensas a esto, pues su calor corporal es menor debido a que sus arterias son más angostas, y el flujo sanguíneo, que es la fuente del calor corporal, más lento.

La preocupación es lo opuesto a la alegría. También ella es perjudicial, pues enfría al cuerpo, causando que el calor natural se acumule en el corazón, lo cual implica un peligro para la vida. Asimismo, el enojo despierta el calor corporal hasta ocasionar distintas clases de fiebre. El miedo causa enfriamiento en el cuerpo, por eso quien siente un miedo intenso, tiembla; y cuando el enfriamiento es extremo la persona puede llegar a morir. Y con más razón, es importante cuidarse de no comer cuando se está enojado, con miedo o preocupación, sino en un estado de alegría moderada. (*K.Sh.A.* 32:22)

16. El sueño comedido es beneficioso para la salud, pues permite que el alimento se digiera correctamente y los sentidos descansen. Y si ocurriera que debido a una

enfermedad la persona no logra conciliar el sueño, deberá consumir alimentos que adormecen. Sin embargo, dormir demasiado es dañino, pues la cabeza se llena de una pesadez cerebral al acrecentarse el "humo" que asciende del estómago al cerebro[16], lo cual [...] le causa al cuerpo un gran perjuicio.

Así como es importante cuidarse de no dormir inmediatamente después de comer, también es necesario cuidarse de no dormir con hambre. Pues al carecer el cuerpo de alimentos, el calor actúa sobre los excedentes, produciendo un "humo" perjudicial que asciende al cerebro.

Al dormir se debe mantener la cabeza más levantada que el resto del cuerpo para facilitar el descenso de los alimentos desde el estómago y disminuir así la cantidad de "humos" que ascienden al cerebro.

El descanso natural es por la noche, y el dormir durante el día es perjudicial y no beneficia sino a quienes ya se acostumbraron a él. (*K.Sh.A.* 32:23)

17. Es correcto que la persona sana reduzca la cantidad de comida que ingiere por las noches, y además, que los alimentos sean más livianos que los que come en las demás comidas del día. De este modo, la persona obtiene cuatro beneficios: a) cuidará su salud; b) se protege de males [...]; c) por la noche tendrá sueños placenteros y tranquilos, pues debido al exceso de comida y bebida muchas veces se tiene sueños feos y extraños; d) no tendrá un dormir pesado, y podrá levantarse temprano por la mañana.

A una persona sana le alcanza con dormir seis horas. Se debe tener cuidado de no dormir en un cuarto solo, ni en una habitación demasiado calurosa o demasiado fría. (*K.Sh.A.* 71:2)

---

16. Véase más adelante, en el capítulo 7, sección 4, una explicación sobre este concepto de los "humos".

18. [Por la noche] la persona se debe quitar la ropa y no dormir con ella. Al quitarse el calzado y la ropa se debe comenzar por el lado izquierdo. No se debe colocar la ropa debajo de la cabeza, pues ello le causa al hombre olvidarse lo que estudió.

    Es muy importante que el hombre se acostumbre a dormir de costado, pues está prohibido dormir de espaldas, con la cara hacia arriba, o al revés, con la cara hacia abajo y la espalda hacia arriba; sino sólo de costado.

    Es beneficioso para la salud acostarse al principio de la noche sobre el lado izquierdo, y al final, sobre el derecho. El hígado está ubicado más hacia el lado derecho y el estómago más hacia el izquierdo, de modo que al recostarse sobre el lado izquierdo queda el hígado por encima del estómago y lo calienta con su calor, lo cual ayuda a la digestión rápida de los alimentos. Una vez digerida la comida es correcto darse vuelta y recostarse sobre el lado derecho, para que el estómago descanse y descienda el desecho. [Por ello,] no es bueno darse vuelta de un lado al otro varias veces. (K.Sh.A. 71:5)

19. [...] No se debe entrar a bañar estando hambriento ni saciado, sino al comienzo de la digestión [...] (K.Sh.A. 32:24)

20. Asimismo, la persona se debe cuidar de todas las cosas que son peligrosas; y es más grave lo que es peligroso que lo que es prohibido [según la *halajá*]. Por ello, se debe ser más precavido ante un posible peligro que ante una posible prohibición [...] (K.Sh.A. 33:7)

21. Para conservar la vista, la persona debe ser cuidadosa en las siguientes cosas:

    No debe pasar de prisa y súbitamente de un lugar oscuro a uno muy iluminado. Si necesita hacerlo, primero debe abrir un poco la puerta y mirar durante unos segundos a la escasa luz que entra, luego abrir un poco más y volver a mirar durante algunos segundos, y recién entonces abrir la puerta del todo. Lo mismo debe hacer al pasar de un lugar iluminado a uno oscuro, pues el cambio de la luz a la oscuridad o viceversa en forma abrupta y no paulatina es perjudicial para la vista. Y es por ello que el Creador, con Su gran misericordia creó el mundo de forma tal que el sol comienza a brillar en forma paulatina sobre la tierra, no en forma repentina; y similarmente, se va poniendo en forma gradual. Y por ello decimos en la bendición de la mañana: "Él ilumina a la tierra y a sus habitantes con piedad", pues nos hace llegar la luz con piedad, en forma paulatina, y no bruscamente, de una sola vez [...]

Tampoco se debe escribir ni leer demasiado de un libro con letras pequeñas, ni realizar cualquier trabajo delicado de noche a la luz de la vela.

Fijar demasiado la vista en el color blanco es dañino para la visión; y es por ello que el reflejo del cielo es celeste y no blanco, para que no se dañen los ojos. También es perjudicial observar excesivamente el color rojo fuerte o el fuego.

El humo y el olor del azufre también son dañinos, así como el polvo fino o el viento contra los ojos. Igualmente es perjudicial caminar en exceso o con pasos grandes. Asimismo, llorar demasiado; como está escrito: "Mis ojos se gastaron por las lágrimas" (*Ejá* 2:11) [...] Pero también está escrito: "Los preceptos de Dios son puros, dan luz a los ojos" (*Tehilim* 19:9). (*K.Sh.A.* 32:27)

La Medicina Preventiva en la Teoría del Rambam

Capítulo 3

En primer lugar veamos lo que escribe Maimónides (el *Rambam*), nuestro gran Maestro, cuyas enseñanzas iluminan nuestros pasos, quien nos ha brindado una guía detallada en cuanto a la conducta a seguir en el cuidado de la salud:

> "Dado que el estado saludable e íntegro del cuerpo es uno de los caminos [del servicio] de Dios –pues es imposible adquirir comprensión o sabiduría si se está enfermo–, el hombre debe apartarse de las cosas que arruinan su cuerpo y conducirse según los modos que lo fortalezcan y lo mantengan saludable" (Rambam, Hiljot Deot 4:1).

Con estas palabras el *Rambam* comienza las leyes del cuidado de la salud que expone en *Hiljot Deot*. Allí nos legó una guía completa del cuidado la salud, a modo de medicina preventiva, basada principalmente en la alimentación adecuada. Maimónides era consciente de que las enfermedades del cuerpo no vienen de repente sino que son la consecuencia acumulativa de una conducta deficiente e incorrecta, principalmente en el aspecto de la alimentación.

"Un médico especialista, siempre que pueda curar mediante alimentos, no habrá de utilizar medicamentos" (*Rambam, Comentario de la Mishná, Introducción a la parte de Zeraím*).

"Una de las mejores actitudes en la medicina es que siempre que el médico pueda curar mediante elementos nutritivos, no intente curar mediante medicamentos" (*Meíri* en su introducción al comentario sobre el *Talmud*).

Ahora veamos las inestimables palabras del *Rambam* allí, en *Hiljot Deot*, capítulo 4, *halajá* 20:

Y a todo aquel que se conduzca según estos caminos que he enseñado, yo le garantizo que no estará enfermo ni un día de su vida; llegará a vivir una larga vida, y morirá sin requerir de un médico. Su cuerpo permanecerá íntegro y fuerte todos los días de su vida.

Al leer esta increíble frase del *Rambam*, que incluye las maravillosas tres palabras "yo le garantizo", con tu permiso, me explayaré un poco en su explicación –como es digno de hacer con toda enseñanza de los Sabios de nuestro pueblo–.

El Aseguramiento del Rambam

¡¿Cuánto dinero habríamos de pagarle a un médico que nos asegurase un método único desarrollado por él, según el cual estaríamos sanos todos los días de nuestra vida?! ¡¿Cuántos miles de kilómetros estaríamos dispuestos a viajar para llegar a aquel médico?!

¡¿Cuántos meses y años estaríamos dispuestos a aguardar

en su puerta para que nos reciba y nos asegure la salud en base a su fórmula novedosa?!

He aquí, ¡el método y la fórmula se encuentran en la casa de cada uno y uno de nosotros! ¡Sólo hace falta acercarse a la biblioteca, escoger de la obra *Mishné Torá* del *Rambam* el tomo que contiene las *Hiljot Deot*, abrirlo, leer y ponerlo en práctica!

¿Acaso se nos ocurriría desobedecer las instrucciones del más grande profesor, mundialmente reconocido, si nos formulara un aseguramiento tan claro como este? Sin embargo, hasta el día de hoy no reflexionaste como es debido sobre esta cuestión.

Y no creas, ni siquiera por un instante, que el *Rambam* exageró o se excedió en estas palabras que escribió.

En primer lugar, pues quien conoce el estilo de escritura de nuestro gran Maestro, bien sabe que no acostumbró a expresarse con exageraciones o parábolas. Alcanza con recordar cuánta precisión y esmero hay en cada palabra del *Rambam* a lo largo de toda su vasta obra, la cual constituye la base y el fundamento de los más importantes libros de *halajá* escritos en todas las generaciones.

En segundo lugar, presta atención a cuán importante era este asunto de la salud para él; pues vemos que aquí hay un hecho insólito: para leyes tan severas como las relativas a *lashón hará* (maledicencia) –de cuyo cuidado depende la redención del pueblo de Israel, como nos enseñó el *Jafetz Jaím*– el *Rambam* dedicó solamente medio capítulo de su libro. ¡Sin embargo, para las leyes del cuidado de la salud dedicó casi dos capítulos enteros! Y no solamente no se conformó con la declaración general de que quien siga estas reglas "no estará enfermo ni un día de su vida...", sino que además detalló: "llegará a vivir una larga vida, y morirá sin requerir de un médico. Su cuerpo permanecerá íntegro y fuerte todos los días de su vida". Es decir, ¡aquí hay una garantía pormenorizada!

En ninguna otra parte del libro *Yad Hajazaká* encontramos que el *Rambam* se expresa diciendo "yo te garantizo". ¡Pero aquí el *Rambam* se comprometió como garante para todo el pueblo de Israel a lo largo de todas las generaciones!

No quiero enumerar aquí todas las enfermedades conocidas hoy en día, comenzando por "aquella" terrible enfermedad que todos nos horrorizamos de llamar por su nombre, y terminando por toda clase de enfermedades de sufrimiento intenso y prolongado para las cuales se crean departamentos especiales en los hospitales. ¡Dios nos libre y guarde! ¡Pero debemos entender que respecto de todo esto el *Rambam* escribió "**Yo garantizo**"! ¡Se trata de un dictamen halájico del *Rambam*; al igual que cualquier otro en cualquier otra parte de su obra!

¿Qué instó al *Rambam* a comprometerse en semejante y sorprendente garantía?

¡Este aseguramiento se debe a que él estaba más que convencido de que la persona que se guíe según estas normas estará sana y podrá servir al Creador como es debido! Y de tanto amor por su pueblo, el *Rambam* se dirigió a cada judío y le dijo: "Por favor, aléjate de las cosas que deterioran tu cuerpo y condúcete según los modos que lo fortalecen y lo mantienen saludable. Y si haces esto yo me ofrezco a salir de garante para toda tu vida, de que ni siquiera necesitarás saber dónde queda el hospital. Estarás sano todos los días de tu vida. ¿Cómo es posible? ¡Conduciéndote del modo que te indiqué e instruí!".

Cabe mencionar que el *Rambam* excluye de su aseguramiento los siguientes tres casos:

1. Si, por su naturaleza, el cuerpo tiene cierta debilidad o afección;

2. Si ya desde su niñez, la persona tuvo una conducta incorrecta en el cuidado de su salud;

3. Si llegara a sobrevenir al mundo una peste o una sequía intensa.

En estos casos él instruye conducirse según lo que indiquen los médicos en cada situación particular. No obstante, aun así, el *Rambam* advierte y escribe: "Tanto aquel que esté sano como aquel que esté enfermo no debe desviarse de ninguno de los caminos que mencionamos en este capítulo, dado que cada uno de ellos conduce a un buen final".

La Importancia de la Buena Digestión en la Medicina Preventiva

Como escribimos en el capítulo anterior, en base a las enseñanzas del *Rambam* el autor del *Kitzur Shulján Aruj* escribió el capítulo 32 de su obra, titulado: "El cuidado natural de la salud", es decir, el cuidado de la salud en forma natural, sin medicinas ni tratamientos especiales.

Dicho capítulo del *"Kitzur"* contiene originalmente 27 *halajot* que, en su mayoría, tratan acerca de la alimentación, a excepción de los últimos tres, que tratan sobre el aire y la luz (el medioambiente).

Es interesante destacar que aun cuando el autor del *"Kitzur"* habla allí sobre características de la personalidad y el alma –como ser la alegría, la preocupación, el enojo, el temor, etc.–, él no lo hace en forma independiente sino que se refiere a la incidencia que todas estas *midot* tienen sobre la digestión del alimento. Y con estas palabras sintetiza el asunto (al final de la *halajá* 2):

> La salud o la debilidad corporal dependen principalmente de la digestión de los alimentos; si estos se digieren fácil y correctamente, la persona estará sana. Mas si el proceso de la digestión se deteriora, la persona se debilitará e incluso podrá llegar a estar en situaciones de peligro, Dios nos libre.

Observa, pues: ¿Cuál es la causa de la mayoría de las enfermedades? ¿Acaso la persona tiene algo o alguien que entra en ella y la daña? ¡Lo único que entra al cuerpo es alimento!

Sin embargo, presta atención a los siguientes padecimientos: insuficiencias cardíacas, enfermedades del miocardio, derrames cerebrales, enfermedades de los riñones, inconvenientes en los vasos sanguíneos de las piernas. ¿Qué tienen en común todas estas enfermedades?

Todas estas dolencias están relacionadas con el sistema circulatorio sanguíneo. Este sistema está compuesto de un conjunto de conductos, llamados vasos, que sirven para que la sangre circule por todo el cuerpo, desde y hacia el corazón.

Al nacer, recibimos del Creador nuestros vasos sanguíneos completamente abiertos, huecos y limpios. La sangre fluye libremente y el corazón no necesita esforzarse para que la sangre llegue a todos los miembros del cuerpo (¡la hipertensión o "presión alta"!). Sin embargo, con el transcurso de los años, debido a la ingestión de comida insana o de la incorrecta ingestión de los alimentos, se va acumulando "suciedad" en las paredes de los vasos sanguíneos, la cual los médicos denominan "placas".

Y es ahí donde comienzan los problemas, Dios nos libre y nos guarde. Pues los vasos sanguíneos se van cerrando cada vez más y el corazón recibe cada vez menos sangre. Entonces, de ahí a la insuficiencia cardíaca el trayecto es corto, ya que el corazón no recibe suficiente sangre y por lo tanto carece del oxígeno necesario, lo cual lo lesiona.

También el cerebro se alimenta por medio de dos conductos sanguíneos que atraviesan el cuello y se llaman "arterias carótidas". Del mismo modo, estos conductos se pueden obstruir como consecuencia de una mala alimentación, y el riesgo de dañarse el cerebro, Dios nos libre, se incrementa.

Siendo así, es una obligación esencial para nosotros cuidar

que los conductos sanguíneos de nuestro organismo permanezcan limpios y abiertos.

Al analizar detalladamente las palabras del *Rambam* y el *Kitzur Shulján Aruj*, llegamos a la conclusión de que la digestión de los alimentos es uno de los factores más importantes en la salud de la persona, por dos razones:

1. Por ser una de las **causas esenciales** de su estado de salud actual, como explicamos;

2. Por ser una función del organismo que **revela** el estado de salud actual de la persona.

Como ejemplo de esto podemos tomar el estreñimiento, llamado frecuentemente "constipación de vientre". Este padecimiento es, en un primer nivel, el indicador de que hay una irregularidad en el organismo. Más tarde, de no ser aliviado, este padecimiento es considerado el causante mismo de "serias" enfermedades que es necesario "curar".

Por lo tanto, sin duda alguna, el primer factor en el cual debemos poner nuestra atención es: el tipo y la cantidad de alimentos que ingerimos, y su modo de ingestión.

Es por ello que, como ya dijimos, la mayoría de esta obra trata acerca de los alimentos y su correcta digestión, en tanto que el tema de la actividad física ocupa un espacio relativamente muy pequeño.

El motivo de ello es que la actividad física, por más abundante que sea, no ayudará demasiado al bienestar general sin una correcta alimentación y digestión; mientras que la actividad física previa a la comida ayuda y fortalece al sistema digestivo.

—※—

Creo oportuno hacer aquí una importante acotación acerca de algo que escribe el *Kitzur Shulján Aruj* (cap. 32, *halajá* 8): "Los médicos dijeron que los alimentos a los cuales la persona ya se acostumbró dejan de ser dañinos para ella, aun si son alimentos perjudiciales, pues la costumbre se convierte en naturaleza; pero esto, siempre y cuando no se llene el estómago con ellos".

No cabe duda que al hablar de "alimentos perjudiciales", aquellos médicos del siglo XIX no se refirieron a todos los alimentos procesados actuales que son dañinos para la salud, como el azúcar, la sal, los colorantes, conservantes, fosfatos, nitratos y demás sustancias perjudiciales y nocivas, que en su época ni siquiera eran de imaginar.

En cambio, al parecer, el Rab Gantzfried más bien alude a aquellos alimentos "perjudiciales" que enumera luego en dicho capítulo 32, *halajá* 14, como ser "la carne de toros robustos", "el pan de cebada", etc. A esos alimentos se refieren dichos médicos.

Además, por lo visto, la opinión del *Rambam* no coincide con la de aquellos médicos que citó el *Kitzur Shulján Aruj*. Pues en el capítulo 4 de *Hiljot Deot*, *halajá* 14, Maimónides menciona tres condiciones para que aquel que come alimentos perjudiciales no enferme:

1. Debe realizar un fuerte ejercicio físico,

2. No debe saciarse de dichos alimentos,

3. Debe mantener un buen movimiento intestinal.

Claramente, vemos que el *Rambam* no escribió como el *Kitzur*, que si la persona ya se acostumbró a comer dichos alimentos, éstos ya no le son perjudiciales y puede continuar consumiéndolos.

Y no solo eso. Contrariamente al *Kitzur Shulján Aruj*, el *Rambam* escribió hacia el final del capítulo 4 que "la persona que está enferma, o que tuvo una mala conducta alimenticia durante varios años, debe atenerse a las indicaciones médicas apropiadas a su enfermedad, así como figura en los libros de medicina" (Deot 4:20). Y respecto de la persona que no cuenta con una guía médica apropiada él escribió que "no debe desviarse de todas los caminos que mencionamos" (*Deot* 4:22).

LA MEDICINA PREVENTIVA EN LA ACTUALIDAD

No obstante, hay algunas cosas de la realidad actual que sí son diferentes de aquella realidad a la que se refirió el *Rambam*.

Por ejemplo, el *Rambam* escribió: "La persona no debe beber, a menos que esté sedienta" (*Deot* 4:1).

En su época, la actividad usual de la mayoría de las personas incluía la realización de pesadas tareas fuera de la casa, de modo que la gente sentía sed cuando el cuerpo necesitaba líquido. Sin embargo, hoy en día son pocos los que trabajan en tareas pesadas. Hoy, la mayoría de las personas trabaja sentada frente a una mesa de escritorio en ambientes climatizados, y si bebieran sólo al sentir sed, muchas podrían llegar a un estado de deshidratación y de peligro de vida, ¡Dios nos libre!

Asimismo, fueron creados numerosos productos que no existían en las generaciones anteriores, principalmente debido a la producción industrial de los alimentos.

Consecuentemente, es necesario escuchar la opinión de los médicos y nutricionistas modernos sobre productos como la margarina, las pastas, etc., ya que no encontraremos en el libro *Rambam* ninguna alusión a estas "novedades".

Y sobre todo esto el *Kitzur Shulján Aruj* ya escribió la regla general: "Cada persona debe escoger, según el consejo de los médicos, los alimentos más favorables de acuerdo a su condición física, al lugar y a la estación" (citado en el capítulo anterior).

Estas palabras fueron escritas hace alrededor de 150 años, cuando aún no existían las grandes innovaciones que hay hoy en día en la rama de la alimentación. Entonces, ¡cuánto más necesario es consultar actualmente con ellos sobre la conveniencia de los nuevos productos de las últimas generaciones!

Los fundamentos del *Rambam* se denominan en la lengua moderna "medicina preventiva". De hecho, aquellos profesionales que se dedican a la medicina preventiva, en muchos casos se guían y basan en las palabras de Maimónides. Ellos las consideran "la piedra fundamental" de toda la orientación para el cuidado de la salud que les transmiten a sus pacientes.

En el ámbito de la medicina preventiva se utiliza el siguiente ejemplo para demostrar descriptivamente la necesidad de esta rama de la medicina:

Una persona llega al médico y le dice: "Me siento saludable, ¿qué debo hacer para permanecer así?".

El médico lo observa sorprendido y le contesta: "¡Consúltame cuando te enfermes!".

Querido lector, este libro que presento ante ti con la ayuda de Dios, **¡contiene la respuesta a esta pregunta que los médicos no pueden responder!**

Déjame contarte que la medicina clásica o "curativa" casi no toma en consideración el área que denominamos "medicina preventiva". Tu médico de familia solamente tratará los problemas específicos que le consultes; no te instruirá a vivir correctamente. Es más, él quizás ni siquiera exponga ante ti la relación existente entre tu forma de vivir y el problema que le vienes a consultar.

Esta realidad es sumamente asombrosa, pues la medicina moderna no niega la relación que existe entre la forma de vivir y las enfermedades. Por el contrario, en las investigaciones publicadas en todo el mundo casi a diario se recalca la relación que hay, por ejemplo, entre la obesidad y los problemas cardíacos, la presión arterial, etc. Asimismo, numerosos descubrimientos demuestran el vínculo que hay entre la alimentación y el cáncer en distintos órganos del sistema digestivo, Dios nos libre.

Sin embargo, y a pesar de todo esto, los conocimientos de un médico son en general bastante pobres respecto de la forma correcta y saludable de vivir, y de la relación entre esto y las distintas enfermedades. La medicina curativa no toma con la debida seriedad a la medicina preventiva, y aun si un médico posee los conocimientos adecuados en esta materia, está tan ocupado tratando de curar las innumerables enfermedades de sus pacientes que no le queda el tiempo necesario para hablar con ellos y explicarles estos asuntos.

Cabe señalar que hoy en día en casi todo centro de salud hay un dietista o nutricionista profesional con quien se puede consultar cualquier asunto relacionado con la alimentación. Pero para ello es necesario recibir una orden especial llamada "derivación sanitaria", mediante la cual el médico encargado remite al paciente a otro profesional de la salud para que éste le brinde una atención complementaria especial. Como consecuencia, los pacientes generalmente llegan a ellos cuando su estado de salud ya está bastante deteriorado, y no por iniciativa del médico de familia, previo a la aparición de los problemas, como parte de la medicina preventiva.

De todos modos, quiero que sepas que en esta obra encontrarás varios datos y detalles **que seguramente jamás oirás de ningún nutricionista**, como verás en los capítulos siguientes.

LA "MEDICINA GENERAL" Y LA "MEDICINA PERSONALIZADA"

——————— *Capítulo 4* ———————

Ya escribimos anteriormente que hoy en día, en su mayoría, los médicos no se dedican a la medicina preventiva. Sin embargo, en lo que respecta a la **forma de vida moderna** en general y a la **alimentación incorrecta** en particular, todos los especialistas e investigadores del desarrollo de las enfermedades modernas alrededor del mundo coinciden en una misma idea: ellos sostienen que estos dos factores son los principales causantes del deterioro de la salud en la población mundial, incluyendo la alta incidencia de las más graves enfermedades, desde los problemas cardíacos –que en la actualidad son considerados el "asesino número 1" en todo el mundo– hasta el cáncer y otras enfermedades muy peligrosas y dolorosas, ¡Dios nos guarde!

El motivo por el cual el médico que te atiende no presta demasiada atención a estos dos importantes factores, excepto en casos extremos, se relaciona con la realidad que ya mencionamos, que en cualquier facultad de medicina convencional se estudia muy poco sobre la alimentación y su influencia sobre la salud. Además, el hecho de que en muchos países normalmente toda la población está afiliada a un "seguro médico" general, para todo el público, y no individual y personalizado, también impide que tu médico pueda ocuparse de ayudarte en forma particular a mejorar tu estilo de alimentación y tu forma de vida.

En el título de nuestro capítulo, frente al concepto de "medicina general", hice uso del la expresión "medicina **personalizada**", y no "medicina **privada**". Esto es para que entiendas que mi intención no es derivarte hacia una medicina privada y costosa, especialmente en estos tiempos en que a muchos les cuesta llegar a fin de mes.

En cambio, mi intención es simplemente señalar el camino que sigue cada uno de estos dos sistemas, y las diferencias que hay entre ellos. Si llegas a comprender e interiorizar la disparidad entre estos dos caminos, sabrás utilizar y aplicar los principios de la "medicina personalizada" aunque pertenezcas a una cobertura médica general.

Por ejemplo, sabrás cuándo debes pedirle, o incluso exigirle, a tu médico familiar una derivación para realizar análisis rutinarios de control; sabrás estudiar y comprender la tendencia y el patrón de salud que sigue tu organismo, si se conserva o se va deteriorando; sabrás pedirle a tu médico que te señale los datos significativos para ti en los resultados de los análisis. Asimismo, sabrás cómo y cuándo pedirle, paralelamente, que te derive al nutricionista de tu cobertura médica, etc.

Todo esto es posible realizarlo no sólo en la "medicina personalizada" sino también en el marco de la "medicina general".

Veamos cómo esto se maneja:

El principio en el cual se basa la medicina general es el uso de medicamentos como medio de curación, y no la aplicación de la medicina preventiva. Si bien es casi seguro que a la larga los costos del cuidado preventivo de la salud son mucho más bajos que los de la "curación de enfermedades", los seguros de salud no se dedican a la medicina preventiva pues hacerlo implica una inversión que se debe pagar hoy, mientras que los frutos sólo se recogen depués de varios años.

Por ello, los sistemas o seguros de salud generales –que con mucha dificultad alcanzan a mantenerse financieramente– no tienen dinero para invertir a largo plazo. Y así, un médico que trate a sus pacientes mediante la medicina preventiva se encontrará inmediatamente fuera de ese sistema de medicina general; es decir, sin una fuente de sustento.

Tú sabes que los médicos que te atienden son representantes del "sistema de salud". Ellos están obligados a presentar informes periódicos a sus directores, a la vez que reciben "de arriba" indicaciones que los limitan en el tiempo promedio que les deben dedicar a sus pacientes y en el dinero que pueden gastar en ellos (el costo de los medicamentos, los análisis a los que los pueden derivar, etc.).

Además, los seguros o las coberturas médicas generales se conducen según principios de salud adaptados a la generalidad del público, lo cual significa que no necesariamente se tiene en cuenta tu beneficio personal como paciente. Es por eso que cada uno de nosotros debe tomar la responsabilidad de ser el cuidador de su propia salud, y no apoyarse con los ojos cerrados en el médico del seguro general o público de salud.

Para ejemplificar aún más lo expuesto, deseo mencionar un artículo médico escrito por el Dr. Shlomó Winkler, publicado en el *Boletín Israelí de Medicina Familiar* (Número 79, tomo 11, enero del 2001).

El nombre del artículo es "Una dieta saludable, el sodio (la sal) y la hipertensión", y en el se refiere a la relación intrínseca que hay entre la hipertensión y la alimentación, lo cual es de suma importancia para la salud del público en general.

El objetivo de los investigadores era comprobar si una dieta baja en sodio, y alguna otra dieta específica o particular, tienen algún efecto sobre la presión arterial. En síntesis, los resultados de la investigación mostraron un descenso de 7,1 mm en la presión en pacientes sanos, y 11,5 mm en pacientes que sufren de alta presión.

A raíz de esta investigación, el Dr. Winkler presenta un tema para debatir. Así escribe en el artículo:

> Al observar los resultados, como médico, se me despierta nuevamente el dilema: ¿acaso debo optar por recetar medicamentos o por lograr un cambio en la forma de vida del paciente? Los investigadores consiguieron demostrar que es posible lograr un descenso importante de la presión arterial sin la intervención de medicamentos; sin embargo, sabemos cuán difícil es realizar cambios en la forma de vida de nuestros pacientes.
>
> Por otro lado, los analistas proponen un método interesante para tratar el problema: la variación de las cantidades de sodio en los productos comprados, para así obtener indirectamente el objetivo deseado en los consumidores.
>
> Es decir, que se está intentando enfrentar un problema médico con influencia significativa sobre la salud del público en general, mediante una conducta genérica, lo cual no es necesariamente el modo más beneficioso para ti; por ejemplo, si en tu caso sí eres una persona capaz de cambiar tu forma de vida [...]
>
> Sin embargo, hasta entonces, como médicos de familia recae sobre nosotros la obligación de recordarles a los pacientes la importancia de una dieta adecuada para el equilibrio de la presión arterial.

RESPÉTALO, PERO PREGÚNTALE

Más de una vez ocurre que un paciente llega al consultorio médico con los resultados de sus análisis de sangre y demás, y el médico descubre una nueva enfermedad ignorada hasta ahora, que seguramente se desarrolló en el último tiempo.

En este caso, el doctor generalmente se limitará a emitir una breve oración de pocas palabras: "Señor, usted sufre de tal y tal cosa (un nombre incomprensible, a veces, en inglés), debe tomar tal medicamento... Aquí tiene la receta; tómelo tres veces al día, antes de la comida. ¡Que se sienta bien! El próximo paciente por favor...".

No se trata de una descripción imaginaria de una situación. Estas situaciones ocurren a diario en los consultorios (¡aunque no hay duda de que toda regla tiene excepciones!). Pero la realidad es que el médico, generalmente, no habla sobre los factores que pudieron haber llevado al paciente a padecer dicha enfermedad (¡y a veces tampoco le explica qué hacer para que no se agrave en el futuro!).

El paciente no conoce las distintas formas de tratar su enfermedad, si es que existen, ni cuáles son los riesgos y las probabilidades de éxito en cada uno de esos tratamientos.

Por todo esto, no debes apoyarte y confiar en el médico con los ojos cerrados. Debes preguntarle y averiguar cada detalle, sin asustarte de su impaciencia (¡ni de sus gritos, a veces!).

Recuerda siempre que se trata de tu vida, no de la suya... Tal vez incluso llegarás a darte cuenta de que te conviene buscar otro médico que te pueda clarificar mejor tus incertidumbres.

Las personas suelen tratar con mucho respeto a los médicos. Ciertamente esta es una costumbre correcta y educada, pues el médico se merece respeto y aprecio por sus conocimientos y esfuerzos. Sin embargo, hay quienes los honran en exceso, envolviéndose de temor, con lo cual terminan perjudicándose. Lo principal es, como ya escribimos, preguntar y preguntar, hasta sentir que has comprendido lo que ocurre contigo.

El piloto y el médico

¿Cuál es la diferencia entre un piloto de avión y un médico? Cuando hay una enfermedad seria, Dios nos guarde, ¿por qué la gente averigua e investiga tanto antes de acudir a un doctor, acerca de su experiencia y profesionalismo, en tanto que antes de subirse a un avión jamás escuchamos que alguien ha solicitado ver el diploma del piloto y sus recomendaciones?

La diferencia es evidente: ¡El piloto viaja contigo! ¡Si llegara a hacer algo erróneo, pondría en peligro su vida al igual que la tuya! No es lógico que salga a volar cansado y desconcentrado, o sin los conocimientos necesarios. No así el médico. Pues él no sube a la camilla de operaciones junto a ti; él trabaja sobre ti, pero no se pone a sí mismo en peligro. Es por ello que se debe averiguar bien sobre él...

MEDICINA PERSONALIZADA

Deseo volver a la definición del concepto "medicina personalizada", aportándole una nueva significación: no se trata necesariamente de visitar a un médico en forma privada (¡ya que, incluso él, si tú mismo no te interesas acerca de los detalles de tu estado, puede llegar a comportarse igual que un médico del seguro de salud!). El significado del concepto "medicina personalizada" es que tú mismo seas el "médico controlador" de tu historia clínica.

Por supuesto, no debes confundirte y comenzar a tomar decisiones sobre asuntos médicos que desconoces. Mi intención, más bien, es transmitirte la enseñanza de Hilel en *Pirké Avot*: "Si yo no soy para mí, ¿quién será por mí?". Es decir, si tú no te preocupas de controlar, revisar y seguir de cerca tu historia clínica –por supuesto, acatando las órdenes del médico– ¡nadie lo hará por ti! Una historia:

Hace unos treinta años, como socio de la *kupat jolim* (cobertura médica) "Macabi" en Israel, traté de impedir la difusión del *Macabitón*, la revista mensual de dicho seguro de salud, en los barrios religiosos (pues contenía publicidades y artículos no apropiados, según el recato que la Torá exige).

Al comienzo no me fue fácil explicarle a la dirección de "Macabi" por qué una publicación que para ellos era beneficiosa, para quienes cumplimos Torá y *mitzvot* era perjudicial. Sin embargo, poco a poco fueron aceptando no enviar la revista a los "barrios religiosos".

Una vez logrado este primer objetivo, salí a defender los derechos del público observante, y le solicité a la dirección de la *kupat jolim* un medio de información médica que también sea apto para nuestro público. Así fue que "nació" la publicación *"Macabitón religiosa"*, difundida entre el público observante en todo Israel. Como resultado, también las demás coberturas médicas del país comenzaron a difundir sus revistas informativas sobre temas médicos adaptadas al público religioso.

Todas estas publicaciones incluyen orientación para la prevención de enfermedades, novedades en el ámbito de los tratamientos, etc. Generalmente, la información es muy beneficiosa; sin embargo, el público común no le dedica el tiempo necesario a su lectura, y todo el trabajo invertido termina desperdiciándose.

De todos modos, tú, preciado lector, aprovecha esas publicaciones para adquirir varios conocimientos necesarios que te permitirán ejercer prácticamente como tu "médico personal".

En base a todo lo expuesto llegamos a la siguiente conclusión que, en mi humilde opinión, es ineludible: Toda persona a la cual le importa su salud está obligada a dirigir por sí misma el control periódico de su historia clínica personal. ¡Es erróneo confiar en que algún médico o a alguna cobertura médica hará esta labor en lugar de uno mismo!

Es verdad. Eres socio de una cobertura médica. Tienes un "médico de familia" y él es quien guarda en su computadora tu cartilla personal con todos los datos médicos que le fueron revelados, incluyendo los tratamientos que te hiciste, los medicamentos que recibiste, etc. ¡Sin embargo, tú sabes que si no lo visitas, aun durante diez años, él jamás te llamará ni siquiera una vez para verificar cómo te sientes!

¿Alguna vez pensaste en esto? Su "premisa de trabajo" es que si tienes algún problema, tú acudirás a él... a pesar de que, verdaderamente, en un lapso de diez años sin duda ocurren cambios en la salud de la persona. ¡Es posible que tu salud esté en constante deterioro y no haya nadie que lo note para averiguar qué ocurre! **Es por ello que te recomiendo manejar tu historia clínica en forma personal.**

Por supuesto, esto incluye solicitar por iniciativa propia derivaciones para la realización de análisis rutinarios y conservar copias de cualquier registro médico. A diferencia de los informes de tu cuenta bancaria, que después de un tiempo ya no tienen utilidad, los informes de tu "banco de salud" son de mucha utilidad aun después de mucho tiempo.

Por ejemplo, si una persona se realizó un electrocardiograma y los resultados no fueron satisfactorios, el médico inmediatamente le pedirá ver el estudio anterior que se realizó, o incluso dos anteriores. Si el médico verá que no hay diferencias significativas entre el estudio actual y los anteriores, la situación no despertará preocupación, pero si él verá que hay diferencias importantes en los resultados, habrá una necesidad inmediata de decidir si realizar algún tratamiento. Este es sólo un ejemplo, entre otros muchos, sobre la importancia de conservar "las hojas de la cuenta del banco de la salud".

Cuanto más sepas de ti mismo, más fácil será para ti obtener beneficio de los contados minutos que tu médico te dedica.

Cuanto menos sepas, más difícil será para el médico explicarte el significado de las cosas. Y en ese caso, el resultado será que a los pocos minutos simplemente saldrás del consultorio con una receta en la mano; tal vez el medicamento te ayude por un tiempo, pero seguro que no te instruirá demasiado ni evitará tu próxima visita al médico en algún momento más adelante.

Para tomar tu salud en tus manos no necesitas ser médico ni estudiante de medicina. Alcanza con hacerle las preguntas correctas a tu doctor, a la vez que le pides que te explique con paciencia todo lo que sabe sobre tu estado de tu salud. (Si te avergüenzas de hacerlo, puedes utilizar la siguiente frase. Ésta posee un humor muy sutil, pero a la vez es muy profunda y verdadera: "Doctor, me gustaría que me explicara con claridad; la gente dice que yo entiendo rápido cuando me explican despacio...".)

Ejemplo de Seguimiento en la "Medicina Preventiva Personalizada"

Nuestro punto de partida debe ser la realización de una tabla donde figuren todos los datos de la "herencia genética familiar".

La herencia genética es la transmisión de las características fisiológicas, morfológicas y bioquímicas de los seres vivos de generación en generación. Cada persona tiene una herencia propia con la cual vino al mundo; la lleva en su ser, independientemente de su conducta particular respecto del cuidado de la salud. Para que el seguimiento personalizado sea más efectivo y beneficioso también se le debe prestar atención a la herencia genética.

A las enfermedades que marques con una ✓ les deberás prestar más atención, realizando sobre ellas un seguimiento más de cerca y desde una edad más temprana. Por ejemplo: una persona normal comenzará a prestar atención a la presión interna del ojo (glaucoma) sólo a partir de la edad de 40 años, pero alguien que tiene este problema en su "tabla de herencia genética familiar", lo debe hacer a partir de la edad de 25 años. Y así con el resto de las enfermedades.

Todo esto, junto con una alimentación correcta, te ayudará a impedir que aparezcan en ti incluso aquellas enfermedades que generalmente se transmiten en forma hereditaria.

TABLA DE HERENCIA GENÉTICA FAMILIAR

	Yo	Hermanos/ Hermanas	Padre	Tíos/Tías paternos	Abuelo paterno	Abuela paterna	Madre	Tíos/Tías maternos	Abuelo materno	Abuela materna
Diabetes										
Presión arterial										
Obesidad										
Corazón										
Infartos										
Cateterismos										
Bypass										
Arritmias										
Derrames cerebrales										
Próstata										
Osteoporosis										
Desgaste de cartílagos										
Audición										
Glaucoma										
Várices										
Estreñimiento										
Colesterol										
Encías										
Riñones										
Hígado										
Parkinson										

Como segundo paso en el seguimiento de tu historia clínica personal debes "adelantar el remedio a la enfermedad". Para ello necesitas llevar un control de lo que ocurre en tu organismo. Esto comprende la realización de estudios de sangre y orina en forma periódica, según la necesidad impuesta por tu estado particular de salud, tu edad y tu herencia genética.

En el pasado no se podía saber de la existencia de una enfermedad hasta que ésta no presentaba síntomas, como dolor, etc. Hoy en día, sin embargo, tenemos la posibilidad de prevenir la enfermedad mucho antes de que esta haga su "aparición formal" como tal. Me explicaré:

Al hablar de "enfermedades", en realidad deberíamos diferenciar entre las distintas clases de patologías. Un "enfriamiento" no es una "enfermedad"; sin embargo, la diabetes, la hipertensión arterial, la arterosclerosis, el glaucoma, la esteatosis hepática (el "hígado graso"), la insuficiencia renal, el debilitamiento de los huesos (osteoporosis), etc., sí son "enfermedades", y son las principales enfermedades internas.

Todas estas enfermedades no son dolorosas al comienzo; la persona no siente en absoluto que tiene una enfermedad. Sin embargo, una vez que la enfermedad ya se detecta, no tienen curación. No hay camino de retorno.

Lo que hoy en día se llama "medicina" en realidad es un nombre figurativo y metafórico. La medicina no tiene una forma de curar enfermedades; como máximo puede aplacarlas. Por ejemplo:

- Para tratar la diabetes se recetan medicamentos que bajan el nivel de azúcar en la sangre; pero si la persona no tomara el medicamento un solo día, el nivel de azúcar subiría.

- Lo mismo ocurre con alguien que padece de hipertensión.

- Una vez que se detecta arterosclerosis es sabido que no se puede volver atrás el daño en las paredes de los vasos sanguíneos. Incluso un cateterismo no limpia las arterias; sólo

sirve para "empujar" hacia los costados los lípidos deposi-
tados en las paredes, "ensanchando" los vasos sanguíneos.
Para quitarlos, en una zona determinada, se requiere de una
intervención quirúrgica llamada en inglés "bypass".

* Tampoco el glaucoma se puede curar, sino sólo tratar para
bajar la presión ocular. Un día que no se trate, la presión
subirá.

La "medicina preventiva", en cambio, sí previene enfermedades. Previene todas las enfermedades que mencionamos anteriormente, y muchas más. La medicina preventiva se basa en
la alimentación correcta y en todas las conductas adecuadas
que leerás más adelante en este libro.

Metafóricamente, el versículo "...todas las enfermedades
que traje a los egipcios no traeré sobre ti, pues Yo soy el Eterno,
tu curador" (Shemot 16:26) tal vez se refiere a nuestro tema. En este
versículo Dios dice que la curación es a través de "no traeré
sobre ti", ¡por medio de la medicina preventiva!

En nuestra generación tenemos un medio para prevenir
enfermedades que no existía antes; si sabremos usarlo inteli-
gentemente podremos percatarnos de la gestación de enfermedades mucho antes de que estas aparezcan formalmente, y así
podremos prevenirlas. Este medio son los estudios de sangre
y orina, las mediciones de azúcar en la sangre, de presión
sanguínea, de la presión ocular, etc. Todo esto no existía en el
pasado. Al utilizar todos estos medios podemos ver el proceso
de formación de las enfermedades y averiguar cuál es la causa
que provoca las primeras señales del padecimiento, aunque
los valores de la presión o el azúcar en la sangre todavía estén
dentro de la norma.

Para ello necesitas saber qué pasa en tu cuerpo y hacer un
seguimiento. Esto incluye la realización de una tabla donde
escribas todos los resultados ordenados linealmente por fecha.
Ello te ayudará enormemente a realizar un seguimiento efectivo, como explicaremos a continuación.

TABLA DE SEGUIMIENTO DE ANÁLISIS DE SANGRE Y ORINA

Advertencia: puede ser que en los diversos países de habla hispana algunos de los parámetros de la tabla se denominen usualmente en forma diferente.

Nombre	Explicación simple	Rangos de referencia	Fecha	Fecha
Glucosa	Nivel de azúcar en la sangre.			
HbA1c – Hemoglobina glucosilada	Promedio de azúcar en los últimos tres meses.			
Urea	Expresa el funcionamiento de los riñones. Indica si tienen suficiente líquido.			
Creatinina	Expresa el funcionamiento de los riñones.			
Ácido úrico	Ídem.			
K - Potasio				
Na - Sodio	Es "la sal".			
Ca - Calcio				
P - Fósforo				
Mg - Magnesio				
Colesterol	Es el colesterol total. (Colesterol: grasa en la sangre.)			
Triglicéridos	Son una clase de grasa en la sangre.			
Colesterol HDL	Es el colesterol bueno. (Se llama Lipoproteínas de alta densidad, del inglés, *High Density Lipoprotein*.)			
Colesterol LDL	Es el colesterol malo. (Se llama Lipoproteínas de baja densidad, del inglés, *Low Density Lipoproteins*.)			
Proteínas total				

Nombre	Explicación simple	Rangos de referencia	Fecha	Fecha
Albúmina	Es una proteína sintetizada en el hígado.			
Bilirrubina total	Expresa el funcionamiento del hígado.			
Fosfatasa Alcalina	Es una enzima del hígado.			
ALT (GPT)	Es una enzima del hígado. La alanina aminotransferasa, también llamada Alanina Transaminasa (ALT), era antes conocida como Transaminasa Glutámico-Pirúvica (GPT).			
AST (GOT)	Es una enzima del hígado. La aspartato aminotransferasa, también llamada aspartato transaminasa (AST), era antes conocida como Transaminasa Glutámico-Oxalacética (GOT).			
GGT	La Gamma Glutamil Transpeptidasa es una enzima del hígado y la vesícula biliar.			
LDH	La Lactato Deshidrogenasa es una enzima del hígado.			
Fe - Hierro				
Ferritina	Es una proteína almacenadora de hierro.			
Transferrina	En una proteína transportadora de hierro.			
Vitamina B12	En una vitamina esencial para el sistema nervioso y la creación de glóbulos rojos (proviene de la carne).			
Ácido fólico	Es la vitamina B9, esencial para el sistema nervioso y la creación de glóbulos rojos (proviene de los vegetales).			
ESR 1 hora	Es un marcador inespecífico de procesos infecciosos. Su nombre deriva del inglés: *Erythrocyte Sedimentation Rate*; en español se le llama Tasa de Sedimentación Eritrocítica (TSE).			
CRP o PCR	La Proteína C Reactiva (PCR, en español) es un marcador inespecífico de procesos infecciosos (e infartos).			
Vitamina D	Ayuda a absorber el calcio de los alimentos.			

Nombre	Explicación simple	Rangos de referencia	Fecha	Fecha
PTH o HPT	Es la hormona paratiroidea.			
CK-CPK	La Creatina Quinasa, también conocida como Creatina Fosfoquinasa o Fosfocreatín Quinasa (CK o CPK, por sus siglas en inglés), es una enzima de los músculos deteriorados.			
TSH	La Tirotropina u Hormona Tirotrópica (en inglés, *Thyroid-Stimulating Hormone*) es la hormona que estimula a la tiroides.			
F.T.3	Triyodotironina Libre es una hormona de la tiroides.			
F.T.4	Tetrayodotironina Libre es otra hormona de la tiroides.			
PSA	El antígeno prostático específico (frecuentemente abreviado según sus siglas en inglés) sirve para el diagnóstico, pronóstico y seguimiento del cáncer y otros trastornos de la próstata.			
CSC - Conteo Sanguíneo Completo				
WBC – Leucocitos.	Los glóbulos blancos (*White Blood Cells*) o leucocitos son los encargados de la respuesta inmunitaria del organismo ante sustancias extrañas o agentes infecciosos.			
RBC – Hematíes o Eritrocitos.	Son los glóbulos rojos (del inglés: *Red Blood Cells*).			
Hemoglobina	Es la proteína que contiene hierro y transporta el oxígeno al cuerpo			
Hematocrito	Es el porcentaje de glóbulos rojos, glóbulos blancos y plaquetas en el volumen total de la sangre. Ayuda al seguimiento de la anemia.			
MCV o VCM	Es el Volumen Corpuscular o Celular Medio.			
MCH o HCM	La Hemoglobina Corpuscular o Celular Media es el promedio de hemoglobina en los glóbulos rojos.			
MCHC o CHCM	La Concentración de Hemoglobina Corpuscular o Celular Media, es la concentración de hemoglobina en los glóbulos rojos.			

Nombre	Explicación simple	Rangos de referencia	Fecha	Fecha
RDW	Del inglés, *Red blood cell Distribution Width* (RDW o RCDW), es la medida de variación del ancho de los glóbulos rojos.			
Plaquetas	Las plaquetas o trombocitos son una fuente natural de factores de crecimiento.			
MPV	Del inglés, *Mean Platelet Volume*, mide el volumen de las plaquetas.			
Neutrófilos %				
Linfocitos %				
Monocitos %				
Eosinófilos %				
Basófilos %				
Neutrófilos #				
Linfocitos #				
Monocitos #				
Eosinófilos #				
Basófilos #				
Coagulación de la sangre				
I.N.R.	El *International Normalized Ratio* es un parámetro de coagulación de la sangre.			
PTT	La Púrpura Trombocitopénica Trombótica está relacionada con el sistema de coagulación de la sangre.			
Análisis de orina - general				
pH	Nivel de acidez.	Negativo		
Nitritos		Negativo		
Cetona				
Glucosa	Azúcar en la orina.	Negativo		
Bilirrubina				
Proteínas				

Nombre	Explicación simple	Rangos de referencia	Fecha	Fecha
Leucocitos	Glóbulos blancos en la orina.			
Eritrocitos	Glóbulos rojos en la orina.			
SP GR.	Es el "peso específico" de la orina (del inglés: *Specific Gravity*).			
Química en la orina				
Microalbúmi-nuria 24 hs.	Es un marcador de funcionamiento renal que revela daño renal por diabetes.			
Creatinina 24 hs.	Es un índice del funcionamiento de los riñones.			
Proteína 24 hs.				
Volumen urinario				
K - Potasio				
Na - Sodio				

He aquí un valioso ejemplo de "seguimiento personalizado de estudios de laboratorio":

Uno de los parámetros más importantes y frecuentes que informan sobre el trabajo de los riñones es el nivel de **creatinina** en la sangre (es un índice de funcionamiento de los riñones). En la actualidad se considera que los rangos normales "según el modelo" deben rondar entre 0,7 (mínimo) y 1,4 (máximo). Mientras la persona se mantiene dentro de esos parámetros, su situación es regular; si los resultados muestran una anomalía, el médico deriva al paciente a la realización de otros análisis.

No obstante, por diversos motivos, los parámetros normales pueden variar entre los diferentes laboratorios; por eso es importante prestar atención a los "valores límite" que provee el laboratorio donde te realizas los análisis.

En este sistema de "medicina personalizada" que propongo, la persona misma se diagrama una tabla con los resultados de su laboratorio, según la fecha y el tipo de análisis. Cabe destacar que en la mayoría de los casos, todo lo que sucede y se desarrolla en el cuerpo humano ocurre en procesos continuos y no en forma repentina (excepto en el caso de un accidente, ¡Dios nos guarde!).

Tomemos como ejemplo a alguien que percibió un aumento drástico en el parámetro de la creatinina, o incluso que ahora este índice está fuera de los "límites de la norma". Si esta persona hubiera tenido una tabla donde fue escribiendo los resultados anteriores, tal vez podría haber notado con el transcurso del tiempo, por ejemplo, un ascenso sutil y continuo del nivel de la creatinina en su sangre.

¡Lo hubiera notado incluso antes de ver un ascenso brusco o de pasar el nivel ideal superior!

Y entonces podría haber comenzado a preguntar qué se puede hacer para frenar ese fenómeno. Quizás se debía a que no bebía suficiente, quizás condimentaba con demasiada sal la comida o consumía en forma excesiva ciertos alimentos que cargan a los riñones con demasiado trabajo. Quizás se hubiera dado cuenta de que vive con mucha tensión o que sufre de hipertensión, etc. ¡De este modo podría haber llegado a la conclusión de que debía cambiar su forma de vida a una más saludable y lograr hacer que los riñones volvieran a su trabajo ideal antes de que éstos salieran de los parámetros de funcionamiento normal, cuando en cierta medida ya están dañados!

Asimismo, con respecto al nivel de **azúcar en la sangre**, es muy importante chequear que no haya un aumento progresivo en los resultados, aunque los valores aún estén dentro de los límites de la norma. Trata el tema mediante una alimentación correcta antes de que los resultados excedan los valores normales, pues entonces será difícil volver la situación a lo que era y el hombre sano de repente se encontrará enfermo de diabetes, con todo lo que ello implica, como será explicado en el capítulo 10.

> Dijo un sabio: "Las cosas no ocurren de la noche a la mañana; deteriorar la salud toma bastante tiempo, pero para restablecerla hace falta mucho más tiempo, si es que existe la posibilidad de hacerlo..."

Otros valores que se deben controlar son los niveles de **triglicéridos** y **colesterol**. El alto nivel de ambos incrementa la acumulación de grasas en las paredes de los vasos sanguíneos, y esto requiere tratarse sin demora.

Un ejemplo adicional de valores a los cuales se les debe dar una importancia especial en el "seguimiento personal" son aquellos relacionados con el funcionamiento de la **glándula tiroides**. La obesidad en la persona es a veces la consecuencia de un trastorno en dicha glándula, lo cual, entre otros efectos, también provoca un exceso en el consumo de alimentos. Los valores deben mantenerse siempre dentro de la norma. Es necesario prestar mucha atención a cualquier cambio en los valores, tanto de ascenso como de descenso, y comprender el significado de esas variaciones.

Me permito traer otro ejemplo acerca de la importancia del seguimiento de los resultados de los análisis. En el **colesterol**, por ejemplo, hay un "**colesterol bueno**" y un "**colesterol malo**". Cuando el nivel de colesterol malo es alto, es perjudicial; en tanto que en el colesterol bueno, cuanto más alto es el nivel, mejor es.

Otro valor importante, menos conocido para la gente, es el del nivel acidular pH de la orina (pH=potencial de hidrógeno; una medida de acidez o alcalinidad). Cuanto menor es el valor, más ácida es la orina y peor es.

Estos son algunos de los muchos ejemplos que nos muestran la importancia de poseer una tabla de seguimiento personal, cuando uno comprende el significado de los resultados.

Cabe recordar que hoy en día, en la mayoría de las coberturas médicas existen puestos automáticos donde puedes imprimir los resultados de tus análisis clínicos. Allí puedes obtener los resultados de todos los análisis que te hiciste, según la fecha exacta y el tipo de análisis.

De este modo puedes chequear de cerca tu estado de salud, como expliqué previamente en este capítulo. Lo único que necesitas es solicitar de la secretaría un código personal para ingresar al sistema. Si la máquina no te suministra el servicio, no dejes de dirigirte a la secretaría para obtener ayuda, pues esta red contiene muchísima información sobre ti y es importante que sepas extraerla para obtener de ella el máximo beneficio a modo de medicina preventiva.

Asimismo, para tu beneficio, deseo enseñarte aquí una "tabla personal de medicamentos". Puedes usarla eventualmente si llegas a necesitar tomar algún medicamento por un tiempo determinado. Pero además mi intención es mostrarte que hay dos "medicinas" que debes "tomar" en forma permanente durante toda tu vida, en la "dosis" adecuada. La primera es "agua", y la segunda "Vitamina D" (mira en detalle lo que escribiré sobre esto en el capítulo 11).

Hay personas que llegan al consultorio y le ponen al médico sobre la mesa una bolsa llena de paquetes con los medicamentos que toman permanentemente. Cuando el médico ve cómo esa persona se refiere a su propia salud, inconscientemente piensa: "¿Si el paciente no toma su salud con seriedad, por qué yo habría de hacer eso por él?". Y esto, a pesar de que la intención del médico es realmente beneficiar al paciente. El problema es que "no hay con quien hablar".

Sin embargo, no ocurre así en un caso donde el paciente

llega al consultorio consciente e informado de su estado de salud, y el médico ve que al paciente le importa su salud y que sabe exactamente qué medicamentos toma y para qué sirve cada uno de ellos. Entonces, el trato del médico es acorde, y el beneficio de la visita al doctor es mucho mayor.

TABLA PERSONAL DE MEDICAMENTOS

Para las siguientes enfermedades: _____

Sensibilidad a los medicamentos: _____

Fecha de conclusión	Fecha de comienzo	Nombre del médico	Objetivo	Suministración recomendada	Dosis	Nombre del medicamento
Para siempre	Hoy		El agua es la base de la vida	Concluir 20 minutos antes de la comida o después de las dos horas posteriores a ella.	35 ml por kilo de peso corporal	Agua
Nunca	Cuanto antes mejor		Ayuda a la absorción del calcio de los alimentos en los huesos	Sobre una rebanada de pan, torta o pastel, luego de ingerir algún alimento graso.	Mínimo 800 UI (unidades internacionales)	Vitamina D (preferentemente en gotas)

*Un ejemplo acerca de la importancia
de los análisis rutinarios (extraído de la prensa)*

Diagnosticado "casualmente" como enfermo agudo de diabetes

Un hombre, de 49 años, había ido "casualmente" al centro médico de su seguro médico para comprarle unos medicamentos a su hija.

Rut Lazer, una enfermera veterana del centro médico, notó que ya hacía ocho años el hombre se "ausentaba" de la clínica y le propuso aprovechar la oportunidad para hacerse un análisis "de rutina". En un principio él se negó, alegando que estaba sano y se sentía bien pero finalmente accedió, impulsado por la enfermera.

Ya en la revisión básica se descubrió que el hombre padecía hipertensión. Sin embargo, el diagnóstico más significativo fue el de una diabetes severa que requería de un tratamiento inmediato. De no ser por ese diagnóstico, la situación del hombre se hubiera agravado en pocos días, llegando a encontrarse en un estado de peligro para su vida. El paciente fue derivado a un médico especialista para realizar un seguimiento personal.

La enfermera Rut Lazer subraya: "Somos constantemente testigos de la importancia de realizarse análisis rutinarios. Las clínicas son el primer lugar de encuentro entre el personal médico y los pacientes. Es importante tratar de descubrir síntomas prematuros de enfermedades y procurar un tratamiento inmediato y eficaz".

¡Este es un buen ejemplo que demuestra que la responsabilidad médica y los análisis de rutina pueden prevenir desgracias!

LO "PERMITIDO" Y LO "PROHIBIDO" EN LOS ALIMENTOS DE HOY

Capítulo 5

Si has leído los cuatro capítulos anteriores del libro, seguramente te habrás convencido de que ha llegado el momento de realizar un cambio en tu forma de vida. Ahora te preguntas a ti mismo: "¿Qué cambio debo realizar?".

Pues bien, pasemos directamente a la práctica.

En el prefacio explicamos que nuestro objetivo esencial es alejarte de todos aquellos factores que perjudican tu salud, y alentarte a adoptar conductas beneficiosas. Como dijo el rey David: "*Sur merá vaasé tov* – Apártate del mal, y haz el bien" (Tehilim 34:15). Primero corresponde que te apartes de las cosas que te perjudican, y así te será más fácil adoptar las buenas conductas. ¡Ese es el orden!

Pero debo subrayar aquí un punto: la razón por la cual primero conviene alejarse de los alimentos "prohibidos", no es sólo una mera cuestión de orden. La lógica de esto se debe a un factor adicional que es importante tener en cuenta: ¡los alimentos perjudiciales son mucho menos en número que los beneficiosos! Puede que todavía no lo veas, pero si continúas la lectura pronto lo descubrirás.

—◆—

Gran parte de los productos elaborados que hoy en día tenemos a nuestra disposición contienen una gran cantidad de azúcar, sal, margarina, grasas, colorantes, conservantes, etc. No obstante, si prestamos tan sólo un poco de atención, podremos advertir que **SÍ** es posible organizarnos y comenzar a acostumbrarnos lentamente a llevar adelante una alimentación adecuada, sin todas esas sustancias y aditivos alimentarios.

Aun en la era de la tecnología y la elaboración, todavía quedan en nuestro mundo abundantes cosas buenas.

En primer lugar tenemos el **agua**. ¡Bebe mucha agua!

Luego, tienes una innumerable cantidad de **frutas** y **vegetales** ¡Consume una gran variedad de frutas y verduras! Cada especie aporta algo singular a tu salud. Algunas previenen enfermedades, otras fortalecen el sistema inmunológico; están las que ayudan a la dilución de la sangre o a la disminución del colesterol, las que mejoran la vista, las que favorecen al sistema digestivo. Todas contienen numerosas vitaminas y minerales.

Es conveniente tratar de comer un poco de cada clase, pues de cada especie obtenemos un beneficio particular. Es correcto consumir diariamente entre 5-8 porciones de fruta y verdura. Una porción mediana de fruta o verdura generalmente pesa 80-100 gramos.

Existen también varios productos que encontramos con abundancia, y es muy recomendable consumir: todos los productos **lácteos** y **quesos** con un índice bajo de grasas (hasta 5%) y que no contienen azúcares y colorantes.

También están las carnes: la **carne** vacuna, el pavo, el pollo; los **huevos**; el **pescado**.

Y además tenemos toda clase de **legumbres,** el **arroz integral,** los **cereales integrales** y la **harina integral.**

Como regla general debes saber que es importante apartarse de todos los alimentos elaborados o comercializados. Al comprarlos, lo único que consigues es que los fabricantes ganen dinero a costa de tu salud. Cuanto más procesado y elaborado es el producto, más peligroso es.

Jamás ingieras carnes procesadas, el "famoso" *faláfel*, golosinas, papas (patatas) fritas, los diversos "manjares" que se venden como "bocadillo para aperitivo", y bebidas y refrescos endulzados artificialmente (especialmente las bebidas cola). ¡Cuida tu vida, no seas necio!

Si por algún motivo te ves obligado a comprar un producto elaborado, debes prestar atención a toda la información escrita en el envoltorio. Leer la etiqueta te ayudará a saber de qué alejarte y qué tan perjudicial es el producto.

En la lista de ingredientes, el orden de aparición de los componentes es cuantitativo. Cuanto más arriba aparece un componente en la lista, más cantidad de ese componente hay en el producto.

¡Debes estar atento! Verifica si los valores nutricionales que indica la etiqueta hacen alusión a la cantidad de 100 gramos o a una porción del producto.

Los fabricantes son conscientes de que si escriben sólo las cantidades en relación a 100 gramos del producto, el consumidor evitará el uso excesivo del mismo. Por eso muchas veces también escriben los valores según "una porción". Entonces, por ejemplo, deciden que una porción moderada del producto equivale a una cucharada y escriben los valores y los porcentajes de acuerdo al tamaño de una cuchara. ¡Así no te impresionarás de la gran la cantidad de sal que le agregaron!

Tomemos como ejemplo la salsa de tomate llamada "kétchup". Si las cantidades y los porcentajes impresos en el envase se refirieran sólo a 100 gramos del producto, verías que la cantidad de sal que le agregan es enorme. Pero si también se refieren a una porción del tamaño de una cuchara, la cantidad de sal no es tan llamativa...

Sin embargo, el problema es más grave aun, ya que es sabido que mucha gente no se conforma con una sola "porción".

¿Por qué? Porque el delicioso sabor estimula a comer más y más; y así, sin darse cuenta, las personas introducen en su cuerpo productos dañinos en cantidades que en un principio no pensaban comer.

Otro dato sobre las etiquetas: en el envase de muchos productos dice que éstos contienen ingredientes saludables, o que no contienen ciertos ingredientes perjudiciales. Puede decir, por ejemplo: "Contiene avena y harina integral", o "Sin azúcar ni colesterol".

Sin embargo, al analizar los ingredientes, encontrarás que el producto contiene aceite hidrogenado (margarina), grasas saturadas, azúcar (o cualquiera de sus "sobrenombres"), sodio, colorantes, emulsionantes, saborizantes, aromatizantes, mejoradores de panificación, y conservantes de todo tipo, para alargar la vida útil del producto.

¡Más de una vez te habrás sorprendido al descubrir que un producto dulce contiene sal y que uno salado contiene azúcar, o cosas similares!

Un ejemplo de esto que dijimos es el pan. El pan casero puede contener solamente harina, agua, levadura, y un poco de sal. Cuatro componentes solamente. ¡Pero si estudias con detenimiento el envoltorio de un pan elaborado, incluso de harina integral, verás cuán larga es la lista de ingredientes del pan que compras!

Es importante estar siempre despiertos y leer en la etiqueta la lista de ingredientes de los productos para saber por cuáles optar y cuáles es mejor apartar.

El hecho de que en la envoltura del producto se señale que éste es "natural" y que "contiene saborizantes naturales" no te debe impresionar. ¡También el petróleo es un producto natural!

Con la ayuda de Dios, ahora pasaremos a hablar en detalle de cada componente perjudicial que comúnmente encontramos en los alimentos elaborados.

1. EL AZÚCAR

¿Qué tiene de malo el azúcar, que es tan dulce y simpático? ¿Qué...? ¿Es dañino? Bueno, quizás arruina un poco los dientes, pero nada más, ¿no? Además, ¿podemos dejar de consumir bebidas azucaradas, o té y café sin dos cucharaditas de azúcar?

Si bien éstas son preguntas sobre "gustos", te propongo que leas los párrafos siguientes (recopilados, en parte, de escritos médicos e investigaciones) y reflexiones seriamente sobre ellos.

El azúcar es un producto elaborado y no natural. Éste comenzó a fabricarse hace más de trescientos años, cuando aprendieron a extraer el jugo de la caña de azúcar, refinarlo y emblanquecerlo, quitándole todos sus componentes provechosos.

Justamente por estar procesado y refinado, carece de los componentes que el Creador del mundo le implantó al alimento en su forma natural, maravillosamente adaptado a las necesidades del cuerpo humano, de modo que el azúcar que contiene sea digerido y se absorba en el organismo sin perturbar el equilibrio del azúcar en la sangre.

Hablando en un lenguaje simple, el proceso de depuración del "azúcar refinado" o "semirefinado" ("blanco" o "extrablanco") provoca que la concentración de "azúcar" en el producto final sea tan elevada que es imposible encontrar algo similar en cualquier otro alimento natural.

Al llegar al estómago, ese azúcar se absorbe rápidamente en el sistema sanguíneo, y eso es como una "bomba" que cae sobre el páncreas, que es la glándula responsable de la fabricación de insulina para la descomposición del azúcar en el cuerpo. Entonces el páncreas se ve estimulado a segregar insulina en cantidades enormes.

Si te parece exagerado definir una cucharadita de azúcar como "una bomba", te lo explicaré con el siguiente ejemplo: si una persona enferma de diabetes llega a una situación de "hipoglucemia" (disminución del azúcar) y comienza a sudar y temblar, su vida se encuentra en peligro. Sin embargo, si come una cucharadita de azúcar, ¡el nivel de azúcar en su sangre aumentará inmediatamente y se salvará la vida! Es evidente, pues, el poder de una sola cucharadita de azúcar; digno de denominarse "bomba".

Si bien en las personas que no sufren de diabetes el páncreas crea insulina y "vence" a la cucharadita de azúcar, para ello debe trabajar "arduamente" para que el organismo pueda desintegrar y digerir bien el azúcar.

Así ocurre hasta que finalmente, al sumarse otros factores que fuerzan al sistema digestivo, el páncreas se rinde y la persona llega a un estado de diabetes, es decir, a una carencia de insulina, dado que el sistema se venció y no logra funcionar adecuadamente.

Además, para poder digerir el azúcar, el cuerpo debe hacer uso de una gran cantidad de calcio, mayor que la que el mismo cuerpo puede proveer. Es por ello que el azúcar provoca, entre otros factores, la "osteoporosis" (pérdida de calcio en los huesos).

Y no sólo eso sino que para desintegrar el azúcar en el estómago, el organismo requiere utilizar además una gran cantidad de vitaminas que el cuerpo no tiene de dónde fabricar. Todo lo expuesto se debe, como explicamos, al muy alto porcentaje de azúcar en lo que llamamos "azúcar procesado". (A modo de ilustración: para fabricar dos cucharaditas de azúcar se debe utilizar caña de azúcar en una cantidad que si quisieras comerla no podrías hacerlo de una sola vez).

El azúcar normalmente se almacena en el hígado en forma de grasa. Pero el hígado puede almacenar solamente una pequeña cantidad "para tener a mano", mientras que el exceso de grasa se acumula en las piernas y en otras partes el cuerpo. Estos depósitos de grasa agobian al corazón y provocan diversas enfermedades.

El azúcar trae inconvenientes como la osteomalacia dental[17] y provoca problemas en los vasos sanguíneos, las glándulas, el sistema digestivo, etc. El azúcar da origen a la obesidad, pues provee al cuerpo de calorías "vacías" (de baja calidad) y de carbohidratos, que inmediatamente se transforman en grasa en el cuerpo.

Por intereses económicos, los fabricantes de azúcar mantienen muy en secreto todos los procesos que utilizan en su elaboración. Todo es invisible.

Se trata de una industria que mueve muchísimo dinero, y en la actualidad es imposible saber qué es lo que realmente ocurre en ese rubro. Es por ello que quien desee protegerse, debe apartarse de todas las clases de azúcar.

En la actualidad, cada vez más médicos manifiestan la necesidad de tratar al azúcar igual que al veneno.

---

17. Llamada comúnmente: piedra o sarro dental. Es la acumulación de sales sobre la superficie dental a causa de la mineralización de la placa bacteriana.

Alimentos con azúcar

En las **frutas secas naturales**, el proceso de secado provoca que el azúcar natural que éstas contienen se concentre en una proporción mayor de lo normal, de modo que antes de comerlas es recomendable remojarlas en agua para devolverles su estado natural, e igualmente cuidarse de masticarlas bien y no consumirlas en exceso.

No se debe consumir frutas secas **azucaradas** o **glaseadas**, las cuales pasan un proceso en el que se les añade azúcar o glucosa después de la fase de secado.

Un dato para tener en cuenta: es posible secar caseramente frutas como bananas, manzanas y demás, colocándolas en el horno. Por supuesto, el sabor no será igual al de los productos comprados, pero éstas no contendrán agregados indeseados.

No es recomendable consumir más de dos cucharaditas de **miel** al día. Sobre esto ya dijo el rey Shelomó: "Si encuentras miel, come con medida; no sea que te sacies y la vomites" (*Mishlé* 25:16).

Los **jugos** o **zumos de fruta**, como los de zanahoria o de remolacha (betarraga, betarrata) no son recomendables. La concentración de azúcar en ellos es demasiado alta. Es preferible comer la fruta entera, masticándola bien, y no exprimirla para beber su jugo. Si no puedes consumirla entera, es preferible que diluyas su jugo con agua.

Es importante saber y tener en cuenta que el azúcar, las harinas blancas, la margarina, la sal y los aditivos químicos se encuentran en gran porcentaje en diversos tipos de alimentos, como tortas (pasteles, bizcochos, bollos), galletas dulces, obleas, pizzas, galletas saladas, fideos, polvos para preparar sopa, conservas, salsas, ensaladas elaboradas, y por supuesto, en los dulces, bebidas, helados, golosinas y "bocadillos de aperitivo".

"Debes cuidarte mucho de no comer por placer... lo cual es una conducta muy despreciable que perjudica el estudio, así como lo expone el *Midrash* que citan los *Tosafot* en el Tratado de *Ketuvot* (104a): 'Antes de rezar para que las palabras de la Torá penetren en su cuerpo, la persona debe pedir que no ingresen delicias a su cuerpo'. Y en el Tratado de *Guitín* (70a) dice: 'Una comida de la cual gozas, apártate de ella'".

(Epístolas del *Jazón Yish* I, 20)

El azúcar no es para nada "inocente" y "pura" como parece. (Un comentario de paso: no hay diferencia entre el azúcar blanco y el negro, moreno, terciado o rubio, también "estos nombres están procesados" en todas sus variedades.)

Aun si no logras distanciarte del todo del azúcar, es conveniente que disminuyas en lo posible su participación en tus comidas y bebidas, hasta llegar a liberarte de él por completo.

El Azúcar y los Niños

El ejemplo personal como método de prevención

Pregunta el autor del libro *Or Kasalmá* en relación a la orden de no beber vino que recibió la madre del *Shofet* (Juez) Shimshón: Shimshón mismo estaba destinado a ser *nazir* (nazareno) de por vida, y por eso tendría prohibido beber vino. Pero su madre, ¿por qué el ángel de Dios le prohibió a ella beber vino cuando le informó que estaba embarazada de Shimshón?

Dice el autor: De esto podemos aprender una regla general

muy importante en la vida: no es posible exigir que los hijos sean más cuidadosos que sus padres. Puesto que ella debía criar a su hijo como *nazir*, no le hubiera sido posible privarlo a él del vino a la vez que ella misma sí bebía, pues de este modo jamás hubiera logrado educar a su hijo como *nazir*. Y la misma regla rige en cualquier otro caso.

En lo que a nosotros respecta, aprendemos que el ejemplo de los padres es la clave para todo. Es sabido que el sentido de la justicia en los niños es muy desarrollado. Si los padres se conducen "según las instrucciones" y luego les explican a los hijos el motivo de su comportamiento, entonces en la mayoría de los casos los niños asimilarán la enseñanza y la llevarán a la práctica, a veces mejor que los adultos.

Si se los acostumbra a seguir una línea de conducta, la seguirán hasta el final sin "transigencias". La experiencia demuestra hasta cuanta verdad hay en esto.

La "Caja de Autocontrol"

Varias familias han adoptado la idea de tener una "Caja de Autocontrol".

Se trata de una caja de plástico transparente con tapa, sobre la cual se pega una etiqueta que dice "Caja de Superación" o "de Autocontrol". Cuando los niños regresan de cualquier lugar donde hayan recibido alguna golosina (la escuela, una fiesta de cumpleaños, la sinagoga), se les propone dejar todo o parte "del botín" en la caja. Una vez que se llene la caja, los niños recibirán un regalo sorpresa, lo cual les transmitirá ánimo y aprecio por el esfuerzo.

¡Es maravilloso ver con qué rapidez y facilidad se llena la caja! Cada hermano incluso sabe señalar las golosinas que él puso allí. Este sistema funciona aun con niños muy pequeños, siempre y cuando los padres sirvan de ejemplo y modelo.

Es necesario inculcar en la población, especialmente en los padres jóvenes, que las golosinas son nuestro enemigo. No son un alimento necesario. Todo aquello que contiene azúcar representa un peligro inminente para nuestra salud, y especialmente para la salud dental de nuestros hijos.

El precepto de no ofrendar levadura o miel sobre el altar (del Séfer HaJinuj mitzvá 117):

"La razón de este precepto es muy difícil de comprender, incluso parcialmente. Sin embargo, ya escribí al comienzo del libro que mi intención al ofrecer alguna razón para las mitzvot es acostumbrar a los jóvenes y abrirles las puertas del estudio, pues las palabras de la Torá tienen [múltiples] razones y beneficios. De ese modo, ellos aceptarán los preceptos, entrenándose en su cumplimiento [...] y éstos no serán para ellos como algo sin sentido, y no llegarán a rechazarlos y despreciarlos.

Por ello escribiré lo primero que se me ocurra, y ahora nadie podrá recriminarme al leer estas palabras, pues sabe mi intención...

Y con respecto a la prohibición de ofrendar miel, les diremos a los jóvenes, para educarlos, que esto imaginariamente viene a enseñarnos que la persona debe disminuir su persecución de los alimentos dulces al paladar, como hacen los voraces y glotones, que corren tras lo dulce. En cambio, deben buscar los alimentos beneficiosos para el organismo y necesarios para el sustento, que conservan la salud corporal. Y por eso corresponde que toda persona inteligente no tenga al comer y beber la mera intención de traerle placer a su garganta".

Además, debemos saber que el azúcar también provoca que los niños sean hiperactivos. Un vaso de bebida dulce que el niño recibe en el desayuno, el almuerzo, la merienda o la cena, le hace comportarse en forma hiperactiva.

¿Cómo funciona esto?

Como el nivel de azúcar en la sangre asciende rápidamente, debido a que el azúcar refinada y concentrada se absorbe en la sangre con suma rapidez, entonces el nivel de azúcar luego también desciende velozmente, y el niño siente que algo le falta, sin saber qué. Esto lo induce a comportarse en forma hiperactiva. Él busca algo, y no sabe darse cuenta de que lo que le falta "es el alto nivel de azúcar que antes tenía".

Por ello es sumamente importante, más allá de todo lo que recomendamos, no darles a los niños –especialmente en el desayuno– azúcar o productos que contienen azúcar.

Cuando uno le da a un niño un caramelo, debe ser consciente de que la cantidad de azúcar que éste contiene no es acorde al tamaño del caramelo, sino el doble. Esto es así porque el azúcar contiene agua, y a fin de convertirlo en un dulce caramelo, debe pasar un proceso de cocción en el cual el agua se evapora y el caramelo se encoge y se endurece.

Además, aprovecho para señalar que los niños son mucho más sensibles que los adultos a la influencia dañina de los colorantes y los conservantes. Por lo tanto, el perjuicio y el peligro al que se los expone al darles bebidas endulzadas y golosinas –repletos de estos compuestos– son mucho mayores.

Esto que dijimos también implica un llamado a los maestros y educadores, y a todos aquellos que les reparten golosinas a los niños: ¡Por favor, desistan, o por lo menos, disminuyan la cantidad! No provoquen que algo tan perjudicial entre al cuerpo saludable de nuestros hijos y lo dañe. Dios bendiga a quienes puedan ayudar en esta causa.

Los cereales, los colorantes y los conservantes

Las investigaciones en los Estados Unidos demostraron que el porcentaje de azúcar que contienen las distintas clases de cereales matutinos puede llegar a un 40% o un 50%, con lo cual sería más adecuado llamarlos "azúcar con cereal" que "cereales".

Los padres deben tratar de que sus hijos reciban la alimentación adecuada para ellos; es decir, alimentos sin azúcar, colorantes y conservantes. Deben prestar atención a los valores nutricionales del producto, y no dejarse confundir por los envoltorios imponentes.

Es conveniente acostumbrar a los niños a las frutas de estación en su estado natural, que son las "golosinas" que nos obsequió el Creador. Se les puede dar también un poco de frutas secas, como pasas de uvas, dátiles, ciruelas y damascos.

Si ya mencionamos la hiperactividad en los niños, creo oportuno recordar –aunque ya es sabido por todos– que también los colorantes causan hiperactividad en los niños, además de ser perjudiciales para cualquier persona.

De un escrito que recibí recientemente resulta que no solamente los **colorantes**, sino también los **conservantes** provocan la misma reacción. La investigación se llevó a cabo con 3.781 niños, los cuales durante una semana no recibieron alimentos que contienen colorantes y conservantes, sino sólo alimentos naturales. En la segunda semana los separaron en dos grupos; un grupo fue alimentado con productos que contenían colorantes y conservantes, y el segundo no.

El resultado fue que el comportamiento hiperactivo de los niños que recibieron alimentos con colorantes y conservantes se acrecentó en gran medida frente a los niños del segundo grupo (tratándose de niños sanos y normales).

De modo que este gran estudio ratifica el concepto que ya

teníamos, de que los niños se comportan en forma hiperactiva cuando ingieren alimentos con colorantes y conservantes.

LAS BEBIDAS ENDULZADAS ARTIFICIALMENTE

Quien no es "adicto" a las distintas clases de alimentos dulces ni suele comer golosinas, el lugar donde encuentra al azúcar con más frecuencia es en las bebidas endulzadas artificialmente. ¡Ha llegado la hora de quitar esas bebidas de la mesa! Algunas de esas bebidas también contienen grandes cantidades de "fosfato", un componente que impide la absorción en el organismo del mineral "magnesio", el cual es sumamente necesario.

Debes saber que cada vaso de bebida "cola" o de cualquier otra bebida endulzada contiene por lo menos 4 ó 5 cucharaditas de azúcar.

¿Sabes por qué no percibes ni detectas el gusto dulce de esa excesiva cantidad de azúcar en la bebida? Porque para contrastarlo le agregan componentes amargos como sal, ácido cítrico y demás.

Este modo de preparación de las bebidas es intencional, a fin de acrecentar en la sangre la cantidad de azúcar, lo cual le proporciona al cuerpo un rápido acceso a calorías, y ello hace que la persona se sienta más despierta. De aquí derivan lemas como "la bebida refrescante", etc. Sin embargo, esa energía que recibes dura solamente un tiempo corto, después del cual el cuerpo requiere más bebida.

Esa enorme cantidad de azúcar desordena la distribución del azúcar en la sangre, y además hace fermentar el sistema, desencadenando la producción de ácido acético y alcohol.

Las bebidas dietéticas, en las cuales el azúcar es sustituido por un edulcorante sintético, no necesariamente mejoran la situación, dado que por el momento continúan los debates en distintos foros sobre su perjuicio a la salud.

En la actualidad existen nuevos edulcorantes como el "Splenda" y el "Stevia", sobre los cuales, por el momento, no se sabe de algún daño que puedan causar. Aun así, no ha transcurrido suficiente tiempo como para determinar con certeza que son seguros para el uso diario. Por ello recomiendo no utilizarlos en forma permanente, y por supuesto, en grandes cantidades.

Además del problema del exceso de azúcar, estas bebidas también provocan el fenómeno que nos estimula a beber más y más en lugar de sentirnos saciados, como ya dijimos. Esto se debe a que la estimulación sensorial de la lengua es una de las más rápidas de nuestro cuerpo y, al distinguir sal o ácido cítrico, las papilas gustativas envían al cerebro una orden sobre la necesidad de beber más.

Contrariamente, la estimulación sensorial del estómago, que debe informar al cerebro acerca de la saciedad, transmite esta sensación con más lentitud. (En el transcurso del libro nos explayaremos en este punto.) Es por ello que la persona siempre desea beber más y no se siente saciada, hasta que llega a un punto en que ya no puede introducir más bebida en su cuerpo y se ve obligada a dejar de beber.

Si recuerdas la diferencia entre la agradable sensación luego de beber agua y lo que se siente luego de beber estas bebidas, comprenderás la disparidad entre la saciedad, y el beber por antojo.

El "cóctel" cancerígeno

Deseo informarte también, si es que aún no lo sabes, que en los Estados Unidos se prohibió la distribución o venta de bebidas endulzadas a niños en edad escolar.

La suspensión de estas bebidas en el ámbito escolar fue posible principalmente gracias a la revelación de un estudio que descubrió la existencia de componentes cancerígenos en las distintas clases de bebidas. Los primeros en descubrir esto fueron unos norteamericanos que llevaron a cabo una investigación particular en un laboratorio de la ciudad de Nueva York. Ellos descubrieron que el nivel de "benzoato" en algunas de las bebidas era entre 2,5 y 5 veces más alto que el límite que imponía el reglamento de la Organización Mundial de la Salud para líquidos bebibles.

A raíz de esto, también en Inglaterra y Francia se emprendieron investigaciones, las cuales revelaron hallazgos más graves aún: ¡el exceso de "benzoato" era de 800% por sobre el nivel permitido!

Paradójicamente, el argumento para explicar este exceso radica en la buena intención de los fabricantes, de comercializar bebidas con un valor nutricional más elevado. El añadido de componentes saludables, como la vitamina C, es lo que provocó una combinación problemática de componentes que derivó en la formación de estos factores dañinos.

Se estima que el alto nivel de benzoato hallado en los cientos de clases de bebidas, entre ellos la "Fanta naranja", la "Pepsi sabor vainilla" y la "Pepsi dietética sabor cereza", se debió a la combinación nociva del conservante benzoato de sodio y el ácido ascórbico (vitamina C).

En los últimos años fue presentada en Israel una demanda judicial popular (colectiva) por 212 millones de shékel en contra de los fabricantes de la "Fanta" en el país tras haberse encontrado en esa bebida estos componentes, cuya combinación no es apta para el consumo humano. El reclamo argumenta que se trata de un engaño a los consumidores, dado que la extralimitación de la cantidad permitida en semejante grado (¡ocho veces!) contradice lo declarado en el envase de la bebida[18].

---

18. Noticia publicada en el diario *Yated Neemán* del día 12 de Yiar de 5766.

La mayoría de las bebidas también contienen una sustancia llamada "cafeína"; sustancia que crea "adicción", es decir, una relación de dependencia. Desde el momento en que la persona se acostumbra a la influencia estimulante de esta sustancia sobre el sistema nervioso, ya no puede arreglárselas bien sin ella.

Debes saber que quienes tomaron la decisión de dejar de lado las bebidas endulzadas artificialmente y comenzaron a beber agua declaran sentirse mucho mejor después del cambio. Con el tiempo, ya no necesitaron más las bebidas, e incluso sintieron rechazo hacia ellas. ¡Prueba hacerlo tú mismo, y benefíciate también!

Si te cuesta mucho dejar de consumir estas bebidas, tengo algunos consejos para darte. No son difíciles de llevar a cabo; podrás acostumbrarte a ellos enseguida, sin necesidad de un período de adaptación:

1. Nunca llenes el vaso de bebida, sírvete hasta un tercio o la mitad, no más; el resto llénalo con agua. Con ello logras que el color de la bebida se conserve (un poco más claro), el sabor también (menos dulce, pero dulce de todos modos), y estarás ingresando a tu cuerpo un producto que, si bien no es saludable, es mucho menos dañino al estar diluido en agua.

2. Te propongo también tratar de beber café y/o té con sólo una cucharadita de azúcar, en lugar de dos colmadas. Comienza con una cucharadita y media, redúcelo a una cucharadita colmada y vuelve a reducirlo hasta una cucharadita al ras. Verás que igualmente es sabroso, y así te alejarás de la necesidad ilimitada de más cucharaditas de azúcar.

3. Es posible preparar esencia de pasionario[19], manzanilla

---

19.   También llamado: pasiflora, granadilla, maracuyá o "fruta de la pasión".

(camomila), anís, cúmel[20], canela o té de menta, etc., y agregar un poco de la esencia al agua. De este modo sentirás un sabor exquisito en la bebida aun sin agregarle azúcar.

4. Existen también jugos concentrados de manzana que no tienen agregados de azúcar, conservantes o colorantes. Este concentrado no es perjudicial y puede servir de sustituto a las distintas clases de bebidas endulzadas artificialmente. Aun así, tampoco es recomendable utilizar este jugo como bebida diaria, dado que al provenir de un "concentrado" eleva el nivel acidular en el cuerpo, lo cual puede traer ciertos perjuicios a algunas personas.

Consejo: Este concentrado muchas veces se vende en lata grande, por lo cual, una vez abierta, es recomendable pasar inmediatamente su contenido a una botella. No es bueno guardar alimentos en latas, una vez abiertas. Asimismo, es aconsejable preparar de antemano (por ejemplo, al comienzo del día) una jarra de jugo listo para beber, para poder controlar que la cantidad de concentrado sea la debida, lo mínimo posible.

En cambio, si cada integrante de la familia se prepara el jugo en su propio vaso es difícil de calcular los porcentajes y generalmente se pone más concentrado de lo debido.

A quien le es difícil beber agua del grifo o la canilla –especialmente en invierno, cuando el agua sale muy fría–, se le puede aconsejar llenar con agua por las noches un recipiente grande o una botella de modo que al llegar la mañana el agua ya tenga la temperatura normal del ambiente.

Antes de cerrar el tema del azúcar y las golosinas es imposible dejar de mencionar la terrible enfermedad de la diabetes, para la cual destiné la primera sección del capítulo 10 ("Una vida sin diabetes").

20. También llamado: kummel, alcaravea, alcarahueya, carvia, alcaravia o comino de prado.

2. LA SAL

Existe algo en común entre el azúcar y la sal: ambos son blancos, refinados y perjudiciales; por lo cual es necesario cambiar el enfoque respecto de ellos.

Ciertamente la sal no es saludable, y por eso se la denomina "el asesino lento". Lento, pues en comparación con el azúcar, que mata con rapidez, la sal lo hace mucho más lentamente, pero al final también es letal.

La sal de mesa es una versión refinada y depurada de la sal marina (tampoco recomendada), a la cual, para conservarla seca y fina, se le añaden componentes blanqueadores y combinaciones que contienen aluminio, las cuales son perjudiciales para el cuerpo.

Ya hace tiempo que es sabido que una alimentación rica en sal aumenta la expulsión de sodio del cuerpo. Esto causa un debilitamiento de los huesos (osteoporosis), lo cual expone a la persona a sufrir más fracturas en la vejez. Asimismo, es probable que el exceso de sal ponga en riesgo la salud tanto de un anciano como de una persona joven. Recientemente, los investigadores han descubierto que en las niñas de entre 13 y 18 años, el exceso de sal en la alimentación reduce la acumulación de sodio en los huesos. Este hallazgo es de gran relevancia, dado que así como el fortalecimiento de los huesos en la juventud disminuye su debilitamiento en la vejez, también es cierto que ocurre el fenómeno contrario.

Tal vez alguien se pregunte: "¿Si el cuerpo humano necesita sal para estar saludable (personas con escasez de sal sufren de mareos, etc.), cómo habrá de recibir nuestro cuerpo la cantidad de sal que requiere al disminuir su consumo?

La respuesta es que la cantidad de sal que el cuerpo requiere la obtenemos de la carne, el pescado, el pollo, el pan comprado, los lácteos y demás. Con todo eso basta para obtener la cantidad suficiente de sal que el cuerpo necesita. Puedo dar como ejemplo de esto el título de una noticia que publicó un periódico en Israel en base a una reciente investigación: "El consumo de sal en Israel es un 400% mayor que lo permitido". No necesito agregar nada más.

La hipertensión arterial es denominada por los médicos "el asesino silencioso", y para ese tema destiné más adelante la segunda mitad del capítulo 10.

El exceso de sal y la parálisis cerebral

Algunos de los párrafos siguientes los he extraído de un artículo del Dr. Refael Shen z"l, titulado "Los peligros del consumo excesivo de sal".

Numerosas investigaciones realizadas en todo el mundo demostraron que el consumo excesivo de sal es un factor esencial en la incidencia de la hipertensión, la apoplejía[21], las enfermedades cardíacas y de los vasos sanguíneos, las complicaciones en los riñones y las enfermedades reumáticas. En los ancianos, la restricción del consumo de sal frecuentemente disminuye la presión en la misma medida que los diuréticos. Es por ello que cabe suponer que la restricción del consumo de sal también disminuye el riesgo de la aparición de una apoplejía.

Es difícil comprender la falta de interés percibida en las entidades responsables de nuestra salud por todo lo relativo a la prevención de la parálisis cerebral, dado que esta afección no sólo ocupa el tercer lugar en la lista de causantes de muerte en la población (después de las enfermedades cardíacas y el cáncer) sino que incluso muchos de aquellos pacientes que permanecen en vida sufren de una parálisis o una disminución en la función cerebral. Además del terrible sufrimiento, esta enfermedad provoca un gasto económico enorme. Los más

---

21. También llamada Accidente o Ataque Cerebrovascular (ACV), o Ataque Cerebral.

notables investigadores están convencidos de que es posible reducir significativamente el número de casos de apoplejía mediante una restricción moderada del consumo de sal. No se trata de una tentativa de tratamiento con medicamentos nuevos, sino de un cambio sutil en los hábitos de alimentación que no es capaz de dañar en absoluto pero que, sin duda, puede acortar la lista de espera de los pacientes que aguardan por una cama en las clínicas o en los departamentos hospitalarios para pacientes con problemas depresivos.

¿Cómo se restringe el consumo de sal?

Acerca de esta pregunta no tengo muy buenas noticias para ti. No te será fácil desprenderte del exceso de sal, dado que en la actualidad la sal tiene un lugar sumamente destacado en muchos alimentos.

Para que entiendas lo que estoy tratando de decir, te presento una lista parcial de alimentos con un alto contenido de sal: galletas y palillos salados, verduras en conserva, embutidos (fiambres), salsa de soja (soya), comidas precocidas deshidratadas, jugos en conserva, aceitunas y pepinos agrios (ácidos) enlatados, frituras envasadas, alimentos que contienen harina leudante, galletas tipo cracker ("de agua"), toda clase de bocadillos y aperitivos, semillas tostadas saladas, sardinas, repollo en escabeche o agridulce, kétchup, pescados y carnes ahumadas, etc.

Los fabricantes de alimentos se oponen a la limitación de la cantidad de sal en los alimentos, debido a la dificultad de comercializar productos con bajo contenido de sodio entre una población acostumbrada, ya varios años, al consumo de alimentos ricos en sal.

Podemos comparar el conflicto alrededor de la sal a la lucha de los fabricantes de cigarrillos contra la idea de dejar de fumar. Al igual que los fabricantes de cigarrillos, también las empresas alimenticias ejercen una gran presión sobre los gobiernos de todo el mundo e inducen a la publicación de artículos médicos que tratan de **contradecir** los resultados de las numerosas investigaciones realizadas en este ámbito. La situación debería ser inversa: si los fabricantes desean aumentar la cantidad de sal a los productos para mejorar su sabor, deberían **demostrar** que esto no constituye siquiera un mínimo peligro.

Es recomendable disminuir por lo menos unos cinco gramos (una cucharadita) del consumo diario de sal. A primera vista, esto no parece ser una tarea difícil: alcanza con dejar de añadir sal a la comida cuando cocinamos y en el momento de comer. Sin embargo, esto no es suficiente.

Como dijimos anteriormente, en la actualidad, la mayor cantidad de sal que consumimos (80% aprox.) se encuentra en los alimentos procesados que compramos en el supermercado. Estamos tan acostumbrados al sabor de la sal que ni siquiera nos damos cuenta cuán salados son los productos procesados (en su mayoría).

Otra fuente "invisible" de sal es el pan. El pan elaborado cortado en rebanadas contiene un poco menos que 1% de sal[22]. Es decir, que si comemos 250 gramos de pan al día, consumimos aproximadamente media cucharadita de sal.

Otro ejemplo de sal oculta es el polvo de sopa instantáneo: un plato de sopa de pollo preparado con cubitos o polvo instantáneo según las instrucciones del paquete, ¡puede llegar a contener una cucharadita entera de sal!

Si bien los fabricantes están obligados a señalar en el envoltorio la cantidad de sal que contiene cada alimento, lo hacen de una forma no comprensible para muchos ciudadanos comunes.

Por ejemplo, en muchos países, en lugar de señalar el "con-

---

22. Los valores son reales para el pan consumido a diario en Israel.

tenido de sal", señalan "el porcentaje de sodio". No todos saben que la sal (cloruro de sodio) contiene dos componentes: el sodio y el cloro, y solamente los entendidos en química saben que un gramo de sodio equivale a 2,5 gramos de sal. De este modo, los fabricantes impiden, con o sin intención, que los consumidores conozcan la realidad.

A fin de que entiendas que no nos falta de dónde obtener sal, te expongo un dato que te ayudará a calcular la cantidad de sal que contienen los alimentos: 400 mg de sodio equivalen a un gramo de sal.

Tomemos como ejemplo el pan, un alimento básico que todos necesitamos; un pan cuyo paquete dice que contiene "560 mg de sodio cada 100 gramos de pan". Si todo el paquete pesa 750 gr. y contiene 18 rebanadas, por ejemplo, entonces cada rebanada pesa aproximadamente 40 gramos, de modo que contiene medio gramo de sal.

La cantidad de sal diaria permitida ronda entre los 5 y 8 gramos, lo cual equivale a 2.000-3.200 mg de sodio (una cucharadita de sal pesa 5 gramos). De modo que si una persona come 5 rebanadas de ese pan por día, ya consumió 2,8 gr. de sal, lo que equivale a un tercio o la mitad de la cantidad diaria permitida. ¡Y todo esto es aún antes de haber calculado la sal en la carne, el pescado, los quesos y demás! Como resultado, sin darse cuenta, al final del día la persona llega a consumir mucha más sal de lo recomendado.

Te aconsejo realizar la siguiente prueba: lee los datos nutricionales de los distintos tipos de quesos blancos y presta atención a la diferencia en su contenido de sodio. Te sorprenderás de encontrar datos sencillos, que están a tu alcance, y hasta ahora no te habías dado cuenta de ellos. (Por ejemplo, el queso tipo "cottage" contiene mucha más sal que el queso blanco común para untar.)

A los adictos a la sal les aconsejo comenzar a consumir "sal baja en sodio", que, de acuerdo a lo declarado por los fabricantes (¡si fuera correcto creerles!), contiene 20 gr. de sodio por cada 100 gramos de sal, en lugar de los 40 gr. de sodio que hay en la sal común. Es decir que cada gramo de esa sal contiene 200 mg. de sodio en lugar de 400 mg. De todos modos es importante recalcar que los sustitutos de la sal contienen grandes cantidades de potasio (y el alto nivel de potasio puede ser peligroso para la salud).

Para bajar paulatinamente el uso de la sal

Para disminuir moderadamente el consumo de sal, se recomienda:

1. Abstenerse de agregar sal a la comida.

2. Abstenerse de consumir alimentos ricos en sal, como las papas (patatas) fritas, los palillos salados, toda clase de semillas, aceitunas, pescado salado y queso salado.

3. Consumir más alimentos de bajo nivel de sodio. No es difícil acostumbrarse al pan sin sal y al queso blanco con bajo contenido de sodio. Las *matzot* casi no contienen sal, así como todas las frutas y verduras.

4. Un consejo para liberarse del exceso de sal en las carnes y los pollos es ponerlos en remojo previo a su cocción, desechando luego ese agua.

5. El mínimo de sal que te gustaría añadir a la comida es mejor agregarlo después de la cocción, dado que la cocción debilita el sabor de la sal, mas no su componente químico.

6. Si no, por lo menos, cocinar con la olla destapada y añadir la sal al final de la cocción. Al evaporarse los líquidos, se necesitará menos sal.

7. La sal es una cuestión de gusto, y es posible acostumbrar las papilas gustativas a consumir menos sal. Si tratamos de comer nuestros alimentos sin añadirles sal durante algunos días, pronto descubriremos el sabor real de la comida y no

el de la sal. Un niño que en su juventud se acostumbra a consumir alimentos muy salados, cuando crezca necesitará cada vez más sal para sentirle el gusto a la comida. También es una buena idea quitar el salero de la mesa.

La siguiente explicación sobre la relación entre la sal y la presión arterial la escuché de Yosi Redner, un especialista en medicina naturopática:

Nuestro cuerpo está compuesto de 60-80% de agua. Cuando el agua ingresa por la boca, normalmente llega al destino correcto. Sin embargo, al haber exceso de sal en nuestro cuerpo, puesto que la naturaleza de la sal es absorber el agua en la masa corporal y no en los lugares correctos del cuerpo, esta agua ejerce una presión exterior sobre los vasos sanguíneos. Y esto provoca que el corazón se esfuerce más para enviar la sangre hacia los vasos.

En conclusión

Cuanto más comprendamos e interioricemos que la industria alimenticia se ocupa de "meternos" la sal en la boca para que los alimentos sean más sabrosos y queramos comprar sus productos, más podremos preservar nuestra vida.

Es importante verificar cuánto sodio contiene cada producto, traducir los valores a cantidades de sal (como explicamos anteriormente), y tratar de consumir los alimentos menos salados.

3. LOS SABORIZANTES

Antes de continuar con la explicación de otros alimentos perjudiciales, me gustaría dedicar algunas palabras al por qué de nuestra atracción hacia los alimentos ricos en sabor (salado, dulce, picante, etc.).

Hay dos razones por las cuales comemos, que si no fuera por su existencia, quizás sería necesario darnos de comer en la boca...

El primer motivo, conocido por todos, es la sensación de hambre.

Esta sensación nos provoca querer llenarnos el estómago, es decir, comer más de lo que necesitamos. Más adelante, en el capítulo 7, sección 7, te propongo ideas para que puedas sobreponerte a este impulso.

El segundo motivo es la percepción del sabor.

Esta sensación nos induce a consumir alimentos sabrosos, a pesar de no ser saludables ni aportarnos beneficio alguno. Sobre este punto me gustaría explayarme ahora.

¿Cómo podemos hacer para sobreponernos a este deseo?

> "No se debe comer todo lo que el paladar desea, al igual que el perro y el burro, sino los alimentos saludables –tanto amargos como dulces–; no se deben consumir alimentos perjudiciales para el cuerpo, aun si son dulces al paladar".
>
> (*Rambam, Hiljot Deot* 3:2)

Toda nuestra relación con el mundo que nos rodea se realiza por medio de los cinco sentidos. Estos sentidos actúan a través de unos sensores llamados nervios. Cada sentido responde a ciertos estímulos que lo incentivan sólo a él.

Por ejemplo: el sentido del olfato se encuentra en la nariz. Si tratamos de oler por la boca, no lo lograremos. El sentido de la audición se encuentra en el oído. Jamás podremos escuchar por la nariz. El sentido del gusto se encuentra en la lengua. Al colocar un alimento, por más sabroso que sea, en cualquier otra parte del cuerpo que no sea la lengua, no sentiremos ningún sabor; ni dulce, ni salado, ni amargo.

En la lengua tenemos decenas de miles de papilas gustativas. Estas papilas conservan un cierto orden; cada grupo está ubicado en una parte diferente de la lengua y es responsable de la percepción de un distinto tipo de sabor.

Por ejemplo, en la parte delantera de la lengua se percibe el sabor dulce, mientras que en la parte posterior se perciben los sabores amargos. Todo fue creado por la Sabiduría Suprema.

Conocer este proceso nos ayudará a contenernos; pues ahora sabemos que el tema del gusto es simplemente una cuestión de sensores ubicados en la lengua, los cuales transmiten la sensación al cerebro y éste a su vez lo traduce en la percepción de cierto sabor.

Esta sensación es válida sólo por el corto lapso de tiempo que el alimento se encuentra sobre las papilas. Al transcurrir unos instantes, todo se termina. Una vez tragado el alimento, ya no tenemos ninguna sensación de gusto, solamente de saciedad, o de dolor de estómago.

Sin embargo, en nuestra generación han ingresado en la escena ciertos "factores interesados", que por sus propios fines lucrativos hacen todo lo posible para adentrarse en forma artificial en el "centro gustativo" de nuestro cerebro y producir allí un cataclismo. ¿Cómo lo hacen?

Con el desarrollo de la tecnología, se investigaron e inventaron en los laboratorios distintas clases de productos químicos sintéticos que influyen sobre las papilas gustativas de la lengua haciéndoles percibir diversos sabores.

Se trata de los saborizantes de toda clase, cuyos nombres vemos hoy en día impresos en los envases de los productos elaborados. Por ejemplo, es posible fabricar jugo con sabor a naranja sin que este contenga rastro alguno de la fruta; la lengua, sin embargo, sentirá gusto a naranja. De esta forma el hombre interviene en la naturaleza, falsificándola en nuestra contra, y a costa de nuestra salud.

La industria actúa con astucia, y esto va "evolucionando" cada vez más. Cada tanto se descubren nuevos métodos para influenciar sobre las papilas gustativas, con el fin de incitar a la persona a consumir más y más productos elaborados industrialmente.

¿Alguna vez te preguntaste por qué el Creador del mundo no creó para nosotros "golosinas" como las que se fabrican hoy en día? La respuesta es que el Creador se preocupa por nosotros al igual que un padre; Él no desea que comamos en exceso.

Es por ello que creó las frutas con una dulzura equilibrada, de forma tal que nos estimule a comer, pero no más de lo necesario. Además, la dulzura en las frutas viene acompañada de fibras frutales, a fin de que sean digeridas en forma óptima y no dañen a nuestro cuerpo. Si las frutas fueran tan dulces como las golosinas elaboradas, no podríamos dejar de comerlas.

Por lo tanto, puesto que los fabricantes se comportan respecto de nosotros con ingenio, no nos queda más que tratar de fortalecernos, hacerles frente y prevalecer sobre ellos; se trata de una fortaleza espiritual que nos ayudará a sobreponernos a la inducción física material.

Espero que el siguiente relato te ayude en tu fortalecimiento personal:

Una leyenda popular cuenta sobre Napoleón, el emperador francés, que cuando una vez se encontraba en el campo de batalla en la mitad de la noche, sintió una sed muy intensa. Sin embargo, el acceso al agua en medio de la noche y del campo de batalla implicaba un gran peligro.

Al comienzo Napoleón vaciló, pero luego se preguntó a sí mismo: "¿Yo, Napoleón, el emperador que conquisté a todos los países, habré de temer?".

Entonces se levantó y se dirigió al lugar donde había agua.

Al llegar allí, pensó: "¿Yo, el gran Napoleón, arriesgué mi vida por un poco de agua? ¿Acaso no soy capaz de controlarme?".

¡Y finalmente, regresó sin haber bebido el agua!

Ciertamente, podemos aprender de la sabiduría de los gentiles. Sin embargo, nosotros también somos parte del pueblo que heredó de los Patriarcas un inmenso poder de autocontrol; desde la *akedá*, la Atadura de Yitzjak, hasta el día de hoy. No necesitamos aprender de las demás naciones lo que es el autocontrol.

¡Un niño pequeño en el jardín de infantes, que recibe una golosina muy tentadora para él, es capaz de preguntar si es *casher* o no! (¡En incluso cuando la respuesta es "sí", muchos continúan preguntando si sus padres permiten la supervisión rabínica que la golosina tiene! ¡Y si no, no la comen!)

Entonces, ¿cuál es la dificultad?

Sólo nos faltaba el conocimiento. Pero ahora que sabemos que toda nuestra lucha es solamente contra las papilas gustativas, ubicadas en una pequeña parte de la lengua, del tamaño de un centímetro cuadrado, podremos decirnos a nosotros mismos: "¡¿Acaso no soy capaz de superar una prueba tan pequeña?!".

¡Así también nosotros podremos autocontrolarnos y tener una vida larga y sana!

4. LAS HARINAS BLANCAS

El origen de la producción de harina blanca se remonta tan sólo a unos trescientos años atrás, cuando se inventó una máquina para moler harina que podía separar del grano mismo las delgadas cascarillas internas de éste. En verdad, dichas cascarillas son muy beneficiosas, ya que contienen vitaminas, minerales y fibras, lo cual ayuda también al proceso de la digestión.

Entonces, al igual que ocurre con el azúcar, la harina blanca también carece de todos los valiosos componentes que se encuentran en la "harina integral", que contiene dichas cascarillas, llamadas comúnmente "salvado de trigo", y es por ello que el cuerpo se ve obligado a segregar vitaminas y minerales importantes para lograr digerirla. Como resultado, la cantidad de minerales y vitaminas de nuestro cuerpo va disminuyendo y empobreciendo.

En la actualidad, la harina blanca también pasa por un proceso de blanqueado mediante productos químicos que no existían anteriormente. Al sistema digestivo le cuesta digerirla, ya que se convierte en un pedazo de masa carente de fibras que fermenta en el estómago, incrementa el fenómeno del reflujo y provoca constipación de vientre. No así el "pan integral", que ayuda a mantener un buen movimiento intestinal.

En un experimento realizado por investigadores en alimentación de la Universidad de Texas en Estados Unidos, se reunieron dos grupos de ratas. Al primero le dieron de comer exclusiva e ilimitadamente pan blanco y agua; al segundo, pan integral y agua.

Seis meses más tarde, las ratas del primer grupo, alimentado con pan blanco, murieron, y las del otro grupo siguieron viviendo normalmente.

De aquí una prueba de cuán importante es el salvado de trigo.

Es importante recalcar que en este experimento las ratas se alimentaron exclusivamente de pan y agua, pero, por supuesto no existe persona alguna que se alimente solamente de esto. Mi intención es solamente señalar el daño que causa a nuestro cuerpo el consumo cotidiano de harina blanca.

Una anécdota sobre el gran tzadik
Rabí Israel Meír HaCohén, el Jafetz Jaím zt"l

En una oportunidad el Rab Yosef Dov Soloveitchik *zt"l* (hijo del Rab Yitzjak Zeev de Brisk) les relató a sus discípulos una historia que escuchó del *tzadik* Rabí Naftalí Zilberberg *zt"l*:

Una vez que el Rab Naftalí Zilberberg pasó por la ciudad de Radin, el *Jafetz Jaím* lo invitó a su casa para la comida de Shabat. Al llegar a la bendición de *Hamotzí* y comer el pan, Rabí Naftalí notó que las *jalot* eran de harina integral e hizo con el rostro una señal de sorpresa y descontento. Sin embargo, mientras continuaba cortando la *jalá*, el *Jafetz Jaím* le dijo: "El pan integral es muy bueno, el pan integral es muy bueno". Y luego agregó: "El pan integral es muy saludable" y cortó otra rodaja de pan, repitiendo una vez más la última oración (Meír Ené Israel, tomo II, página 319).

En conclusión

Fíjate que todos los alimentos horneados que consumes estén elaborados con harina integral. Cabe destacar que a diferencia del azúcar, del cual es necesario abstenerse por completo, la harina no es necesario que sea 100% integral. Es posible añadir hasta un cuarto de harina blanca en la mezcla. En la actualidad existe una gran variedad de productos horneados con harina integral y ya no se requiere de tanto "sacrificio" para conseguirlos.

También creo necesario destacar que en varios envoltorios de harina integral figuran recetas con agregados de azúcar, sal y margarina. La persona perspicaz sabrá escoger lo bueno y dejar lo despreciable...

A propósito, un dato importante de gran trascendencia para tu dieta: a diferencia de los productos elaborados con harina blanca, que causan una sensación de hambre incesante, los productos de harina integral sacian y no inducen a comer más y más. ¡Si eres de la clase de personas que sienten hambre incluso después de comer una comida suculenta, sin duda te conviene pasar al consumo de harina integral! Para muchas personas, dos rebanadas de este pan sacian como seis rebanadas o más de pan blanco; siempre y cuando las mastiquen bien, de acuerdo a las reglas que expondremos en el capítulo 7.

Horneado casero

Quienes tienen la posibilidad de hornear en forma casera, pueden optimizar su salud en gran medida si, además de harina integral, reemplazan también los demás componentes no tan sanos del pan elaborado por otros más saludables:

- La harina integral requiere el añadido de más líquidos a la mezcla.

- Es posible utilizar aceite en lugar de margarina.

- Es conveniente hornear con levadura.

- El polvo de hornear es perjudicial.

- En lugar de azúcar se puede utilizar miel, concentrado de jugo de manzana sin azúcar, mermelada de dátiles o almíbar puro de dátiles (sin azúcar ni glucosa).

*Una anécdota sobre la conducta
de nuestro gran maestro, el Rab Shaj zt"l:*

Cuando mi maestro, el Rab Shaj, se enteró de que el pan de harina integral es bueno e importante para la salud, comenzó a cuidarse de consumir solamente ese pan. Para Shabat yo solía traerle de la panadería una bolsa con cuatro *jalot* de harina integral, sobre las cuales recitaba la bendición *Hamotzí* en las tres comidas de Shabat.

Recuerdo que cierto Shabat alguien puso delante de él panecillos de harina blanca, y el Rab inmediatamente inquirió: "¡¿Dónde están los panes integrales de Yejezkel?!".

En el apéndice A ofrecemos una receta para pan saludable y una receta para una masa *"mezonot"* básica con una variedad de rellenos y presentaciones.

5. LOS ALIMENTOS GRASOS

El peligro en los alimentos grasos reside principalmente en lo que se llama "las grasas saturadas". La grasa saturada es una grasa que mayormente proviene del mundo animal y es importante reducir su consumo dado que es uno de los causantes del ascenso del nivel de colesterol.

Colesterol "bueno" y "malo"

El colesterol es una sustancia fabricada en parte por nuestro cuerpo y obtenida, además, de los alimentos.

El colesterol "bueno" (llamado HDL, del inglés: *High Den-*

sity Lipoprotein; en español: "Lipoproteínas de alta densidad") ayuda a expulsar los excedentes de colesterol de la sangre y de este modo disminuye el riesgo de una arterosclerosis. Este colesterol se adquiere principalmente a través de una buena conducta alimenticia –como enseña este libro–; y asimismo, realizando actividad física, o por lo menos, caminatas.

El colesterol "malo" (llamado LDL, del inglés: *Low Density Lipoproteins;* en español: "Lipoproteínas de baja densidad") es una materia grasosa que se acumula en las paredes arteriales y causa gradualmente la estrechez, y a veces incluso la obstrucción total, de los vasos sanguíneos; lo que se llama, como dijimos, "arterosclerosis". Como consecuencia de este fenómeno ocurren los infartos, los accidentes cerebrovasculares ("derrames cerebrales") y todas las enfermedades relacionadas con la obstrucción de los vasos sanguíneos.

Las grasas de origen animal incrementan el colesterol "malo" y disminuyen el "bueno"; mientras que las de origen vegetal hacen lo contrario, y es por ello que son recomendables.

El **aceite de oliva** es excelente, por eso se lo denomina también el "oro verde"; contiene grasas saturadas no dañinas, siempre y cuando en la etiqueta diga que fue "prensado en frío", y no diga que es "puro" o "refinado". Es preferible que el grado de acidez sea menos de 0,8%; en español esto se llama "aceite extra virgen". El consumo recomendado del aceite de oliva es mezclado con la comida, y no como bebida.

Un dato importante: el cuerpo no logra absorber en una misma comida más de dos cucharadas de aceite de oliva, el resto es desechado.

Para cocinar es recomendable utilizar el **aceite de colza** (**canola**). Sin duda, éste preferible al aceite de soja (soya).

Es importante recalcar que puesto que el colesterol se hizo de "un mal nombre" en todo el mundo, muchas empresas que fabrican "comida chatarra" o "comida basura" se jactan al imprimir en el envoltorio que su producto "no contiene colesterol". Si bien esto es conveniente, no atestigua en lo más mínimo que el producto sea "saludable", ni siquiera en el aspecto del colesterol. ¿Por qué? Pues si contiene grasas saturadas, su consumo igualmente puede provocar el ascenso del nivel de colesterol en la sangre.

Tomemos como ejemplo la margarina. Si bien, en esencia ésta no contiene colesterol, puesto que SÍ contiene muchas grasas saturadas, igualmente provoca el ascenso del nivel de colesterol en la sangre. Por ende, para una correcta alimentación no sólo es importante saber cuánto "colesterol" uno consume sino, principalmente, ¡cuántas grasas saturadas se consume!

¡Atención!

Es importante saber que las enfermedades cardíacas y de los vasos sanguíneos son las principales causantes de muerte en la gran mayoría de los países desarrollados del mundo. No podemos eludir la realidad de que en los países modernos los alimentos contienen, efectivamente, muchas grasas saturadas; por ello, no hay otra conclusión a la cual llegar más que entender que estas grasas son las causantes de ese dato tan grave.

¿Qué alimentos evitar y cuáles consumir?

Los productos con alto contenido de grasas saturadas que se debe evitar son: todos los quesos grasos, los quesos duros, la crema, el aceite de palma y el de coco, las carnes grasosas, las salchichas, los embutidos (fiambres), las hamburguesas, etc.

En lugar de estos productos, es preferible optar por los que contienen grasas no saturadas, como ser: los productos lácteos con bajo porcentaje de grasas (quesos hasta 5%, y leche hasta 1%), las carnes sin grasa, el pollo sin grasa y sin piel, etc.

Asimismo, es posible agregar al menú alimentos con grasas no saturadas como aceite de oliva, aceite de colza (canola), pescado de mar, aguacate (palta), nueces, manteca de almendras, manteca de semillas de zapallo (calabaza) y girasol (maíz de teja), y un poco de *"tejina"* (manteca de sésamo).

La margarina y las grasas "trans"

La margarina, cuyo origen se encuentra en el aceite vegetal, es solidificada artificialmente a través del proceso de hidrogenado, es decir, una transformación química de su constitución molecular mediante la adición de hidrógeno. Esta alteración constituye un peligro para la salud, ya que eleva el nivel de colesterol en la sangre, e incluso se sospecha que el consumo exagerado de margarina sea causante de cáncer. Además, la margarina contiene vitaminas artificiales, colorantes y conservantes.

La "margarina" tiene distintos nombres: margarina, aceite vegetal hidrogenado (solidificado) o parcialmente hidrogenado. Todas estas grasas son un componente habitual en la panadería y la pastelería comercial; por ejemplo, en las obleas, los pasteles, las tortas, los bizcochos, las masas dulces, las masas saladas rellenas, los bocadillos y aperitivos de toda clase, e incluso las papas (patatas) fritas. Asimismo, las masas hojaldradas contienen las grasas anteriormente mencionadas y, por lo tanto, es imperioso abstenerse de consumirlas.

Aunque todavía abundan en los comercios las margarinas fabricadas con "grasas trans" –que es una grasa económica para los productores, y difícil de digerir para nosotros–, en los últimos tiempos han aparecido en el mercado margarinas casi libres de grasa trans. Éstas, sin duda, son preferibles a las anteriores, aunque aún no ha transcurrido el tiempo suficiente como para decir que su consumo no implica ningún riesgo para la salud.

Nuestro cuerpo no necesita la margarina ni los productos derivados de ella. Es posible hornear en casa panes y pasteles muy sabrosos sin utilizar margarina.

Puesto que la margarina es el componente principal en toda clase de empanadas de masa hojaldrada con diferentes rellenos (llamadas en Israel: *burekas*), creo correcto citar aquí las palabras del Profesor Rafael Karaso, director del Departamento de Neurología del Centro Médico "Hilel Yafe", en la ciudad de Jedera, Israel:

Las *burekas* son el alimento más perjudicial que puede existir. Son el principal causante de muchas enfermedades, dado que están compuestas de grasas sólidas. La peor grasa que existe se encuentra en las *burekas*.

No queda nada por agregar a estas severas palabras.

En conclusión

No necesitas hacerte vegetariano o naturista, pero es importante que disminuyas el consumo de grasas.

Aun así, debes saber que no hay que evitar por completo el consumo de las grasas, dado que su presencia en la alimentación es favorable; entre otras cosas, para el suministro continuo de vitaminas solubles en grasa y su buena absorción en el intestino.

Todo esto se puede lograr mediante una correcta apreciación de la cantidad de grasa en cada producto y la búsqueda de un producto parecido que sea pobre en grasas, y que no contenga grasas saturadas.

He aquí, es verdad que existe en la actualidad un porcentaje muy pequeño de médicos que cree que las grasas saturadas no son dañinas. Sin embargo, mientras esta opinión no sea completamente demostrada y fundamentada, y todos los especialistas no concuerden con esta opinión al respecto, sin duda es preferible seguir la opinión de la gran mayoría de los médicos.

El piadoso come para saciarse

Dijo el rey Shelomó (Mishlé 13:25): "El piadoso come para saciar su alma, mas el estómago de los malvados permanece desprovisto".

Literalmente, esto se refiere a una persona recta y a un malvado. El rey Shelomó destaca en el versículo la diferencia entre el piadoso, que es más espiritual y le alcanza con poca comida, y el malvado, que tiene gran interés por los asuntos mundanos y siempre está hambriento.

Sin embargo, también es posible decir que en este versículo hay cierta alusión, en forma directa, a cada uno de nosotros: si la clase de alimentos que consumimos será "el alimento de los malos" –es decir, comida elaborada y vacía de nutrientes, cuyo único objetivo es darle placer al paladar de la persona pero no tiene ningún beneficio para las necesidades del cuerpo y la digestión–, entonces siempre estaremos hambrientos; como ocurre con las personas que se alimentan en forma incorrecta.

No obstante, si consumiremos "los alimentos de los piadosos" –es decir, comida sana que no contiene calorías "vacías"–, y lo haremos de la manera correcta –es decir, masticando bien la comida para conseguir una buena digestión (como será explicado en el capítulo 7)–, notaremos que nos sentiremos satisfechos y no necesitaremos comer constantemente.

6. LAS FRITURAS

Las frituras contienen un porcentaje muy alto de grasas saturadas, como podrás percibir por ti mismo si estudias los datos del "valor nutricional" de éstas, lo cual es hoy un requisito obligatorio detallar en todos los productos industrializados. En aquel cuadro casi siempre aparecen dos valores seguidos uno del otro: el de las "grasas" y el de las "grasas saturadas".

Además, cuando el aceite alcanza una temperatura muy alta, sufre un proceso de desintegración química y comienzan a formarse "ácidos grasos libres" que son como un veneno perjudicial para la salud.

Asimismo, las frituras provocan la irritación de la membrana mucosa que protege las paredes del estómago. Es por ello que debemos evitar el consumo de papas (patatas) fritas, buñuelos, "*faláfel*", y todos los demás alimentos y bocadillos fritos con mucho aceite.

Si prestas atención, verás que el valor calórico en las frituras asciende enormemente. Por ejemplo: cien gramos de papas (patatas) horneadas proveen 80 calorías, ¡mientras que cien gramos de las fritas proveen 560 calorías!

Como conclusión de este capítulo sobre la precaución respecto de los alimentos perjudiciales, es posible decir, en resumen, que el azúcar, la sal, la harina blanca, y las frituras compiten por el primer lugar en el asesinato de sus consumidores, ¡Dios nos libre! Por ello, quien se priva de ellos recibirá las mejores bendiciones.

Es conocido el relato del campesino que decidió comenzar a ahorrar, escatimando en el alimento de su caballo. Cada día disminuía un poco la cantidad de heno que le daba al caballo, hasta llegar a una cantidad minúscula. Aquel día, su caballo murió. Entonces el campesino se lamentó, diciendo: ¡Si mi caballo hubiera vivido un día más, yo hubiera tenido un caballo que trabaja sin comer!

¿Qué es lo que quiero decir con esta parábola? La persona piensa que un poco de azúcar o de sal no puede dañar su salud. Es verdad que una pequeña cantidad de estas cosas no puede destrozar el cuerpo, pero la combinación de varios factores dañinos a la vez sí puede deteriorar la salud. Es por ello que el *Rambam* asegura que quien cuide su salud, no llegará a enfermarse. Por el contrario, quien no se cuide, no tiene su aseguramiento... y las consecuencias son conocidas...

¡Cuánto más disminuyas la influencia de los alimentos negativos, más saludable estará tu cuerpo!

"Ser igual que todos"

De vez en cuando, la gente me pregunta: "¿Cómo es posible cuidarse en la alimentación al asistir a una boda, donde todos comen y beben libremente, y sólo yo soy quien me cuido?". Asimismo, en cualquier otra clase de festejos, donde se sirven alimentos no sanos, la gente me pregunta: "¿Cómo se hace para no comer? ¿Cómo se puede ser distinto de todos?".

A todos les respondo con una pregunta retórica: "Dime, ¿acaso estuviste alguna vez de visita en un hospital y entraste a la sección de internación? ¿Cómo te sentiste siendo diferente a todos...? ¡Una persona sana entre tantos enfermos! ¿Te fue difícil ser distinto, o te alegraste de ello?".

El mensaje es claro: cuando se trata de "ser sanos" sabemos ser distintos, pero cuando se trata de "disfrutar del buen sabor" queremos ser iguales a todos... El sabio sabe discernir y decidir cuándo ser distinto y cuándo ser igual.

Ellos, sin embargo, me refutan: "¡Pero de hacer así me quedo hambriento! ¿Qué puedo hacer entonces?".

Yo les respondo con una pregunta: "¿Dónde comiste ayer? ¿En tu casa? ¡Entonces también puedes comer en tu casa cuando estás invitado a una boda o a alguna otra fiesta! ¡Come en tu casa antes de la fiesta!".

(Y en este punto entra en la escena la esposa, que al preparar comida para el esposo en el día que hay una fiesta, lo salva a él –y se salva a sí misma de ingerir alimentos perjudiciales–.)

EL AGUA:
FUNDAMENTO DE LA VIDA

Capítulo 6

E l *Jovot Halevavot* escribe (*Sháar Habejiná,* fin del capítulo 5):

La existencia de los elementos en la Tierra es acorde a los requerimientos de los seres humanos. El aire es la necesidad más fundamental para la vida humana, y por eso hay aire en todas partes. Lo siguiente en importancia para el desarrollo humano y la existencia de toda la creación, es el agua. Es por ello que ésta abunda en el mundo en forma de lluvias, ríos, mares y océanos. Por el contrario, el oro, que no es necesario, escasea en el mundo.

Más de 70% del cuerpo humano es agua. (Si este dato te parece extraño e imposible, imagínate una gran fogata de *Lag Baomer*, alta e imponente, hecha con ramas cuyo peso total llega a varias decenas de kilos, pero una vez encendida, después de consumirse, lo único que queda de ella es sólo un cúmulo de cenizas... La razón por la cual se ve así es porque todo el líquido que había en la madera se evaporó.) Beber agua en abundancia es sumamente importante para todos los sistemas del cuerpo humano, principalmente para la conservación de los riñones, que entre otras cosas también son responsables de la eliminación de los desechos resultantes del intercambio de materia en el cuerpo, de la fabricación de la hemoglobina y la cortisona, etc.

En la actualidad, con el aumento de la producción industrial de alimentos, ingresa a nuestro cuerpo una gran cantidad de desecho que no había anteriormente, como el azúcar, la margarina, los colorantes, los conservantes, las frituras de toda clase, los restos de insecticidas en las frutas y verduras, etc. Nuestro cuerpo se ve obligado a eliminar todos estos tóxicos, lo cual lleva a cabo a través de los riñones.

Así, aunque pensábamos que beber no es de ayuda porque "los líquidos igualmente terminan saliendo del cuerpo", claramente este pensamiento es incorrecto. Los líquidos que perdemos se llevan con ellos todas las sustancias que el organismo no necesita.

Beber en cantidad suficiente ayuda a evitar la formación de cálculos renales, e incluso es de gran trascendencia en la prevención del cáncer. Las conclusiones de los investigadores son que beber líquidos en gran cantidad puede disminuir casi en un cincuenta por ciento el riesgo de cáncer de vejiga, que ocupa el cuarto lugar en la lista de enfermedades masculinas más frecuentes.

Antiguamente, las personas solían realizar trabajos pesados y fatigosos, por lo que frecuentemente llegaban a estar muy sedientas varias veces al día. Es por ello que el *Rambam* escribió que sólo se debe beber al sentir sed. Sin embargo, en la actualidad la gente no suele realizar tareas físicas pesadas; por el contrario, casi todos los lugares de trabajo están climatizados, de modo que si la gente bebiera sólo al sentir sed, muchos podrían llegar a un estado de deshidratación, Dios nos libre. Es por eso que hoy en día es necesario beber aun si no sentimos sed. Además, para proteger a los riñones, es importante seguir también una alimentación adecuada, mantener la presión arterial en sus valores regulares y evitar el cigarrillo.

Todos sabemos cuán difícil es la vida de aquellos que padecen un deterioro en los riñones y requieren de tratamientos dialíticos de por vida, ¡Dios nos guarde!

El cuerpo humano pierde líquidos mediante la orina, el sudor, la respiración, etc. Una persona que no bebe suficiente, generalmente tampoco produce saliva en cantidad necesaria y hasta puede llegar a sufrir de sequedad en los ojos.

La carencia de líquidos combinada con las temperaturas altas y las tareas físicas pesadas, puede provocar dolores de cabeza, deshidratación, e incluso peligro de vida inminente.

El aire que exhalamos está bastante hidratado, ya que los pulmones permanecen constantemente húmedos. Por el contrario, el aire que inhalamos es más seco. Es decir, que perdemos más agua de la que recibimos. Por eso, al encontrarnos en un ambiente con bajo porcentaje de humedad, como en ciertas localidades o en lugares climatizados, debemos beber en más cantidad para reponer el líquido que nuestro cuerpo pierde.

Para los que viajan en avión

El sistema de climatización del avión seca notablemente el aire, a tal punto que si en cualquier ambiente el porcentaje de humedad varía entre 45 y 75%, ¡en el avión no llega a un 20%! Uno de los motivos por los cuales las compañías hacen eso es para impedir la oxidación de las partes metálicas del avión. Por eso es tan importante beber suficiente agua durante el vuelo, a pesar de que la temperatura dentro del avión sea agradable y uno no sienta sed.

Asimismo, durante el vuelo se debe evitar la ingestión de bebidas con efectos diuréticos, como el café, el vino, la cerveza, y todo lo que contenga alcohol.

(Además de beber bastante, también es importante mover las plantas de los pies, cambiar de posición y caminar cada hora o dos, a fin de evitar la formación de una trombosis [obstrucción de las venas por coágulos en la sangre].)

Advertencia a las madres

Los niños pequeños pueden llegar a deshidratarse con suma rapidez; por eso es importante prestar atención a la siguiente indicación: se debe controlar que el niño beba bastante y que el pañal siempre esté suficientemente mojado. A veces este punto puede caer en el olvido cuando el niño es llevado a la casa de la abuela, la vecina o a la guardería, pues allí se puede perder la noción de su necesidad de líquidos, y entonces su vida puede estar en riesgo.

Los niños generalmente se olvidan de que tienen sed. Por eso es necesario estar más que atentos respecto de ellos, especialmente cuando están muy entretenidos jugando (ya que incluso se olvidan de ir al baño). Así pues, para prevenir situaciones peligrosas, los padres deben estar muy alerta.

EL AGUA NO TIENE UN "RESPALDO"

Después de explayarnos acerca de la importancia del agua, tal vez muchos se pregunten: "¿Por qué nunca escuchamos nada al respecto? ¿Por qué el médico jamás nos advirtió acerca de un punto tan importante como este?". Sobre esto me gustaría extenderme, para que entiendas, querido lector, cuán importante es tu rol, y para que aprendas a no apoyarte en la medicina pública, como ya expliqué en el cuarto capítulo.

¿Cómo se llega a los nuevos descubrimientos? Algunos se revelan casualmente, y a otros se llega por medio de las investigaciones.

El problema es que las investigaciones cuestan mucho dinero. La fuente de subvención principal para las investigaciones son los fabricantes de medicamentos, los laboratorios. Estos invierten mucho dinero en investigaciones, en base a las cuales luego crean medicamentos que curan las distintas enfermedades.

Aunque ello les supone una gran inversión, una vez conseguidos todos los permisos necesarios para la comercialización del medicamento, reciben cierta protección por la cual se les prohíbe a los demás fabricantes producir una imitación del medicamento durante diez años o más. Durante este período, la venta del producto puede cubrir todos los gastos invertidos en este proceso tan largo y costoso, dejando ganancias para el fabricante.

De esto se deduce que los medicamentos baratos no pueden solventar los gastos de las investigaciones referentes a ellos, y es por eso que los entes lucrativos no invierten en investigaciones para medicamentos que no cubren los gastos debido a su bajo precio de venta.

Estas investigaciones se pueden llevar a cabo solamente mediante entes sin fines de lucro, como las entidades gubernamentales, la Organización Mundial de la Salud, o fondos creados a base de donaciones para el beneficio de la salud pública. Así, por ejemplo, es como se investigaron los daños del cigarrillo.

A veces, también los seguros de salud realizan investigaciones, pues están convencidos de que al final de cuentas el resultado de una investigación les puede ahorrar mucho más dinero que el costo de la investigación, por ejemplo en la prevención de enfermedades y demás.

Si apareciera una entidad lucrativa pregonando haber invertido dinero en una investigación y descubierto que el agua es un remedio maravilloso para ciertas enfermedades, no obtendría de esto ninguna ganancia, pues el agua no es lucrativa. Ahora es posible entender por qué generalmente en el ámbito de la medicina no se suele hablar demasiado acerca de la importancia del agua.

Otro ejemplo de un producto "sin respaldo" es la "vitamina D": una caja de 180 pastillas se vende en los Estados Unidos por $10, de modo que no habría posibilidad de cubrir los costos de las investigaciones y, por supuesto, tampoco habría dinero para solventar los gastos de publicidad del producto.

Por esta razón la responsabilidad sobre la toma de conciencia de la importancia de esta vitamina recae netamente en las entidades sin fines lucrativos. Más adelante destiné en el capítulo 11 una sección especial para hablar de la vitamina D.

CUÁNTO BEBER

La recomendación más aceptada es beber entre 35 y 40 cm^3 de agua por kg. de peso corporal. Por ejemplo, una persona que pesa 60 kg. debe beber entre 2.100 y 2.400 cm^3 de agua al día; es decir, aproximadamente doce vasos diarios. Por otro lado, no se debe beber más de 50 cm^3 de agua por kg. de peso corporal sin consultar antes con un médico.

Es importante saber que la sensación de sed se despierta generalmente cuando al cuerpo ya le faltan entre 7 y 10 vasos de agua, en tanto que la sensación de saciedad de agua aparece aun al beber sólo la mitad de lo necesario. Por eso es importante beber aun cuando uno no siente sed.

De todos modos, independientemente del peso y de la sensación de sed, es sumamente importante para todos beber por lo menos dos litros de agua al día, es decir, diez vasos. Y en situaciones de gran esfuerzo físico o de clima muy caluroso, incluso se debe aumentar esa cantidad.

En el capítulo siguiente, sección 6, he escrito cuáles son los momentos apropiados para beber agua dentro de la "agenda diaria". Allí también escribí que es mejor utilizar vasos grandes para beber, de 300 ml. o medio litro, a fin de facilitar el control de la bebida.

MOVIMIENTO INTESTINAL LIGERO

El suministro de agua al cuerpo está plenamente ligado al proceso de la digestión.

El *Rambam* escribe: "La persona siempre debe procurar que su movimiento intestinal sea ligero, un poco cercano a la diarrea. Como regla fundamental en la medicina, cuando las deposiciones se retienen o son evacuadas con dificultad, aparecen enfermedades" (*Hiljot Deot* 4:13; y así también escribió el *Kitzur Shulján Aruj* citado previamente en el capítulo 2, inciso 14).

Después de salir del estómago, el alimento pasa al primer tramo del intestino delgado, donde se termina su descomposición. De allí pasa al segundo tramo del intestino delgado, de 4,5 metros de largo, sumamente diluido en líquidos a fin de que las paredes intestinales puedan absorber sus componentes nutritivos (como explicamos en el capítulo 7, sección 7).

Luego, los alimentos pasan al intestino grueso, donde se lleva a cabo el proceso de absorción de líquidos del alimento, a fin de convertirlo en un excremento sólido.

Todo este proceso es una oportunidad para apreciar la maravillosa Sabiduría Divina operando en nuestro cuerpo. Pensemos qué podría llegar a ocurrir con el contenido de los intestinos: una vez que las paredes intestinales absorben los líquidos del alimento, este queda completamente seco, limitando su traslado; y cuanto más seco queda el bolo intestinal, más difícil de desplazar es, de modo que el alimento podría quedarse atascado en los intestinos sin posibilidad de ser expulsado, Dios nos libre.

No es necesario detallar lo peligrosa que sería esta situación para el ser humano... Y aquí aparece la sabiduría del Creador, Quien creó al organismo de modo tal que las paredes intestinales no absorben parejamente los líquidos del alimento a lo largo de todo el intestino, sino que la absorción comienza justamente hacia el final de los intestinos.

Esto es todo un milagro, pues al extremo final de los intestinos sí tenemos acceso desde el exterior, y es posible facilitar la excreción mediante supositorios grasos o enemas. Por el contrario, si la solidificación y sequedad absoluta se llevara a cabo en la mitad del intestino, no habría forma de deshacerse del desecho.

De hecho, uno de los síntomas de la falta de líquidos en el cuerpo es la sequedad en las excreciones, que cuanto más secas son, una mayor carencia de líquidos en el cuerpo indican. El estado ideal es el contrario: cuando las excreciones son completamente blandas.

EL AGUA EN LAS PERSONAS MAYORES Y LA PREVENCIÓN DE DERRAMES CEREBRALES

En las personas mayores, **la sensación de sed es cada vez menos frecuente**, por lo que pueden transcurrir varias horas sin que sientan que necesitan beber.

Con esta carencia constante de líquidos pueden llegar a una situación de constipación de vientre crónica, la cual de por sí es peligrosa, además del esfuerzo excesivo que luego deben realizar en el proceso de excreción, que puede causar un ascenso de la presión arterial.

Como consecuencia de la falta de líquidos, la sangre también se torna más espesa y no logra llegar a todos los delgadísimos vasos sanguíneos, especialmente a los del cerebro, poniendo a la persona en riesgo de padecer un derrame cerebral, Dios nos libre.

Es cierto que, generalmente, las personas mayores toman medicamentos que diluyen la sangre e impiden que las partículas de sangre se adhieran entre sí, como las aspirinas; pero aun así, si no beben lo suficiente toda la sangre se espesa y eso es peligroso.

La falta de líquidos también provoca una disminución del volumen sanguíneo y, consecuentemente, un descenso de la presión arterial.

Una persona anciana que toma medicamentos para bajar la presión y además no bebe lo suficiente, puede llegar a un descenso excesivo de la presión, lo cual dificulta el abastecimiento de sangre al cerebro, lo que puede provocar un accidente cerebrovascular. Y esto también implica un riesgo para los riñones.

Por eso, tanto las personas ancianas como quienes los rodean deben prestar atención y ser escrupulosos respecto de la ingestión de agua.

Una vez que vimos cuán importante es beber en cantidad suficiente, de más está decir que no hay que dejarse llevar por los métodos de alimentación que recomiendan un consumo pobre de líquidos, ya que pueden ser muy peligrosos.

UNA BUENA DIGESTIÓN: LA CLAVE PARA TU SALUD

Capítulo 7

*D*ado que el proceso de la [degradación de los alimentos *y su] digestión comienza en la boca, mediante la trituración del alimento con los dientes y su humedecimiento con la saliva, es importante no tragar ningún alimento antes de masticarlo [bien]. De no hacer así, se extenuará al estómago, pues allí deberá realizarse toda la [degradación y la] digestión* (Kitzur Shulján Aruj 32:13).

Hasta ahora hemos hablado de los alimentos que consumimos; cuáles evitar y por cuáles optar. En este capítulo abarcaremos un tema no menos importante, el cual es enfatizado por el autor del *Kitzur Shulján Aruj*: el proceso de la digestión de los alimentos.

A fin de estudiar el tema, detallaremos todo el proceso, desde el ingreso de la comida a la boca; esperamos que, con la ayuda de Dios, comprender esto te ayude en el cuidado de tu salud.

Uno de los indicadores más significativos en la salud del ser humano es el sistema digestivo. Es más, el sistema digestivo no es simplemente un parámetro indicativo de la salud, sino que es la **causa** de nuestro estado de salud.

Cuanto mejor sea la digestión, más eficazmente el cuerpo extraerá del alimento las energías necesarias para conservar el calor natural –lo cual es indispensable para su mantenimiento–, y todos los nutrientes, minerales y vitaminas básicos, sin los cuales es imposible sobrevivir.

Tal vez algunos se estén preguntando en este momento: "¡¿Qué?! ¿Acaso está en nuestras manos hacer que el sistema digestivo funcione correctamente?".

La respuesta es **Sí**. El proceso digestivo no comienza en el estómago y los intestinos, **sino en la boca**; en aquellos alimentos que ingerimos, en el modo en que estos alimentos son introducidos en la boca, y el trato que la boca le da a los alimentos que recibe.

1. LA IMPORTANCIA DE LA MASTICACIÓN

Imaginemos un multiprocesador de alimentos apto para el troceado, rallado, picado, procesado y la mezcla de verduras; si lo utilizáramos para moler carne cruda, el motor se dañaría.

Nuestro estómago es una moledora o batidora de alimentos; en él solamente hay jugos gástricos y contracciones. La gran "moledora" es la boca, con las mandíbulas y los dientes. Allí es donde se debe triturar completamente el alimento.

Si analizamos un poco, advertiremos que el músculo de la mandíbula es el más fuerte de todo el cuerpo, incomparable en su fuerza a cualquier otro músculo. Si, por ejemplo, intentáramos romper un diente, no lo lograríamos fácilmente; pero al comer algún alimento que contiene una piedra, con la presión de la mandíbula el diente se rompería.

Seguramente has visto alguna vez, en una boda o algún espectáculo, una persona que sostiene una silla o algo similar con su boca. ¡La fuerza que sostiene todo el peso proviene de la mandíbula, que maravillosamente no se vence frente a la enorme carga!

¿Para qué Dios nos dotó de mandíbulas tan poderosas? ¿Acaso las necesitamos para triturar granos de trigo crudos o para moler cebada? No, ¡esta fuerza debe ser utilizada para un propósito único y singular: triturar bien los alimentos que ingerimos!

Ciertamente, existen algunos alimentos imposibles de tragar sin una buena masticación (como una zanahoria cruda), que al consumirlos podemos apreciar la enorme fuerza de la mandíbula. Sin esta fuerza en las mandíbulas, nos tomaría muchísimo tiempo comer una manzana, una zanahoria o alimentos similares.

Masticar, masticar y masticar

A partir del momento en que introduces el alimento a tu boca, la pauta más importante es masticar, masticar, y masticar más. Cuanto más mastiques, más apto para ser digerido será el alimento al pasar al estómago; tanto por su buen triturado como por la saliva que contiene.

Ahora me explayaré acerca de la forma correcta de masticar y la importancia de la saliva, pero debes recordar también la importancia de conservar el buen estado de los dientes, para poder masticar bien (también para quien posee una dentadura postiza).

Debes saber que si consumes alimentos saludables, siguiendo un orden correcto y masticando adecuadamente, es muy probable que tu deseo incesante de comer disminuya. Comenzarás a sentirte satisfecho y en poco tiempo percibirás una enorme diferencia en la sensación de hambre que continuamente te envolvía; aquella sensación culpable de que llenes tu estómago que –como dice el *Rambam*– provoca la mayoría de las enfermedades.

Un buen consejo: No tragues por inercia. Antes de tragar el alimento, mastícalo una vez más, hasta que esté bien triturado. Con una buena masticación se obtiene una pasta dulce al paladar, lo cual constituye la señal de que has masticado suficiente.

La cavidad bucal y la garganta

Si observamos, veremos que la lengua no es lisa y plana como aparenta ser. Prestando un poco de atención notaremos que en el centro tiene como una "colina" que imaginariamente nos divide toda la cavidad bucal en dos partes.

La parte anterior es el sector bucal donde el alimento permanece mientras es masticado; comienza en los labios y termina en la "colina" de la lengua.

Es allí donde se encuentran los dientes incisivos y caninos –responsables de cortar los alimentos–, los premolares y los molares –encargados de moler y triturarlos–, la parte anterior de la lengua, la parte interna de las mejillas y las glándulas salivales. Todos estos son integrantes del proceso de trituración, el mezclado y la combinación de los alimentos con la saliva, lo cual facilita la deglución del bolo alimenticio.

Si bien nos parece que la cavidad bucal es grande, no se debe llenarla, pues esto no permite que los alimentos se mezclen bien.

Podemos ejemplificar esto con el recipiente de una batidora, que cuando se utiliza como contenedor, no hay problema en llenarlo hasta arriba, mas al utilizarlo para batir, es necesario dejar un espacio para permitir una buena mezcla de los ingredientes.

Lo mismo ocurre con la cavidad bucal, donde se mezclan los alimentos: para que ello se lleve a cabo apropiadamente es necesario dejar un espacio sin llenar. Por ende, nunca introduzcas en tu boca una cucharada demasiado llena de comida, pues con esto provocarás que el exceso sea tragado en la primera etapa de la masticación, aun sin haber sido triturado completamente.

La parte posterior (interna) de la cavidad bucal, la cual comúnmente llamamos "garganta", se denomina "faringe". Ésta comienza después de esa "colina" de la lengua, y termina en la laringe, donde se separan dos canales: el de la respiración (y el habla), y el de la deglución; el de la respiración se llama "tráquea", y el de la deglución, por donde desciende el alimento al estómago, se llama "esófago". Entonces, en palabras simples, la tráquea y el esófago están ubicados uno al lado del otro, al final de la garganta.

No hablar al comer

La zona de encuentro entre el canal de la respiración y el habla y el de la alimentación es un "cruce" muy peligroso. Un "choque" en este cruce, Dios nos libre, puede llegar a ser mortal, a cualquier edad y sin aviso previo (a diferencia de las demás enfermedades o sucesos que generalmente presentan síntomas previos).

Y así dijeron nuestros Sabios en la *Guemará* (Tratado de *Taanit* 5b): "No se debe conversar en medio de la comida, no sea que se anteponga la tráquea al esófago y corra peligro la vida"; es decir, no sea que el alimento entre a la tráquea en lugar de entrar al esófago. Esta *halajá* fue codificada en el *Shulján Aruj* (Óraj Jaím 170:1).

Para explicar cómo funciona el sistema y entender el peligro que dicha acción implica, *Rashí* escribió (citado por la Mishná Berurá 170:2): "Pues cuando sale la voz, se abre el 'tapón' que obstruye la tráquea y puede entrar la comida por allí, lo cual pone en riesgo la vida".

En nuestras palabras, esto quiere decir que la tráquea y el esófago no están continuamente abiertos a la faringe, sino que hay un sistema que controla que cuándo un conducto se abre el otro se cierra, y viceversa. Normalmente la tráquea está abierta, para poder respirar y hablar, ya que nosotros respiramos 20 veces por minuto pero tragamos saliva tan sólo una vez por minuto.

Sin embargo, al comenzar la deglución se detiene momentáneamente la respiración al cerrarse la tráquea por medio de una estructura cartilaginosa llamada "epiglotis" –la cual es ese "tapón" al cual se refirió *Rashí*– y se abre el esófago. Todo esto, para prevenir el peligro de que la saliva o el alimento lleguen a los pulmones a través de la tráquea.

Respecto de la importancia y la severidad de la prohibición de hablar durante la comida, podemos aprender de otro dictamen del *Shulján Aruj* más adelante: "Si se trae vino en la mitad de la comida, cada uno [de los comensales] debe recitar la bendición por sí mismo, aun si comen juntos, no sea que se anteponga la tráquea al esófago" (*Óraj Jaím* 174:8).

El comentario *Mishná Berurá* explica al respecto: En realidad, cuando hay varias personas juntas, es preferible que una sola recite la bendición en voz alta, en nombre de todos, y que todos respondan "Amén" (pues de esta manera se honra más al Creador). Sin embargo, en medio de la comida no se debe hacer esto debido al peligro que ello implica.

Asimismo, podemos ver la gran severidad de esta acción en el dictamen de la *Mishná Berurá* (170:1 en base a la *Guemará*), quien escribió que la prohibición de hablar durante la comida rige incluso respecto de palabras de Torá. Y, más allá de todo, ya hemos aprendido que "es más grave lo peligroso que lo prohibido".

Algunos piensan que esta *halajá* se aplicaba sólo en la época talmúdica, cuando se acostumbraba a comer reclinados sobre el costado (como hacemos en el *Séder* de *Pésaj*), mas no en la actualidad, pues todos comemos bien sentados y entonces no hay peligro de atragantarse. Sin embargo, esto no es así, ya que al referirse a las palabras del *Shulján Aruj* que prohíbe hablar durante la comida, el mismo *Jafetz Jaím* –en cuya época todos comían sentados y no recostados– escribió en la *Mishná Berurá* (170:1): "Sin embargo, entre un plato y otro está permitido".

Por consiguiente, es evidente de sus palabras que esta prohibición rige incluso en nuestros días, y que sólo se puede hablar entre un plato y el siguiente.

No hablar al comer

Es maravilloso observar las alusiones que encontraron los comentaristas de la Torá en los distintos versículos, acerca de la antigua frase: *"En mesijín bishat haseudá –* No se debe conversar durante la comida".

Está escrito en la Torá que cuando los ángeles fueron a visitar a Abraham, él "tomó mantequilla y leche, el ternero que había preparado, y puso esto delante de ellos [...] y ellos comieron" (*Bereshit* 18:8). Luego, el versículo siguiente dice que los ángeles le preguntaron: "¿Dónde está Sará, tu esposa?", y él les respondió: "He aquí, está en la tienda".

El *Báal Haturim* explica que la pregunta de los ángeles no aparece en el mismo versículo que la comida, para indicarnos que ellos cumplieron la *halajá* de "no conversar en medio de la comida, no sea que se anteponga la tráquea al esófago".

Por otro lado, *Seforno* entiende que también en el relato de Eliézer con Rivká hay una alusión a nuestro tema.

Allí la Torá dice que Rivká le dio de beber a Eliézer, el sirviente de Abraham (*Bereshit* 24:18), y en el versículo siguiente dice: "Terminó de darle de beber y dijo: 'También para tus camellos extraeré [agua]...'".

Dice *Seforno* que la separación de la bebida y el habla en dos versículos distintos se debe a que Rivká esperó hasta que Eliézer terminara de beber, para hablarle; como nos enseñan nuestros Sabios: "No se debe hablar durante la comida".

(De esta explicación de Rabí Ovadiá Seforno aprendemos, además, que la advertencia de no conversar en medio de la comida no rige sólo sobre la persona misma que come, sino también sobre aquella que no come pero quiere hablarle al otro, que está comiendo. Asimismo, vemos que la prohibición rige incluso si el otro solamente está bebiendo agua.)

Todo esto que hemos explicado alcanza para comprender que, instintivamente, todo alimento que se encuentre en la parte posterior de la cavidad bucal (desde el montículo de la lengua hacia atrás) será tragado inmediatamente en cualquier estado que se encuentre, bien masticado o no, para no obstruir el paso del aire.

Debido al gran peligro existente en ese "cruce" entre el canal de la respiración y el habla, y el de la deglución, "los sensores" relacionados con la garganta son independientes de la voluntad de la persona. Estos responden rápida e inmediatamente a los estímulos, y sin previa consideración; a fin de impedir "accidentes", los músculos de la faringe-laringe hacen que el bolo descienda hacia el esófago. Algunos de los estímulos son:

- La visión: cuando el ojo ve un utensilio con comida, listo para ingresar a la boca, se efectúa una deglución.

- El habla: hablar con comida en la boca, además de ser peligroso, también provoca una rápida deglución.

- La audición: cuando escuchas que te llaman, cuando suena el teléfono o golpean a la puerta, automáticamente esto provoca la deglución inmediata del alimento.

- El pensamiento: Leer o pensar sobre distintos asuntos distraen a la persona de la masticación y causan que el alimento llegue más rápido a la garganta y, tal como dijimos, sea tragado de inmediato.

- Me referiré brevemente a los primeros dos estímulos que acabo de mencionar: el ojo y el habla.

La relación ojo-boca

Me gustaría señalar para ti, querido lector, un fenómeno maravilloso que noté en el proceso de la deglución:

Seguramente muchos de nosotros solemos llenar la cuchara o el tenedor mientras aún masticamos el alimento que acabamos de introducir a la boca. Cuando el ojo distingue que la cuchara está llena de comida, ¡enseguida se acciona el reflejo de la deglución! ¿Por qué? ¿Qué es lo que ocurre?

El ojo reconoce el alimento en la cuchara, listo para ser introducido en la boca, e inmediatamente el cerebro traduce eso como una situación de apremio, dado que la introducción de una cantidad doble de comida a la boca puede causar un "choque", y la persona puede llegar a atragantarse.

Efectivamente, en toda la cavidad bucal no hay espacio suficiente para contener dos cucharadas repletas de alimento, además del aire de la respiración que al mismo tiempo debe pasar por la faringe. Entonces, como resultado, el cerebro inmediatamente da la orden de desocupar la cavidad bucal, y el alimento es tragado.

Veamos otro ejemplo: una persona toma una manzana de tamaño mediano, la corta con un cuchillo en cuatro trozos, pela el primero, lo introduce en su boca y comienza a masticarlo. Luego toma el segundo trozo y comienza a pelarlo, cuando éste esté listo para ser introducido en la boca, se efectuará la deglución del trozo anterior que estaba en la boca, masticado bien o mal...

Si prestáramos atención veríamos que el último trozo de manzana será masticado el doble de tiempo que el primero. ¿Por qué? ¡Porque no hay más manzana para comer!

Es evidente la maravillosa relación que existe entre el ojo y la boca. Por lo tanto, te aconsejo adoptar una nueva costumbre, que con el tiempo se convertirá para ti en un hábito natural:

> **Siempre que tengas comida en la boca, apoya los utensilios o alimentos hasta que termines de masticar y tragar lo que pusiste allí. Si te conduces de este modo, no necesitarás contar el número de veces que masticas, puesto que nada te impulsará a tragar la comida antes de que esté lista para ser tragada.**

El habla y la deglución

Además de la prohibición *halájica* de hablar durante la comida, a la cual nos hemos referido más arriba, no hablar en la mitad de la comida es de gran beneficio para el proceso de la digestión, pues una persona que habla mientras come, no mastica bien la comida. Jamás encontrarás a alguien que puede hablar en medio de la comida y también masticar como se debe. ¡Es algo imposible de lograr! ¿Por qué?

Porque la persona que habla no presta atención ni se da cuenta si está masticando o cuánto mastica. Todo su interés se concentra en lo que conversa, en la próxima oración que quiere decir, y esto hace que trague rápidamente lo que tiene en la boca.

En consecuencia, alguien así traga grandes pedazos de comida, sin haberlos masticado suficiente, y en el transcurso de su "viaje" estos trozos de alimento pueden llegar a causar roces y rasguños en las paredes de los órganos del tracto digestivo.

Asimismo, como esos pedazos de comida deglutidos no están suficientemente ensalivados y triturados como para que comience en la boca misma su degradación, lo cual es necesario para la correcta digestión del alimento, éste llega al estómago casi sin estar preparado para ser digerido allí. ¡Y entonces, el estómago se ve obligado a degradar y procesar el alimento, en lugar de digerirlo! Si bien todo alimento que ingresa a nuestro cuerpo es evacuado al final totalmente triturado, es importante diferenciar entre los casos cuando el alimento fue bien "digerido" o sólo fue "degradado" o "procesado"; pues no todo lo que fue triturado también fue bien digerido.

Cuando el proceso de digestión se distorsiona, las distintas "estaciones" por donde debe pasar el alimento no pueden obtener de éste el máximo beneficio.

 Un consejo: Al sentarse a comer en familia, ¡elogia a quien termine de comer último!

En síntesis

Cuanto más mastiques, más provecho obtendrá tu cuerpo

del alimento, y más te saciarás con una cantidad de comida mucho menor. Es mejor comer poco y masticar mucho que comer mucho y masticar poco. (Y si sufres de sobrepeso, ¡el beneficio será mayor aún! ¡Estarás "haciendo dieta" sin necesidad de seguir algún método difícil y complicado!)

2. El Rol de la Saliva en la Digestión

Como es sabido, el cuerpo humano recibe los nutrientes de los alimentos que consume. El proceso ocurre del siguiente modo: primero el alimento es cortado con los dientes incisivos y comienza a triturarse y degradarse en la cavidad bucal.

Durante el proceso de la masticación, las glándulas salivales –que son seis– segregan una gran cantidad de saliva, los músculos de las paredes internas de la boca y la lengua mezclan el alimento, y los dientes posteriores lo trituran. Así es como, con la ayuda de la saliva, se forma en la boca una especie de pasta, lista para deslizarse por la garganta.

Debemos saber que la saliva, además de ser una sustancia líquida, lo cual de por sí ayuda a ablandar la masa alimenticia haciéndola apta para ser tragada, también favorece enormemente todo el proceso digestivo. El sabor de la saliva es dulce, y ésta contiene 64 clases de enzimas imprescindibles para la correcta digestión y absorción del alimento en todo el organismo.

No sólo al masticar la comida las glándulas salivales segregan saliva, sino que éste es un proceso que ocurre durante todo el día. Al estar despiertos, tragamos saliva cincuenta veces por hora; mientras dormimos, diez veces por hora. En un día entero, el cuerpo termina segregando y absorbiendo aproximadamente dos litros de saliva.

La realidad es que sin el estímulo de la comida la segregación de saliva disminuye para que ésta no moleste a la persona.

Podemos demostrar la importancia de la saliva en el proceso digestivo, a partir del hecho de que siempre que sentimos tentación en relación con la comida –ya sea al pensar o escuchar que nos traen comida, o al ver, oler, y por supuesto, al degustarla– inmediatamente aumenta la segregación de saliva, como anticipo a la digestión.

En las leyes de Yom Kipur la *Mishná Berurá* (618:8) dictamina que si una persona huele un alimento y no lo come, debe cuidarse de expulsar toda la saliva que se le formó en la boca, y no tragarla, pues puede ser peligroso. Vemos cuánta fuerza tiene la saliva.

Otra de las propiedades de la saliva es la de actuar como sustancia protectora para las paredes del esófago y el estómago. A aquellos que suelen tener un vaso siempre en la mano y beber de él a sorbos, creo importante señalarles que esta no es la forma correcta de beber, ya que causa una dilución constante de la saliva, impidiéndole cumplir íntegramente su función, lo cual puede ocasionar problemas de salud.

Quien tiene una constante necesidad de beber pequeños sorbos debe verificar si bebe lo suficiente. Es probable que esa necesidad sea el resultado de un resfriado, con una nariz parcial o totalmente obstruida, lo cual provoca respirar por la boca. Como consecuencia, la boca se seca, requiriendo su hidratación permanente. Obviamente, en un caso así es necesario tratar la obstrucción de la nariz, para que la boca permanezca cerrada y la respiración sea a través de la nariz. Más adelante hablaremos un poco más de esto.

Aprovecho para recalcar que la disolución de los hidratos de carbono se lleva a cabo principalmente en la boca, por medio de la saliva. Por ende, es sumamente importante la buena masticación. Esto ayuda a lograr una óptima disgregación de los carbohidratos, obteniéndose así el máximo beneficio de los alimentos. Por el contrario, el estómago no tiene la capacidad de digerir los carbohidratos. El duodeno, ubicado detrás del estómago, es el encargado de continuar la digestión de éstos, siempre y cuando ya hayan pasado una primera disolución en la boca. Sin embargo, cuando los hidratos de carbono llegan al duodeno sin haber sido degradados, este no puede llevar a cabo la siguiente fase de la digestión para obtener de ellos el beneficio necesario.

Ahora que explicamos la importancia de la masticación en el proceso de la digestión, es importante hacer hincapié en el hecho de que los alimentos que ingerimos deben ser posibles de masticar. Por ello, no es conveniente licuar los alimentos antes de ingerirlos, pues de este modo el beneficio que obtendremos de ellos será menor por la poca saliva que se mezclará en el proceso de la masticación.

El pan fresco, incluso el elaborado con harina integral, no se mastica bien en la boca. Su óptimo consumo se realiza secándolo primero en un tostador, para así poder masticarlo de la forma correcta.

Para Shabat, recomiendo cortar rodajas de pan antes de Shabat y secarlas en el horno, y después de comer el pedazo del *"hamotzí"* comer de ese pan y no de pan fresco; de este modo el mayor consumo de pan no será de las *jalot* frescas sino del pan más seco.

Quien no tiene esta posibilidad puede dejar las rodajas de pan al aire libre para que se sequen un poco, aunque cabe mencionar que, respecto de nuestro tema, el pan embolsado se debe considerar "fresco" incluso un par de días después de horneado. (Otra posibilidad es poner a calentar las *jalot* antes de traerlas a la mesa, para que por lo menos su parte externa esté un poco más seca.)

El *Ben Yish Jai* (Año II, *Parashat Pinejás, 16*) escribe que no se deben consumir panificados calientes, pues es peligroso. Por ende, se debe esperar que el pan se enfríe y no consumir ninguna clase de panificados, ni siquiera "tostadas", mientras están calientes; aunque así sean más sabrosos.

3. NO DORMIR HASTA DOS HORAS DESPUÉS DE LA COMIDA

Dormir después de la comida no es saludable, así como escribe el *Rambam*: "No se debe dormir próximo a la comida, sino esperar después entre tres y cuatro horas" (*Hiljot Deot* 4:5).

El autor del *Kitzur Shulján Aruj* escribió al respecto: "No se debe dormir hasta dos horas después, para que los 'humos' no asciendan al cerebro y lo debiliten" (citado más arriba, en el capítulo 2, inciso 6).

Muchas personas perciben este fenómeno y saben que cuando duermen después de comer es muy probable que se levanten luego con dolor de cabeza. ¿Por qué?

¿Qué es lo que ocurre mientras dormimos? Cuando nos recostamos a dormir algunos sistemas del cuerpo dejan de funcionar, por ejemplo, la vesícula biliar. Si comemos algo que contiene grasas (casi todos los alimentos tienen grasa, excepto ciertas frutas y verduras), es necesario para su digestión que funcione la vesícula.

Pero dado que mientras dormimos ésta deja de funcionar, las grasas no son correctamente digeridas y en lugar de servir como energía para el cuerpo, éstas se acumulan en forma de exceso de grasa, lo cual es perjudicial para el organismo. Además, el metabolismo del cuerpo disminuye su ritmo de trabajo al dormir, de modo que la digestión demora más; y entretanto, los alimentos fermentan y son perjudiciales. ¡Estos son los "humos" a los cuales se refiere el *Kitzur Shulján Aruj*!

Además: una vez que terminas de comer, el proceso de segregación de saliva continúa por dos horas más, de acuerdo a los requerimientos del estómago, en base a la clase y la cantidad de alimentos ingeridos y a la calidad de la masticación. Es por ello que la persona que se va a dormir después de comer, frecuentemente nota un flujo de saliva de la boca a la almohada, dado que el proceso de la digestión continúa.

Sin embargo, al dormir, la persona no traga saliva más de diez veces en una hora, de modo que el excedente de saliva segregado para la digestión se desperdicia en la almohada en lugar de llegar al estómago, donde sí es necesario. Más allá del problema estético que esto implica, también es un síntoma que nos indica que el estómago no recibió la cantidad de saliva que necesitaba.

Algunas personas mayores tienen una secreción de saliva menor, tanto por no masticar lo suficiente como por falta de líquidos en el cuerpo, y requieren de ayuda en el aumento de la saliva para la digestión. A ellos se les puede recomendar comer algo dulce al final de la comida (como dátiles o pasas de uva), puesto que el dulce incrementa la secreción de saliva.

 Un buen consejo para la siesta: Al regresar a tu casa al mediodía, consume un poco de frutas o verduras, y luego vete a recostar. Este descanso con el estómago no tan vacío será muy eficaz: será relativamente corto y podrás levantarte luego con facilidad. Al almuerzo que comerás después no llegarás con tanta hambre, y consecuentemente, te será más fácil seguir la instrucción del Rambam de no llenar el estómago por completo durante la comida.

4. LA ACIDEZ

Muchas personas sufren de ardor después de comer. La acidez proviene del reflujo del alimento desde el estómago hacia el esófago. Para prevenir la acidez, en primer lugar, se deben seguir minuciosamente las reglas expuestas en este libro, especialmente las que figuran en este capítulo. Si a pesar del seguimiento de estas normas continúa la acidez, lo cual es poco probable, es conveniente verificar después de qué alimentos en particular aparece la acidez, y evitarlos.

Es común que las siguientes sustancias provoquen acidez (y algunos de ellos, también dolores de cabeza; e incluso, jaquecas o migrañas):

La nicotina de los cigarrillos, el pan blanco, la levadura, el café, las frituras, el alcohol, el chocolate, las bebidas gaseosas, el té, la leche chocolatada, los quesos amarillos y los condimentos. También esto puede ser causado por el consumo de cítricos o de sus jugos o zumos, especialmente las naranjas, después de la comida.

 No es bueno acostarse, aun sin dormir, hasta que no pase una hora después de haber terminado la comida. Frecuentemente, a raíz de la posición recostada del cuerpo, los alimentos suben del estómago y provocan acidez. En una edad avanzada esto puede ser realmente peligroso debido al riesgo de la infiltración de alimentos a los pulmones, lo cual puede causar una infección pulmonar. Para quienes padecen de acidez es recomendable no acostarse incluso hasta tres horas después de la comida, y acostumbrarse a dormir en una cama con la cabecera levantada.

5. LA TOS QUE MOLESTA

Quienes sufren de una tos molesta, a diferencia de cuando la tos es causada por un resfriado, suelen no prestarle demasiada atención, a pesar de tratarse de un problema no muy sencillo. A continuación explicaremos la causa y las consecuencias de esta tos.

Como ya explicamos, el alimento desciende al estómago a través del esófago. El esófago es un conducto hueco que comienza en la faringe-laringe y llega hasta el estómago. El esófago está compuesto de músculos anulares en toda su extensión, que al contraerse ayudan a la saliva y al alimento a descender al estómago. Por encima del estómago hay una especie de "red", a través de la cual pasa el esófago. Dicha red también actúa como "cerrojo" para impedir el reflujo de los alimentos del estómago al esófago.

Una vez mezclados con los jugos gástricos, los alimentos ya no son sabrosos como los sentimos en la lengua. El Creador hizo que los jugos gástricos sean agrios y ácidos para que puedan digerir correctamente el alimento que desciende desde la boca, masticado y ensalivado.

Si el alimento digerido en el estómago volviera a través del esófago a la boca, sentiríamos un sabor muy ácido que provoca rechazo.

Cada vez que tosemos provocamos que esta red se ensanche. Una tos detrás de otra sin interrupción provoca que finalmente se afloje el "cerrojo de la red" sobre el esófago. Entonces, al debilitarse este sistema, pasa un poco de alimento del estómago al esófago, lo cual induce al cuerpo a toser nuevamente para liberarse de la incomodidad. En fin, es como un círculo vicioso.

A veces el sistema se debilita tanto que se llega a necesitar un tratamiento con medicamentos antiácidos, y la indicación de no acostarse después de la comida. En los casos más severos puede ser necesaria una cirugía, ¡Dios nos guarde!

Para evitar todo esto, por supuesto, se deben cuidar todas las reglas expuestas en este libro. Si lo haces, con la ayuda de Dios, no tendrás esa tos molesta. Sin embargo, si ya sufres de ella, no la dejes pasar.

Piensa y analiza qué instrucciones de este libro estás descuidando; cuando las descubras y comiences a cuidarlas, probablemente el problema desaparecerá. Si la situación ya pasó los límites de la medicina preventiva, espero que una vez comprendido el proceso, la combinación de las instrucciones de este libro junto a los medicamentos que te sean recetados te ayuden a superar la tos.

6. NO BEBER DURANTE LAS COMIDAS, DESDE VEINTE MINUTOS ANTES Y HASTA DOS HORAS DESPUÉS.

A pesar de la importancia de beber, otro factor que perjudica la correcta digestión es el beber en los momentos inadecuados. Es decir, desde veinte minutos antes, durante y hasta dos horas después de la comida. ¿De dónde aprendemos esto?

El *Rambam* (Hiljot Deot 4:32) y también el *Kitzur Shulján Aruj* (32:17) escribieron que no es beneficioso mezclar la comida con los líquidos. Previamente (en el capítulo 2, inciso 12) ya citamos las palabras de Rabí Shlomo Gantzfrid:

> No es bueno beber antes de las comidas, pues eso enfría el estómago y el alimento no se digiere adecuadamente. También durante las comidas es correcto beber sólo poca agua, mezclada con vino. Recién cuando la comida comienza a digerirse se puede beber, pero sin exagerar.

El agua enfría el calor natural del estómago e interfiere en la digestión; es por eso que, como preparación para la llegada de los alimentos, no debe haber agua en el estómago. De lo contrario, el alimento que llega de la boca mezclado con la saliva se encontrará en el estómago con jugos gástricos diluidos por el agua que aún hay allí.

El lapso necesario para que se vacíe el estómago de agua es veinte minutos; por ende, se debe cesar de beber agua veinte minutos antes de comenzar la comida. Antes del desayuno la realidad es diferente, dado que el estómago está completamente vacío después de dormir, y alcanzan diez minutos para vaciar el estómago de agua.

Los demás líquidos, como el vino (solo un poco) diluido en agua, la leche, el yogurt y las distintas clases de sopas, se consideran respecto de nuestro asunto como comida sólida y no como líquidos. Respecto de todos ellos la regla general es que cuanto menos espesos sean, más prioridad se les debe dar, consumiéndolos al principio de la comida o en el medio, en pequeñas cantidades.

Me permito explayarme un poco más acerca del problema que implica el beber agua durante la comida:

Los alimentos llegan al estómago a fin de ser digeridos mediante los jugos gástricos, el hígado, la bilis, las enzimas de la saliva y las contracciones de los músculos estomacales e intestinales. Cuando el alimento llega al estómago junto con el agua, la digestión no se lleva a cabo adecuadamente: el agua disuelve la acidez de los jugos gástricos y las enzimas de la saliva, de modo que el proceso digestivo termina incompleto. Por supuesto, los resultados serán el escaso beneficio que se obtuvo del alimento y la fermentación de éste, lo cual produce hinchazón del estómago y gases.

El *Kitzur Shulján Aruj,* citado más arriba, escribió: "Recién cuando la comida comienza a digerirse se puede beber".

Para aprender cuánto demora la primera parte del proceso digestivo, después de lo cual ya se puede beber, en primer lugar debemos recordar que el *Maguén Abraham* (184:9) y el *Kitzur Shulján Aruj* (citado en el capítulo 2, inciso 7) escribieron que normalmente todo el proceso de la digestión se extiende hasta seis horas. Ahora bien, yo escribí que la primera parte del proceso digestivo dura como dos horas; ¿de dónde saqué este dato?

En verdad, esta información la escuché del gran Profesor R. Amram Abujatzira z"l, pero también podemos aprender esto de lo que el mismo *Kitzur Shulján Aruj* había escrito con anterioridad (citado en el capítulo 2, inciso 6): "Asimismo, no se debe dormir hasta dos horas después [de las comidas]...".

Además, hoy en día la medicina moderna ha descubierto que en los enfermos de diabetes es importante medir el nivel de azúcar en la sangre dos horas después de haber comido.

¡Y por último, tú mismo puedes comprobar que este dato es cierto, pues dos horas después de comer desaparece la modorra y la pesadez típica después de las comidas! Más adelante, en la sección: "El calor corporal, partícipe en la digestión", nos explayaremos más en este tema.

De todos modos, en base a todo lo que ya explicamos podemos comprender por qué no se debe beber hasta dos horas después de la comida: pues durante este lapso el proceso digestivo está todavía en su etapa más crítica y la ingestión de líquidos lo perjudicaría, diluyendo la saliva y los jugos gástricos.

Nota: Aunque no se debe beber agua en los momentos impropios, no se debe tomar medicamentos sin agua o cualquier otro líquido, pues ello podría llegar a producir una úlcera en el esófago. Quienes deben tomar medicamentos durante o después de las comidas, deben tomarlos con agua, según las indicaciones del remedio.

Para prevenir la necesidad de beber en medio de la comida, se debe evitar ciertas conductas que causan esta dependencia, las cuales enumeraremos a continuación:

a. **Falta de líquidos:** Si no bebes suficiente, tienes sed y el momento de la comida es una oportunidad ideal para completar esta carencia. Para evitar hacer esto, debes prepararte de antemano y llegar a la comida ya saciado de agua, habiendo bebido con anterioridad, mas no justo antes. (Como dijimos, 20 minutos antes de comenzar las comidas y 10 minutos antes del desayuno.)

b. **Alimentos salados y condimentados:** Otro causante de la necesidad de beber durante la comida es el exceso de sal y condimentos que contienen los alimentos, los cuales incrementan la sensación de sed y te impulsan a beber mientras comes. Siendo así, es importante reducir el uso de sal, que de por sí es perjudicial, en la mayor medida posible.

c. **"Bajar" la comida:** A raíz de una costumbre innata, solemos beber durante la comida para ayudar a los alimentos a "bajar" más rápido, logrando de ese modo consumir las grandes cantidades que solemos comer. Hasta que tu cerebro no envía la orden de "saciedad", sigues comiendo velozmente, más de lo que necesitas. El problema es que esta orden llega sólo al cabo de 20 minutos del inicio de la comida; entonces, con la ayuda de los líquidos que apresuraron el ritmo del consumo, ya introdujiste en el cuerpo una gran cantidad de comida.

En cambio, cuando el consumo de alimentos es en forma correcta, éstos deben descender al estómago sin la ayuda de los líquidos, sólo mediante la buena masticación y el ensalivado correspondiente. Si te acostumbras a comer sin ayuda de líquidos, percibirás que involuntariamente estás haciendo dieta; ¡simplemente no podrás "liquidar" las grandes cantidades que estabas acostumbrado a comer!

d. **Hablar durante la comida:** Como dijimos anteriormente, hablar en medio de la comida causa una deglución prematura de los alimentos, casi sin masticación previa, para lo cual hace falta ayudar a los alimentos a bajar mediante los líquidos. Si dejas de hablar y comienzas a masticar correctamente, no necesitarás beber; pues los alimentos estarán bien triturados y ensalivados. Si ejercitas esto, después de un corto lapso verás que ya no necesitas beber durante la comida.

En síntesis

Si llegas a la comida saciado de agua, si los alimentos no son excesivamente salados ni condimentados, si no te llenas el estómago, y si no hablas mientras comes y masticas bien los alimentos hasta que éstos se hidraten con abundante saliva, entonces la digestión será buena y beneficiosa y obtendrás el mayor provecho de los alimentos. **Una vez que te acostumbres a todo esto, automáticamente no necesitarás beber durante la comida.**

El agua en la agenda diaria

A continuación propongo un esquema diario para lograr beber la cantidad diaria necesaria de agua.

Es aconsejable dividir el tiempo para beber en cuatro períodos diarios. Asimismo, es conveniente utilizar vasos grandes, de 300 ml., o tazas de medio litro. Con esto solucionamos la mitad del problema, pues mayormente contamos la cantidad de vasos, y nos molesta tener que levantarnos a llenar nuevamente el vaso. Además, con la misma facilidad que bebemos un vaso chico podemos beber también el contenido de un vaso más grande.

He aquí una posible programación de la bebida diaria:

Por la mañana, al levantarse, beber una taza de medio litro de agua, lo cual está permitido hacer aun antes del rezo. Como escribe el *Shulján Aruj*: "...Pero agua sí se puede beber antes de la *tefilá*, tanto en los días de la semana como en *Shabat* y *Yom Tov*" (*Óraj Jaím* 89:3). Si no puedes beber antes de la *tefilá*, hazlo inmediatamente después. El desayuno puedes tomarlo diez minutos después de beber, pues el agua que se bebe con el estómago vacío de toda la noche se consume con más rapidez.

Creo oportuno señalar que el agua bebida con el estómago vacío "quema" las grasas del cuerpo. Esto también ayuda a entender por qué antiguamente no se solía beber con el estómago vacío y hoy en día es recomendable hacerlo; pues antes la mayoría de la gente solía realizar trabajos físicos fuertes y para ello necesitaban la energía de las grasas, pero hoy casi nadie realiza trabajos físicos, y se sufre de exceso de grasas. Por eso es recomendable beber agua antes de desayunar, y quienes no necesiten "quemar" grasas, pueden conformarse bebiendo por la mañana un solo vaso de agua.

Transcurridas dos horas desde el desayuno, y hasta veinte minutos antes del almuerzo, debes encontrar oportunidades para beber todo lo que puedas. Después de comer el almuerzo y esperar por lo menos dos horas, puedes beber otra taza grande o varios vasos comunes de agua.

Para terminar el día, una vez transcurridas las dos horas posteriores a la cena, puedes completar el requerimiento diario de líquidos. De este modo llegarás a beber a diario todo lo que necesitas sin mayores dificultades.

Quien no siente sed en absoluto y tampoco le gusta beber agua (lo cual es muy frecuente), puede mezclar un poco de esencia de pasionario[23], anís o menta para darle algo de sabor, o bien utilizar un concentrado natural de jugo de manzanas sin azúcar. De este modo esta persona también podrá recitar la bendición antes de beber.

El agua en Shabat

A quienes me preguntan cómo hacer para beber lo necesario en Shabat, respondo lo siguiente:

Es aconsejable beber bastante antes del comienzo de Shabat. La *seudá* de la noche debe programarse de modo que se coma al principio de la comida, dejando para más tarde las reflexiones sobre la *parashá* y los cantos (especialmente en las noches cortas del verano). Y el *Yaavetz* ya escribió que "hay quienes acostumbran entonar cánticos después de la comida" (*Avot* 3:3).

Conduciéndonos de este modo veremos que hasta después del *Bircat Hamazón* ya transcurre gran parte de las dos horas. Y después de las dos horas, ya se puede beber; y, por

23. También llamado: pasiflora, granadilla, maracuyá o "fruta de la pasión".

supuesto, está permitido irse a dormir de acuerdo a las reglas que expusimos más arriba.

Con respecto al día de Shabat: para quien puede hacerlo, lo ideal es beber antes de la *tefilá*, dado que la obligación de recitar *Kidush* recae solamente después de rezar[24].

Sin embargo, en lo que respecta a nuestro asunto de beber agua en cantidad, no alcanza con lo que bebemos antes de la *tefilá*; se debe beber más aún. El momento indicado para hacerlo es antes de la comida, pues de lo contrario deberemos esperar dos horas después de ella. Puesto que este asunto implica ciertas preguntas halájicas en relación con el recitado de las bendiciones anterior y posterior por el agua, y con la prohibición de hacer alguna interrupción entre el *Kidush* y la *seudá*, transcribimos aquí las indicaciones que hemos recibido de una destacada autoridad Rabínica:

Respecto de la bendición **anterior** por el agua:

a. **Si la persona bebió en el *Kidush* por lo menos 44 cc. de vino,** la bendición *"boré perí haguéfen"* por el vino sirve también para el agua y no se necesta recitar la bendición *"shehakol nihiá bidbaró"*. (Y en el momento del *Kidush* es correcto pensar expresamente en que la bendición por el vino servirá también para el agua u otros líquidos que beberá.)

b. **Si la persona bebió en el *Kidush* menos de 44 cc. de vino,**

---

24. Véase el *Tur* en las leyes de la *tefilá*, que escribe: "Mi padre, el *Rosh z"l*, solía beber agua en Shabat por la mañana antes de la *tefilá*, lo cual no está prohibido por las leyes de *Kidush*, ya que aún no ha llegado el momento de recitarlo" (*Óraj Jaim*, capítulo 89). Y así también escribió en las leyes de Shabat: "Yo he visto que mi padre, el *Rosh z"l*, bebía agua por la mañana antes de la *tefilá*, dado que hasta no haber rezado no recae sobre la persona la obligación de recitar el *Kidush* y aún no le está prohibido beber. Y al beber solamente agua tampoco se considera una 'actitud altanera' prohibida antes del rezo" (*Óraj Jaim*, capítulo 289). Esta *halajá* quedó dictaminada en el *Shulján Aruj*, en las leyes de Shabat: "Beber agua antes de la *tefilá* está permitido" (*Óraj Jaim* 289:1).

hay dudas respecto de si la bendición por el vino sirve también para el agua. Por ello, en este caso se indica ingerir algún alimento cuya bendición también sea *"shehakol nihiá bidbaró"*, y pensar al recitarla que ésta también sirve para el agua.

c. **Si la persona no bebió del vino del *Kidush* en absoluto,** debe recitar la bendición *"shehakol nihiá bidbaró"* por el agua que desea beber antes de la *netilat yadaim* (el lavado de manos) aun si su intención es beber más agua después de recitar la bendición *"hamotzí léjem min haáretz"* por el pan.

Respecto de la bendición **posterior** por el agua:

En caso de beber después del *Kidush* una cantidad de agua equivalente a 28 cc. o más, existe una duda halájica respecto del recitado de la bendición posterior por el agua (véase *Shul-ján Aruj, Óraj Jaím* 174:6, y *Mishná Berurá* y *Beur Halajá* allí; *Ben Yish Jai* Año I, *parashat Nasó*, 5). Hay tres caminos para salir de la duda (en los primeros dos que exponemos hay que tener cuidado de no demorarse después de beber el agua para no interrumpir entre el *Kidush* y la *seudá*).

a. Se puede beber toda el agua deseada en pequeñas canti-dades (inferiores a 28 cc.) antes de la bendición por el pan.

b. **Quien no probó del vino en absoluto, o bebió menos de 28 cc. vino, y durante la comida no beberá agua en absoluto,** si ahora no está muy sediento puede beber toda el agua que desee y recitar la bendición final por el agua antes de hacer la *netilat yadaim*. (Pero si está muy sediento, hasta el punto de que no tiene apetito para comer a causa de la sed y bebe agua antes del lavado de manos para abrir el apetito, esto no se aplica.)

c. Después de comer el pedazo de pan de *"hamotzí"* se puede beber toda el agua que se desee, y en este caso sí podrá esperar diez minutos después de terminar de beber el agua antes de continuar con la comida de Shabat.

Pero quien bebió en el *Kidush* **28 cc. de vino o más, o quien continuará bebiendo agua durante la comida, aun una pequeña cantidad,** de beber agua normalmente antes del lavado de manos se estará introduciendo en una complicada duda halájica.

Comenta Rabí Ovadiá Seforno sobre los versículos: "Al anochecer sabrán que Hashem los ha sacado de la tierra de Egipto. Y al amanecer verán la gloria de Hashem..." (Shemot 16:6-7), que hablan sobre la caída del maná al amanecer, y sobre las codornices que Dios enviaría para el pueblo al anochecer:

"La intención de Moshé fue decirles que Dios haría así con el objetivo de enseñarles que Él los sacó de la tierra de Egipto en forma absoluta, lo cual incluye también el alejamiento de sus costumbres. Pues allí el pueblo acostumbraba sentarse alrededor de la olla de carne sin un tiempo fijo para las comidas, así como hacen los animales. Y a esto se refirieron nuestros Sabios en el Tratado de *Yomá* (75a) cuando dijeron que al comienzo el pueblo de Israel se asemejaba a las gallinas, que picotean en los desechos [todo el tiempo]. Por eso vino Moshé Rabenu y les fijó horarios para las comidas".

Nota: Varias veces me preguntaron: ¿Cómo se puede resolver la aparente contradicción entre lo que escribieron el *Rambam* y el *Kitzur Shulján Aruj*, y lo que dice la *Guemará* (Tratado de Berajot 40a), que sí es beneficioso para la salud beber agua después de la comida?

Pues bien, varias respuestas fueron ofrecidas para contestar a preguntas similares. Tal vez se puede explicar que la *Guemará* se refirió sólo a Babilonia, por el tipo de comida y de agua que había allí. O, como escribieron los *Tosafot* respecto de otro tema: aunque nosotros vemos que algunos dichos del *Talmud* hoy en día no concuerdan con nuestra realidad, debemos considerar que tal vez haya cambiado la naturaleza física en algunos aspectos. También se puede explicar que la intención de la *Guemará* **no** es decir que se debe beber agua después de la comida **inmediatamente**, sino, como dijimos, luego de dos horas; ya que la digestión se extiende hasta un lapso total de seis horas, como escribieron el *Maguén Abraham* y el *Kitzur Shulján Aruj.* (Véase *Berajot* 40a y 49a; *Moed Katán* 11a y *Tosafot* allí; *Mishná Berurá* 173:3.)

Por último, no hay que olvidar que en la época del *Talmud* las personas normalmente bebían vino durante la comida, no agua; y, como dijimos, éste se considera como "comida" y no como "líquido", aun si estuviera diluido, como escribieron el *Rambam* y el *Kitzur Shulján Aruj* que citamos más arriba.

7. LLENARSE DEMASIADO ES PERJUDICIAL

Escribió el *Rambam*:

> Para el cuerpo humano, comer en demasía es como veneno, y esto es el causante de todas las enfermedades. La mayoría de las enfermedades que sufre el hombre le sobrevienen por consumir alimentos perjudiciales o por llenar el estómago comiendo en demasía incluso alimentos beneficiosos. Y a esto se refirió el sabio rey Shelomó al decir: "Quien cuida su boca y su lengua, cuida su alma de las penurias" (Mishlé 21:23). Él quiso decir que se debe cuidar la boca para no ingerir alimentos perjudiciales o saciarse [demasiado]; y la lengua, para hablar solamente lo necesario (Hiljot Deot 4:15).

Y así escribió también el *Kitzur Shulján Aruj* (citado más arriba, en el capítulo 2, inciso 3).

Me gustaría recalcar ante ti, querido lector, el hecho de que el *Rambam* compara las penurias causadas por la incorrecta ingestión de alimentos a las desdichas que ocurren por el pecado de la lengua, sobre el cual dice el versículo: "La muerte y la vida dependen de la lengua" (*Mishlé* 18:21).

Solemos creer que la prevención en todo lo que respecta a la comida es simplemente una buena recomendación, sin embargo, el versículo iguala las desdichas causadas por la boca a las causadas por la lengua. Vemos, pues, cuán importante es el cuidado de la boca, absteniéndonos de consumir alimentos perjudiciales o llenando demasiado el estómago con los beneficiosos.

La autosuperación es una meta en la vida. Cada vez que la persona se autosupera y "cierra la boca" es merecedora de ver una Luz especial, guardada para los piadosos. Lo mismo se aplica a la ingestión de alimentos: quien logra superarse y abstenerse de los alimentos perjudiciales se protege a sí mismo de las desdichas.

En la comparación entre el habla prohibida y el consumo de alimentos, podemos decir que así como a veces está permitido hablar *lashón hará* (maledicencia) sólo cuando este trae algún beneficio, también el comer debe ser para obtener de él un beneficio. Como escribió el *Rambam*: "No se debe comer lo que es sabroso, sino solamente lo que es saludable" (*Hiljot Deot* 3:2).

En la introducción del libro *Jobat Hashemirá*, el *Jafetz Jaím* presenta un buen ejemplo sobre las desdichas que trae el mal uso de la lengua:

> En un taller hay 248 máquinas de tejer, de las cuales una trabaja a vapor y no mecánicamente, logrando así una producción igual a la de todas las demás máquinas juntas. Del mismo modo, la lengua tiene el poder de pecar tanto como todos los demás miembros del cuerpo juntos, ¡y a una velocidad asombrosa! Esto

causa que sean creados cientos de ángeles acusadores en un lapso muy corto.

En base a este ejemplo, me permito también decir que los "pecados-daños" que la persona comete al comer y beber incorrectamente son mucho más numerosos que todos los que puede hacerse a sí mismo con los demás miembros del cuerpo. Además, el *Kitzur Shulján Aruj* ya escribió que la salud o la debilidad corporal dependen principalmente de la digestión de los alimentos: si éstos se digieren fácil y correctamente, la persona estará sana; mas si el proceso de la digestión se deteriora, la persona se debilitará e incluso podrá llegar a estar en situaciones de peligro, Dios nos libre (citado más arriba, en el capítulo 2, inciso 2).

El proceso de la digestión se lleva a cabo mediante el movimiento de los músculos estomacales y los jugos gástricos. Imaginemos un globo que debe contraerse y expandirse; sin duda alguna, cuanto más lleno de aire esté, más le costará lograr los movimientos deseados. Los movimientos de contracción y expansión están destinados a mezclar bien los alimentos junto con los jugos gástricos, obteniéndose una masa homogénea. Por eso, cuanto más lleno está el estómago, más dificultoso es el amasado y mezclado de los alimentos con los jugos gástricos. Consecuentemente, los músculos del sistema digestivo se debilitan y el beneficio obtenido de los alimentos es menor.

Para comprender este punto, tomemos como ejemplo una máquina de lavar ropa encendida en el mejor programa, en la cual se introdujo una cantidad de ropa doble a la capacidad máxima del tambor. La ropa, sin duda, no saldrá limpia, pues en esta situación de aprieto el jabón y el suavizante no pueden llegar a cada doblez y rincón. Además, si continuamente se sobrecarga la máquina, no le llevará mucho tiempo dejar de funcionar.

Es oportuno recordar aquí el importante rol del ama de casa en la lucha contra el hábito de comer en exceso, el cual deviene, en parte, de la costumbre de llenar el plato con comida casi por completo. Es verdad que la intención de la esposa o la madre es buena, y que a veces incluso siente que es su responsabilidad hacerlo. Pero si ella es consciente de que comer en exceso es perjudicial y no beneficioso, aprenderá a servir las cantidades adecuadas para que los alimentos que son beneficiosos no se vuelvan perjudiciales.

La creencia de que cuanto más los niños coman, más sanos y fuertes serán, es incorrecta. Es necesario darles de comer con moderación y no introducirles a la fuerza la comida en la boca.

El calor corporal, partícipe en la digestión

Para el proceso de la digestión también se necesita calor. Si la cantidad de alimentos es pequeña, entonces alcanza el calor natural de los vasos sanguíneos que se encuentran en las paredes del estómago. Pero cuando el estómago está lleno o cuando los alimentos llegan poco masticados, los requerimientos de calor del estómago son mayores. Esta demanda de calor se satisface mediante una mayor cantidad de sangre enviada a los vasos sanguíneos de las paredes gástricas, a costa de la sangre que debería haber sido enviada al cerebro, a los riñones y a los demás órganos del cuerpo.

Este también es el motivo por el cual después de una "comida pesada" recae sobre la persona una soñolencia; pues la sangre desciende de la cabeza a las paredes del estómago para ayudar a digerir los alimentos. Este fenómeno ocurre, por ejemplo, en la comida del día de Shabat, después de comer el *jamín, cholent* o *adafina* (la famosa comida caliente, cocinada sin interrupción desde antes de Shabat).

Si prestas atención, notarás que dos horas después de la comida desaparece esa soñolencia, dado que culmina la primera etapa de la digestión y el estómago ya no necesita el refuerzo de sangre enviado desde los demás órganos.

Entonces, la persona siente que puede volver a su actividad normal.

Por consiguiente, cuando alguien se recuesta a descansar después de comer, fácilmente puede comprobar que al hacerlo dos horas después de la comida le alcanza con bastante menos tiempo de descanso que si lo hace cuando la digestión todavía está en su fase más intensa.

El agua fría que se bebe en medio de la comida o después de ella, enfría el sistema digestivo y perjudica la digestión. ¿Por qué? Tomemos como ejemplo un plato de sopa caliente que se guarda en el refrigerador (heladera). Después de un rato la capa superior de grasa se cuaja. Lo mismo ocurre en el estómago: el agua fría provoca que la grasa que hay en el estómago se espese, dificultando su digestión. Esto también provoca que se cree una capa de grasa sobre las paredes del intestino, lo cual impide la buena absorción de los alimentos.

De modo que, además de los motivos expuestos anteriormente, tenemos aquí otra razón para abstenernos de beber en medio de la comida.

La sensación de hambre

Volvamos ahora al *Rambam*. Así escribe Maimónides en *Hiljot Deot* capítulo 4, *halajá* 2: "La persona no debe comer hasta llenar su estómago [por completo], sino un 25% menos" (y véase las palabras del *Kitzur Shulján Aruj* citadas previamente en el capítulo 2, inciso 3).

Es fácil decir esto, pero seguramente un poco más arduo es cumplirlo.

Para quien está acostumbrado a llenarse el estómago totalmente durante la comida es muy difícil abandonar ese hábito. Quizás, si comprendemos correctamente los factores que estimulan a comer en exceso, nos será más fácil sobreponernos a ellos.

¿De dónde proviene el deseo de llenarse el estómago?

Existen varios factores: la seducción de los ojos, por el buen aspecto de la comida; la seducción del olfato, por su aroma; la seducción de las papilas gustativas, por el sabor de los alimentos; y por supuesto, la sensación de hambre.

Me gustaría explicar a continuación el último factor: la sensación de hambre.

Todo lo que queda: ¡28 gramos!

Las personas creen que gran parte de lo que consumen queda en el cuerpo y que el desecho es mínimo. Sin embargo, la realidad es que de todos los alimentos que consumimos solamente una pequeña cantidad se absorbe en el cuerpo y todo el resto es expulsado. Después de la boca, todo el aparato digestivo es un "sistema completamente cerrado", desde la garganta hasta los órganos de eliminación de los desechos del cuerpo.

Los alimentos son absorbidos y nutren al cuerpo por medio de los vasos sanguíneos ubicados en las paredes del intestino delgado. Estos vasos sanguíneos son capaces de absorber solamente líquidos muy diluidos, entonces, ¿cómo logran captar los nutrientes?

La comida que ingerimos por la boca y pasa al estómago, se mezcla con sesenta y cuatro enzimas de la saliva, con los jugos gástricos y con las secreciones del páncreas y de la vesícula. La parte más acuosa resultante de toda esa combinación se mezcla con una gran cantidad de líquidos, y sólo a estos las paredes del intestino delgado son capaces de absorber, haciendo que los nutrientes que alimentan al cuerpo pasen a los vasos sanguíneos. Todo el resto es eliminado en forma de desecho.

Para tener una idea más concreta, hablemos de cantidades. De todo lo que ingerimos durante un día entero, los vasos sanguíneos absorben un poco más de 28 gramos de los nutrientes básicos: minerales, proteínas, grasas y vitaminas, los cuales se disuelven y se diluyen hasta poder ser absorbidos por los filamentos de las paredes del intestino delgado. ¡Sólo eso es lo que queda en nuestro cuerpo de todo lo que consumimos durante 24 horas!

La sensación que tenemos de haber introducido grandes cantidades y de haber eliminado una pequeña cantidad, simplemente es un error. Y éste se debe a que ingerimos alimentos y líquidos de gran volumen y los eliminamos bien triturados y transformados en una masa espesa. Eso se asemeja a un ama de casa que introduce en la procesadora de alimentos una fuente llena de verduras y se asombra de obtener como resultado solamente una pequeña porción... Si comprendimos el procedimiento descrito anteriormente, con más facilidad podremos abstenernos de llenarnos el estómago.

Un párrafo del testamento que escribió el Rambam para su hijo

"Detesten los alimentos perjudiciales así como un hombre se distancia de otro si éste lo odia y busca matarlo [...] Coman para vivir, y el resto descártenlo. No crean que el buen comer y beber fortalece al cuerpo y beneficia al cerebro al igual que un saco, que siempre se llena de su contenido. ¡Al contrario! Al comer poco el estómago tiene fuerza para recibir y digerir el alimento mediante su calor natural; entonces la persona sí se vigoriza y fortifica. Mas si come en demasía [...] su mente se degrada y su bolsillo se vacía [...] y eso es el causante de la mayoría de las enfermedades..." (Véase, con más detalles, en el capítulo 15.)

La sensación de hambre imaginaria

Seguramente conoces este fenómeno: acabas de terminar de comer una comida "importante" y aún te sientes con hambre. El cerebro rechaza la idea, pero el estómago todavía sigue sintiendo hambre. ¡¿Cómo es posible?!

Resulta que existe una justificación científica a este fenómeno. Cuando comprendamos el proceso, lograremos sobreponernos a él con más facilidad y proponer soluciones. Analicémoslo.

Los investigadores calcularon el tiempo que le toma al cerebro comprender que los alimentos llegaron al estómago. (Quizás la expresión "comprender" sea demasiado sencilla, mas no es este el lugar indicado para extenderse en definiciones científicas. De todos modos, es sabido que el cerebro recibe la información de todo lo que ocurre en los distintos órganos del cuerpo por medio de los nervios, y reacciona enviando "órdenes" como réplica.

Lo mismo ocurre con respecto a la sensación de hambre y saciedad; el cerebro es el comandante que decide cuándo la persona está llena.) Los resultados demostraron que desde que los alimentos llegan al estómago hasta que el cerebro recibe la información y envía la orden de saciedad: "¡Basta de comer!" pasan como veinte minutos.

Es por ello que cuando una persona se sienta a comer, debe tomar en cuenta que todo lo que consume durante los primeros veinte minutos no afecta al cerebro en lo que respecta a la sensación de saciedad.

A raíz de este dato, las personas con una correcta conducta alimenticia alrededor de todo el mundo suelen servir alimentos más livianos al comienzo de la comida, como ensalada de frutas y similares, y sólo después de una pausa de veinte minutos sirven la comida principal. Este también es el orden de la comida según la opinión del *Rambam* y el *Kitzur Shulján Aruj*: consumir primero los alimentos más fáciles de digerir. De este modo, una vez que el cerebro recibe la información del alimento que llegó al estómago se puede continuar la consumición del resto de los alimentos sin un hambre feroz.

Al hacer esto la persona come lo necesario; a diferencia de quien comienza el plato principal con una sensación fuerte de hambre, que seguramente comerá sin medida.

Si aun así tienes hambre al terminar de comer, te recomiendo comer algo que requiere mucha masticación, como una zanahoria cruda, y masticarla muy bien. Así el estómago recibirá la saliva que le falta, y también transcurrirá el tiempo necesario para que la sensación de saciedad llegue al cerebro.

En síntesis

El orden correcto de la comida es consumir primero alimentos livianos, luego esperar un poco, y continuar. De este modo obtenemos varios beneficios: dado que la persona logra controlar su deseo de comer, no se llena el estómago, con lo cual se beneficia el sistema digestivo (pues, como ya explicamos, cuanto menos se llena el estómago más óptima es la digestión).

Muchas personas me dicen: "Durante todo el día logro controlarme, y realmente no como casi nada, pero al llegar a mi casa al final del día no logro dominarme y como excesivamente. ¿Qué puedo hacer?".

El consejo que les di funcionó, y es por eso que me gustaría proponértelo. Este es el consejo:

Toma todo lo que piensas comer y sepáralo en dos. Haz un "trato" con tu apetito y dile: "¡Mira! No te dejaré con las ganas. Te daré todo lo que deseas comer, pero lo dividiré en dos. Ahora comerás una parte y dentro de un rato, la otra". Aparta la segunda parte (por ejemplo, ponla en el refrigerador) y siéntate a comer el primer plato de acuerdo a las pautas (masticando bien, sin hablar ni beber).

Al terminarlo, haz una pausa de una hora, luego de la cual puedes proceder a comer la segunda parte. Te sorprenderás de ver cómo el apetito desapareció y finalmente decidirás dejar la segunda mitad para el día siguiente. A la mañana siguiente, seguramente ni te acercarás al "segundo plato"...

Este consejo simple ha ayudado ya a mucha gente, y espero que siga ayudando a todo aquel que lo necesite.

Palabras de los Sabios al respecto

Dado que éste no es un asunto fácil de superar, considero conveniente "aprovisionarte" con algunas citas de los Sabios postalmúdicos al respecto, además de lo que escribió del *Rambam* en su testamento (citado parcialmente más arriba, en el recuadro, y más extensamente, al comienzo del capítulo 15).

Dice Rabenu Yoná en su comentario sobre *Pirké Avot* (2:12), en referencia a la frase: "Que todos tus actos sean *leshem Shamáim*, en aras del Cielo":

> Comer en demasía puede dañar a la persona, como dijeron los conocedores de la anatomía: "La mayoría de las enfermedades ocurren por el exceso de comida".
>
> Y la obligación de la persona es solamente saciar el hambre, y con esto ya cuida a su cuerpo y lo fortalece; mas no debe comer para deleitar su paladar, el cual siempre desea comer más hasta llenarse el estómago, lo que provoca toda clase de enfermedades y dolores.
>
> Así está escrito en *Mishlé*: "El piadoso come para saciar su alma, mas el estómago de los malvados per-

manece carente" (13:25). Pues el estómago solamente puede triturar las cantidades que logra contener; pero los malvados, que lo llenan por demás y comen por la ambición del paladar hasta hartarse, dejan desprovisto al estómago y lo perjudican. Y esta es la carencia a la cual el versículo se refiere: el daño que se le provocó del estómago. Mas el piadoso que come solamente para saciar su alma y calmar el hambre está conservando su cuerpo, pues anhela obrar de acuerdo a la voluntad Divina.

Encontré también unas palabras muy severas, escritas por Rabí Elazar Azkari *zt"l*, uno de los grandes sabios *kabalistas* de Tzefat de la época de Rabí Yosef Caro y el Arí *z"l*. Así él escribe en el *Séfer Jaredim* (capítulo 66, inciso 94):

> Al comer más de lo necesario pierdes y desperdicias el tiempo de la comida y de la evacuación. Y si se daña el estómago y necesitas ocuparte en remediar su dolor, ya son tres tiempos desperdiciados.

> Y si además te enfermas, como dijo el *Rambam*, violas el precepto de cuidar la salud; y también, ¡Dios nos libre!, podrías llegar a provocarte la muerte. Y esto te será reclamado por el Creador, **dado que ya no podrás cumplir todas las *mitzvot* que estabas destinado a cumplir en el futuro.**

Muy asombrosas son las palabras del *Mesilat Yesharim* en el capítulo 15, donde propone una forma de superar el deseo de comer mediante una correcta reflexión. Así escribe el Ramjal:

> La persona debe enseñarle a su mente a conocer la futilidad de estos placeres y su falsedad, hasta detestarlos y lograr apartarlos con facilidad.

> El placer de los alimentos es el más tangible; ¿acaso existe algo más efímero y pasajero que esto? ¡No

perdura sino el tiempo que permanece en la garganta! Una vez que el alimento desciende de allí a los intestinos, se pierde todo rastro de él, ¡como si jamás hubiera existido! La sensación de saciedad será igual si se come carne muy refinada o pan negro en cantidad suficiente.

Y más aún la persona podrá vencer este instinto al tomar conciencia de las numerosas enfermedades que pueden sobrevenirle por la comida; e incluso sólo al pensar en la pesadez posterior a la comida y los "humos" que aturden el cerebro. Siendo así, seguro que la persona no deseará gozar de este placer que no lo beneficia sino que lo perjudica...

Para aquellos que creen, equivocadamente, que todo lo expuesto no rige en las comidas de Shabat, citaré las palabras del libro *Eliá Rabá* (170:20, mencionadas parcialmente en la *Mishná Berurá* al final de dicho capítulo):

Mira lo que escribió el *Shelá*, quien habló extensamente sobre el cuidado que se debe tener de no comer y beber en exceso.

Allí dice: "Como regla general, la mejor medicina es el cuidado de la salud; lo que implica que el hombre se debe alejar de las comidas y bebidas pesadas, que lo ponen en riesgo de enfermarse, y del exceso de comidas y bebidas aun si fuesen ligeras, pues esto aumenta los gases y provoca enfermedades. Y quien se cuide de todo esto, no necesitará de un médico".

Y he aquí, el *Séfer Hagán* escribió que aun si la persona hace esto para cumplir con una *mitzvá*, como al comer en honor a Shabat o Yom Tov, viola tres preceptos ("*hishamer lejá*", "*pen tishkaj*" y "*bal teshaketzú*", por comer como un animal).

Y al llenarse el estómago en exceso, está prohibido recitar la bendición posterior a la comida); y a esto hace alusión el versículo que dice "el estómago de los malvados permanece carente", quiere decir, de la bendición.

Y allí mismo continúa diciendo el *Shelá*: "Te enseñaré un excelente método de rectificación (*teshubá*) para tu alma, que es muy severo y, a la vez, muy fácil de realizar: al tener delante de ti una comida o bebida muy deliciosa y gustosa, abstente de ella. Esta es una *teshubá* apta para cualquier momento, muy valorada y preciada por Dios".

En el *Sidur Bet Yaacov* (Kisé Shen Gadol, 6:1), Rabí Yaacov Emden *zt"l* se explaya acerca de la conducta adecuada en el momento de la comida. Transcribiré sólo una frase:

Si la persona comiera sólo lo necesario, así como a su animal le sirve únicamente según sus requerimientos, se salvaría de las enfermedades.

El *Ben Yish Jai* escribe (Año II, *parashat Bereshit*, introducción):

...Dijeron nuestros Sabios, de bendita memoria, que el *Kidush* (literalmente, "santificación") de Shabat se debe realizar en el lugar donde tendrá lugar la comida.

Esto es una alusión al hecho de que la persona debe alejarse de un alimento que le trae mucho placer, pues al limitar su consumo, la persona adquiere para su alma una mayor santidad y viene sobre ella la inspiración Divina.

Y es por ello que una persona piadosa y servidora de Dios se reconoce mediante su forma de comer.

*Una anécdota sobre la conducta
de nuestro gran maestro, el Rab Shaj zt"l:*

El control del peso

El Rab Shaj tenía en su casa una balanza en la cual se pesaba semanalmente, a una hora fija, y siempre recordaba su peso. Si ocurría que aumentaba un cuarto o medio kilo, a pesar de que sus comidas no eran para nada abundantes, se cuidaba en toda aquella semana de comer menos de lo que le servían.

"Esta semana subí de peso, no debo comer demasiado", decía.

Y cuando ya era muy mayor, y su estado no le permitía parase sobre una balanza sin sostenerse, comenzó a pesarse en una "silla-balanza".

8. EL APORTE DE LA ACTIVIDAD FÍSICA A LA DIGESTIÓN

El *Rambam* escribe:

> La persona no debe sentarse a comer sin antes haber caminado y calentado su cuerpo, o haber hecho alguna otra tarea que requiera esfuerzo. Como regla general, todas las mañanas se debe hacer tareas fatigosas hasta que el cuerpo comience a calentarse, descansar un poco y luego sentarse a comer (*Hiljot Deot* 4:2).

Así también escribió el *Kitzur Shulján Aruj* (citado previamente en el capítulo 2, inciso 6).

Al parecer, el motivo por el cual el *Rambam* menciona el

calentamiento del cuerpo o la "actividad física" antes del desayuno, y no antes de las demás comidas, es porque en su época las personas solían realizar trabajos físicos para ganarse el sustento.

Entonces, al sentarse a comer la cena ya estaban cansadas del trabajo de todo el día y no necesitaban calentar el cuerpo. Pero esto no ocurre con el desayuno, pues la persona se sienta a comer después de dormir una noche entera.

Existen distintas clases de actividad física: por un lado está el entrenamiento que ayuda a mantenerse en forma, y por otro lado, los ejercicios que calientan el cuerpo para ayudar a la digestión.

El cuerpo humano posee ocho depósitos de grasas. Para poder "quemar" esas grasas mediante la actividad física, se necesitan ocho clases distintas de actividad; cada depósito, con el ejercicio adecuado para él. La caminata, por ejemplo, es una clase de actividad física.

Por supuesto, no todos conocen y pueden realizar todas las actividades físicas necesarias. Sin embargo, las palabras del *Rambam* nos han enseñado ahora un dato importante: se debe hacer alguna actividad física antes de la comida.

La digestión de alguien que calienta su cuerpo antes de la comida se asemeja a la cocción en un fuego fuerte; esto, obviamente trae mejores resultados que la cocción a fuego lento, que equivale a la digestión de quien no calienta su cuerpo antes de la comida.

Cuando los alimentos son bien digeridos, el cuerpo los utiliza como energía y no los envía a los depósitos de reserva de grasas. De este modo, como hay intercambio de materia en el cuerpo, se impide la nueva acumulación de grasa, y los depósitos lentamente se van vaciando constantemente.

Así es que quien ejercita antes de la comida, aun sin hacer "ocho clases de ejercicio físico", paulatinamente vacía los depósitos de grasa de su cuerpo y se desprende del exceso de peso.

El ejercicio físico es una ciencia por sí misma y es imposible explicar aquí todos sus detalles. Para ello es necesario consultar a un experto en la materia; especialmente, debido a que las indicaciones pueden variar de una persona a otra de acuerdo a la edad, el estado de salud, etc.

De todos modos, debes saber que cualquier clase de ejercicio que hagas antes de la comida, por ejemplo, una caminata ligera (que es la preferible, véase más adelante en "Reglas para una caminata correcta") o cualquier otro calentamiento del cuerpo, es muy importante para la digestión de los alimentos.

A continuación, expongo algunos ejercicios simples que puedes hacer en tu casa varias veces sin adiestramiento previo. Por supuesto, éstos se deben realizar con el estómago vacío, o dos horas después de la comida.

- Ponte de pie, erguido, con la espalda contra una pared o un armario (guardarropas) y la cabeza derecha. Comienza a inhalar; lentamente levanta los brazos, extendidos hacia delante y continuando hacia arriba, hasta tocar la pared detrás de ti. Espera dos segundos y comienza a bajar lentamente los brazos, a la vez que exhalas.

  Repite el ejercicio luego de cinco segundos de pausa. Extiende los brazos hacia los costados mientras inhalas y júntalos nuevamente mientras exhalas. (Al extender los brazos hacia los costados, no se debe abrirlos hasta llegar a formar con ellos un ángulo de 180 grados, sino un poco menos, más hacia dentro, en una apertura de 140 grados.)

- Practica pararte y sentarte lentamente sin sostenerte con los brazos; hazlo cuidando de no alejar demasiado las rodillas del cuerpo.

- Ponte de pie lentamente, en puntas de pie, y permanece así cuanto puedas, luego retorna lentamente a tu posición inicial. Haz lo mismo pero al revés, parándote sobre los talones, y retorna lentamente.

Cada uno debe prestar atención a su cuerpo y escoger los ejercicios convenientes para sí.

 ¡Importante! No se debe hacer ejercicio después de la comida, ya que eso no beneficia sino que perjudica. Si no te resulta cómodo, espera a que transcurran por lo menos dos horas después de la comida antes de hacer ejercicio.

Una parte inseparable del proceso de una correcta digestión es la excreción del desecho del organismo. Sin embargo, debido a la importancia del tema, le hemos destinado el capítulo siguiente en particular.

El "Síndrome del Intestino Irritable"

Para todos aquellos que sufren de esto, me es grato informarles que no existe un "Síndrome del Intestino Irritable" (SII, o según sus siglas en inglés, IBS). En cambio, lo que sí existe es un intestino al cual lo irritan… y se irrita.

Al comer incorrectamente, el sistema digestivo se irrita. La curación: ¡comer correctamente! Entonces no habrá irritación. Si vienes irritando a tu estómago durante ya un largo tiempo, tienes que comenzar a prestar más atención a tu forma de comer para lograr calmarlo de todo lo que lo has irritado en el pasado...

9. Un Resumen de Sabias Indicaciones Para el Buen Comer

1. Si tienes prisa, mejor no comas. Come solamente de un plato, sentado a la mesa.

2. El tamaño del plato tiene gran importancia, por eso es recomendable utilizar platos chicos.

3. Prepara de antemano en el plato todo lo que piensas comer, incluyendo el pan, y trata de no agregar nada después.

4. Por otro lado, no es obligatorio terminar todo lo que hay en el plato... Al comer, concéntrate sólo en la masticación y la deglución.

5. No leas el diario o un libro durante la comida; tampoco converses, y en particular, por teléfono.

6. Mientras masticas la comida que tienes en la boca, apoya los cubiertos sobre el plato.

7. No llenes la cuchara hasta el final dado que la cavidad bucal no es tan grande y el exceso de comida será tragado a pesar de no estar completamente masticado.

8. Consume alimentos de gran tamaño y no pequeños, como las semillas (pepas). Los alimentos pequeños son difíciles de masticar correctamente, y pueden causar hemorroides. El provecho más óptimo de las almendras y las nueces se puede obtener en forma de manteca para untar, como la manteca de almendras prensada en frío; también se puede consumir almendras molidas.

   Si se desea consumirlas en su estado natural, conviene remojarlas en agua para ablandarlas y quitarles además la cascarilla marrón, que es preferible no consumir. Una vez peladas, es recomendable comerlas con una cuchara, masticándolas muy bien, y no una a una.

9. Si sigues con hambre después de haber comido, aguarda veinte minutos y solamente entonces considera si realmente necesitas comer más. Muchas veces podrás reconocer que no era justamente hambre lo que te impulsaba a seguir comiendo.

El cuidado de la salud: una segulá para el sustento

En la época del *Talmud*, la extracción de sangre era una costumbre considerada muy importante y saludable, luego de lo cual era necesario hacer una buena comida para que el cuerpo no se resintiera. La *Guemará* (Tratado de Shabat 129a) recalca la importancia de esta comida, detallando minuciosamente cada uno de sus pasos, y a continuación cita las palabras de los sabios Rab y Shemuel: "Quien toma con ligereza la comida posterior a la extracción de sangre, causa que en el Cielo tomen con ligereza el tema de su sustento y digan: 'Él no se apiada de su propia vida, ¡¿por qué nosotros habremos de apiadarnos de él?!'".

De esto se deduce que quien no cuida su salud demuestra que no le importa su propia vida y es como si decretara sobre sí mismo que tampoco en el Cielo se preocupen de él, pues allí se conducen con el hombre del mismo modo que éste se comporta consigo mismo (Tratado de Meguilá 12b).

E igualmente respecto de una conducta positiva: la consideración y escrupulosidad en el cuidado de la salud despiertan un incremento de misericordia y abundancia del Cielo.

LA IMPORTANCIA DE ELIMINAR LOS DESECHOS CORPORALES

Capítulo 8

L a vida humana depende principalmente de los alimentos que la persona consume, de su calidad, de la forma de ingerirlos y de su correcta digestión.

Ya nos explayamos bastante acerca de lo que entra al cuerpo; ahora me gustaría hablar acerca de lo que sale de éste.

Pido disculpas a los distinguidos lectores por tener que tratar este asunto, mas es necesario hacerlo, e incluso puede considerarse como parte de la Torá que estamos obligados a estudiar (véase al comienzo del capítulo 1 la cita del Tratado de *Shabat* 82a).

Nuestros Sabios, de bendita memoria, nos enseñaron que cuando el pueblo de Israel comió el maná, llamado "pan celestial", no salió desecho de sus cuerpos. El *Jafetz Jaím* explica (*Shemirat Halashón,* parte II, cap. 21) que ellos no pudieron creer que existiera una situación como esa –que la persona viva sin eliminar desechos–, y eso fue lo que provocó que llegaran a blasfemar al Creador, como dice el versículo: "Y el pueblo habló contra Dios" (*Bamidbar* 21:5).

También debemos prestar atención a la bendición de *Asher Yatzar*, que recitamos luego de salir del toilet, en la cual nos referimos a los orificios del cuerpo y decimos: "Si se obstruyera uno de ellos... sería imposible permanecer con vida".

Y, por último, es conocida también la prohibición de *"bal teshaketzú"*, hacerse abominable, que nos enseña que está prohibido aguantarse cuando se necesita ir al baño.

> "Se debe recitar la bendición de *Asher Yatzar* con concentración, pronunciando palabra por palabra y pensando en la gran bondad que obra el Creador con el ser humano cada vez que éste puede vaciar su cuerpo [...] pues de lo contrario no le alcanzaría todo el dinero del mundo para extraer terapéuticamente todo lo que comió, y acabaría muriendo. Y, con Su gran piedad, el Creador creó el cuerpo humano con orificios y sistemas para ingresar lo que es apto de ingresar y expulsar lo que es necesario expulsar, para absorber lo provechoso y descartar el desecho, y que así el cuerpo esté saludable para servirlo todos los días. Y si la persona se comporta con rectitud, nunca se enfermará ni necesitará de los médicos para curarse" (*Séder Hayom*).

El *Rambam* consideró necesario repetir seis veces (en el capítulo 4 de *Hiljot Deot*) que es una conducta saludable no retener las necesidades, conservar una actividad intestinal ligera y verificar si no se necesita evacuar; incluso enumera diez casos en los que la persona debe verificar si necesita evacuar. Y al final de las leyes de *cashrut* (capítulo 17, *halajá* 31) agrega que está "prohibido" contenerse de evacuar las necesidades: "Asimismo, está prohibido contenerse de evacuar cualquiera de las necesidades; y quien lo hace, transgrede la prohibición de hacerse abominable, además de las enfermedades que se provoca, lo cual le costará la vida". ¡Vemos cuán severa es esta prohibición!

(Véase además lo que escribió el *Kitzur Shulján Aruj* citado más arriba, en el capítulo 2, incisos 13-14.)

LA CONSTIPACIÓN DE VIENTRE: ¡EL ENEMIGO DE LA HUMANIDAD!

Una gran parte de los casos de cáncer, Dios nos libre, ocurren en el intestino grueso; explicaremos por qué.

Desde el momento de la ingestión, el alimento pasa por varias "estaciones" mediante el encogimiento de los músculos anulares que lo trasladan de una estación a otra: de la boca va al estómago a través del esófago; del estómago al duodeno, el comienzo del intestino delgado; de allí al yeyuno e íleon, las otras partes del intestino delgado; luego al intestino grueso; y después de allí es eliminado del cuerpo.

Hasta que llega al intestino grueso, la comida sigue llamándose "alimento", pues nutre al cuerpo, pero una vez que llega allí se convierte en desecho, que aguarda el momento de ser eliminado del cuerpo. Siempre es mejor que haya más actividad intestinal que menos, pues cuanto más tiempo se retiene el desecho en el intestino grueso, más componentes indeseados que deberían ser eliminados éste absorbe hacia el cuerpo.

Éste es el motivo por el cual el cáncer afecta al intestino grueso, o más precisamente, a la curva donde el desecho se estaciona y no avanza: dado que allí se acumula el desecho, y cuanto más tiempo se retenga allí, mayor es el riesgo.

Por eso es tan importante la evacuación del desecho corporal, y también es por esta razón que el *Rambam* advierte en reiteradas oportunidades que la persona no debe contener sus necesidades –lo cual provoca constipación de vientre–, sino cuidar que su evacuación sea floja, lo cual es un indicio de buena salud.

Para quienes sufren de constipación y hemorroides, y para quienes no desean padecer de estas afecciones en el futuro, sintetizaré a continuación algunas indicaciones.

En primer lugar mencionaremos los causantes más comunes del estreñimiento:

* La falta de líquidos,

* La pobre ingestión de frutas y verduras,

* La masticación insuficiente y sin seguir las reglas expuestas en el capítulo anterior (especialmente la de no hablar mientras se come).

Además, también pueden provocar constipación: todos los productos horneados con harina blanca; el chocolate; las golosinas; las almendras; las semillas de sandía (patilla, aguamelón), girasol (maíz de teja) y zapallo (calabaza); la *tejina* (manteca de sésamo, sin elaborar o elaborada); la banana; el yogurt (a ciertas personas); la berenjena; todas las clases de morrón (pimiento); los condimentos fuertes; el choclo (maíz); la zanahoria que no es bien masticada; el exceso de algarrobas y castañas; y los jugos de granadas y de arándanos (favorables para la prevención de infecciones urinarias).

Aun al consumir semillas o frutos secos molidos, no se deben comer separadamente, sino esparcirlos y mezclarlos bien con la comida, pues pueden causar constipación; de cualquier modo, el cuerpo no necesita grandes cantidades de estos alimentos. Se puede utilizar pasta o manteca de semillas (sin agregados) y untarla un poco sobre una rebanada de pan seco o una galleta.

El pan y demás productos panificados, incluso los de harina integral, es bueno que sean secados previamente en el horno, en un tostador o dejándolos al aire libre.

Los dátiles también pueden causar constipación si no son bien masticados.

El tomate es una verdura saludable pero es conveniente abstenerse de consumir sus semillas pues provocan constipación y, en ciertas personas, también pueden ocasionar cálculos en los riñones. También es aconsejable abstenerse de consumir la cáscara del tomate.

Si bien lo normal es pensar que la cáscara de las frutas y las verduras contiene muchas vitaminas, puesto que hoy en día se usan toda clase de insecticidas y antibióticos, y no hay una inspección adecuada, es preferible pelarlas.

Quienes añaden fibras a la comida para mejorar la actividad intestinal, deben saber que si no incrementan simultáneamente el consumo de agua, en lugar de beneficiarse, las fibras pueden llegar a ocasionarles constipación, ya que poseen la cualidad de absorber gran cantidad de agua.

Asimismo, hay quienes prefieren el pan elaborado sin levadura; no obstante, estas personas deben saber que justamente este tipo de pan puede provocar constipación, por lo cual es preferible el que sí contiene levadura. También el pan de centeno provoca constipación.

Los antibióticos matan las bacterias del cuerpo, tanto las perjudiciales como las beneficiosas que se encuentran en los intestinos. A ciertas personas les provocan constipación y a otras diarrea. En este aspecto, hay que estar atentos; especialmente los ancianos, que muchas veces reciben distintas clases de antibióticos sucesivamente, y pueden llegar a padecer una constipación severa o diarreas y pérdida de líquidos (al punto que quizás sea difícil revertir la situación).

A fin de prevenir estas situaciones, junto con el comienzo del tratamiento antibiótico es conveniente tomar suplementos nutritivos o ingerir yogures que contienen bacterias beneficiosas (probióticos).

La "codeína" es un componente activo que se encuentra en varios medicamentos, especialmente en los que combaten a la tos, y uno de sus principales efectos secundarios es la constipación. Por ello, hay que prestar atención a esto, y en caso de producirse constipación se debe volver a consultar al médico para cambiar el medicamento.

Quienes toman suplementos de hierro o ácido fólico también deben prestar atención si estos les provocan constipación. Aquí es oportuno volver a advertir acerca de la importancia de leer siempre el prospecto adjunto a los medicamentos.

La obesidad y la constipación también pueden ocurrir como consecuencia del funcionamiento deficiente de la glándula tiroides, lo cual se puede verificar mediante un análisis de la hormona T.S.H. en la sangre. El alto nivel de esta hormona indica un funcionamiento deficiente de la tiroides.

Los enfermos de Parkinson tienden a sufrir de constipación. Hay que estar atentos a esto, y de ser necesario, ayudarlos a liberarse de todas las formas posibles.

Los músculos intestinales se debilitan con el avance de la edad, de modo que aun quien no sufre de estreñimiento en la actualidad, podrá padecerlo más adelante.

De todos modos, nuestro mejor consejo, en todos los casos, es: ¡Agua! ¡Agua! ¡Agua!

Beber agua en las cantidades y los momentos adecuados es el mejor modo de ayudar a prevenir la constipación y aliviar a quien ya padece de ella. Y junto con esto: la abundante ingestión de una variedad de alimentos nutritivos –y en especial, frutas y verduras–, la correcta masticación y el cuidado de no hablar durante la comida, las caminatas u otra actividad física (especialmente antes del desayuno), los ejercicios para fortalecer los músculos anulares (el "método de Paula" sobre el cual se hablará más adelante en la sección sobre la próstata) y los abdominales. Todo esto contribuye a la digestión adecuada y, por ende, a una evacuación más floja.

De ser necesario, se puede utilizar jugo de ciruelas diluido en agua, o remolachas hervidas y el agua de su cocción. El magnesio (se encuentra en la palta o aguacate) también alivia la constipación.

Si hiciste todo lo que está en tus manos, mas la constipación persiste, intenta añadir 50 gr. de agua por kilo corporal a tu "ración" de bebida diaria. Por supuesto, de no haber otra alternativa se debe consultar a un médico para ver si no existe un problema de salud y recibir un tratamiento medicinal contra la constipación.

Aun así, éstos proporcionan solamente una solución temporal al problema, por lo cual de todos modos debes esforzarte por conservar una actividad intestinal naturalmente floja.

Una parte importante de la medicina preventiva es prestar atención y hacer un seguimiento de los distintos sistemas del organismo. También al desecho que se evacua del cuerpo hay que prestarle atención: su cantidad y color. Se debe ser consciente de que cualquier cambio requiere de atención, seguimiento y control. La aparición de sangre siempre es una señal de alerta.

Las hemorroides

¡La constipación es la principal causa de las hemorroides! Asimismo, un chorro fuerte de agua para ayudar a la higiene posterior a la evacuación también puede provocar hemorroides. Por eso es conveniente utilizar un rociador manual donde se pueda controlar que el chorro de agua no sea demasiado fuerte.

Otro factor que ayuda a la formación de hemorroides es la posición de sentado por un tiempo prolongado. Es aconsejable ponerse de pie un poco cada hora, y tratar de que el asiento sea acolchado.

La hinchazón (los gases)

Los gases tienen un rol muy importante en el proceso de eliminación del desecho del cuerpo, pero a veces son excesivos y están acompañados de un olor desagradable. Si tu alimentación es adecuada –de acuerdo a las indicaciones de este libro– probablemente no sufras de ellos. Si a pesar de todo, aparecen, intenta verificar qué alimentos los provocan, absteniéndote de consumirlos durante algunos días y comprobando si mejora la situación.

Existen ciertos alimentos que causan el olor desagradable, como los porotos, los garbanzos, el ajo crudo, las naranjas y mandarinas, los dátiles, la leche y demás. Verifica si alguno de ellos es el que te los provoca y, en caso de que así sea, disminuye su consumo y previene situaciones incómodas.

La evacuación de la orina

Ahora trataremos acerca de otra evacuación, más voluntaria que la anterior: la orina.

En el cuerpo hay dos riñones, que son unos filtros compuestos por millones de orificios filtrantes. Estos trabajan sin cesar y su función es filtrar la sangre, descartando el desecho y limpiando al cuerpo de las impurezas mediante la orina. Cuanto más tiempo permanece la orina en el cuerpo, más lo daña e intoxica.

Si los riñones no eliminan orina durante medio día, la persona se encuentra en peligro de muerte.

¿Por qué es importante vaciarse?

Hay quienes creen erróneamente que cuanto más se contiene la persona de ir al baño, más sano y fuerte es el sistema. Este error proviene de la falta de conocimiento del sistema urinario, pues por el contrario, quien desea que su sistema de evacuación esté sano, debe vaciarse cada vez que siente necesidad de hacerlo, y no contenerse. Si transcurrieron dos horas desde la última evacuación, aun si la persona no siente necesidad de vaciarse, es conveniente verificar si quizás necesita hacerlo.

La orina pasa de los riñones a la vejiga, que es un recipiente muscular ubicado debajo del vientre. Con el avance de la edad, la vejiga pierde su elasticidad y se debilita. La retención de la orina también causa su debilitamiento, es decir, que los líquidos que se acumulan en la vejiga y no son eliminados, la debilitan. Cuando los músculos de las paredes de la vejiga se debilitan, no logran vaciarla completamente, quedando restos que pueden causar numerosas infecciones, especialmente en los ancianos.

Por el contrario, vaciar la vejiga regularmente, contribuye al fortalecimiento de los músculos de sus paredes y previene la acumulación de restos. También los ejercicios de contracción de los músculos anulares que serán detallados más adelante pueden ayudar a fortalecer la vejiga.

La falta de líquidos provoca que la orina sea más concentrada (una de las causas del cáncer de vejiga, Dios nos libre). Como consecuencia, los sensores de la vejiga emiten una sensación de necesidad de vaciarse, a pesar de que la cantidad evacuada será mínima, dado que el cuerpo desea deshacerse de aquel desecho concentrado. Generalmente, la solución al problema es beber más hasta obtener una orina de color amarillo claro. Si aparece sangre en la orina se debe consultar inmediatamente a un médico. Una orina de color oscuro, generalmente indica el comienzo de una deshidratación.

Una vez comprendida la imperiosidad de evacuar el desecho del cuerpo, ilustraremos el tema con un ejemplo:

Si uno encuentra una hormiga sobre su escritorio, no se irrita demasiado. Pero si la hormiga se le mete entre la ropa, uno inmediatamente se levanta y se va a un vestidor para deshacerse del extraño indeseado, aun si en ese momento se encuentra en medio de una reunión importante. Del mismo modo la persona se debe comportar cuando siente necesidad de orinar; una vez que recibe la advertencia de su cuerpo, debe deshacerse inmediatamente del ente extraño, a pesar de encontrarse con gente o en cualquier situación en la que es incómodo hacer esto.

Es correcto acostumbrar a los niños desde la infancia a ir al baño antes de salir de la casa y como primer paso al regresar. Esto les evitará mucho sufrimiento en el futuro. (Es interesante señalar que en Irak realmente se educaba a los niños a ir al baño antes de salir de la casa y al regresar.)

 Es bueno tratar de que la ropa de los niños sea fácil de abrir y cerrar, a fin de que no necesiten ayuda cada vez que desean ir al baño. Esto los inducirá a hacerlo sin pensarlo demasiado.

La próstata

Para las personas mayores de cincuenta años, la palabra "próstata" es un concepto conocido, pero no como algo agradable de pensar, pues quien ya sufrió de esto sabe de qué se trata. ¿Qué es la próstata?

La próstata es un órgano glandular, que tiene cierto líquido que entra y sale de él. A cierta edad, esta glándula pierde su elasticidad y se contrae con menos fuerza, provocando que algo de líquido permanezca dentro de ella. Con el tiempo, este líquido se solidifica y causa problemas: la glándula se agranda, el líquido no se vacía, molesta para orinar y durante la noche estimula a despertarse para ir al baño. Para solucionar el problema, en general se requiere de una intervención quirúrgica, aunque el descenso de peso también puede ayudar a aliviar un poco.

Existe un ejercicio simple y muy fácil de realizar, en base al "Método de Paula", que puede ayudar a prevenir el problema si se realiza temprana y frecuentemente. El Método de Paula es un método de ejercitación desarrollado en Israel que enseña a activar los músculos anulares; debe su nombre a la mujer que lo desarrolló.

En el cuerpo poseemos músculos rectos, en los brazos y las piernas, algunos largos y otros cortos. Otra clase de músculos, no rectos, son los músculos anulares. Se trata de músculos redondos con la forma de un 8, un 0, o la letra S. Algunos de estos músculos son externos, como los que rodean los ojos, los de la frente, los labios, las mejillas, o los del ano. Otros se encuentran en el interior del organismo y no están bajo nuestro control; funcionan, al igual que todos los órganos internos, mediante su contracción y relajación. El corazón y los pulmones, así como todo el sistema digestivo –desde el esófago y el estómago, y hasta el extremo del intestino grueso– funcionan en base a las contracciones y dilataciones de sus músculos anulares. Al activar voluntariamente los músculos anulares externos que están bajo nuestro dominio, se activan los músculos internos; aquellos que no podemos dominar.

Por lo tanto, si ejercitamos los músculos anulares que están bajo nuestro control, contrayéndolos y dilatándolos una y otra vez, estimularemos el mejor funcionamiento de todos nuestros sistemas internos; y, consecuentemente, también el músculo de la vejiga. De este modo, también el músculo anular que rodea la glándula próstata se contraerá y dilatará, impidiendo que ésta se agrande, y ayudando a la eliminación del líquido que contiene para que no se acumule dentro de ella. Así, con la ayuda de Dios, reduciremos las probabilidades de necesitar una intervención quirúrgica. Por supuesto, ante cualquier problema es necesario consultar a un médico, pues las recomendaciones aquí expuestas no son sino a modo de prevención.

Querido lector, mientras lees estas líneas, trata de contraer con fuerza el músculo anular de la boca. Contrae y abre la boca, haciendo de cuenta que dices "U" y luego "I", bien articuladamente. Repetir varias veces este movimiento estimulará la contracción de todos los músculos anulares de tu cuerpo; hasta el músculo del ano, que en su segunda mitad rodea la glándula prostática. Cuanto más actives los músculos anulares, más estos se fortalecerán, y junto con ellos, también todos los demás músculos internos se vigorizarán y funcionarán mejor.

Similarmente, en lugar de realizar estos movimientos con la boca, se pueden juntar con fuerza las yemas de los dedos pulgares a las de los índices (en lugar de "U"), y luego las de los pulgares a los meñiques (en lugar de "I"), apretando y soltando varias veces.

Estos ejercicios se basan en el "Método de Paula", que es sumamente recomendable. Quienes viven en Israel pueden recibir una orientación acerca de este método de ejercitación a un precio simbólico en el marco de la medicina complementaria de todos los seguros de salud, y luego llevar a cabo los ejercicios en forma individual.

Luego de ejercitar un poco, la persona logrará contraer los músculos de tu cuerpo sin necesidad de contraer los músculos de la boca.

> "Todo aquel que sólo descansa y no realiza ejercitación, o que contiene sus necesidades o tiene un movimiento intestinal duro, aunque consuma alimentos saludables y siga las recomendaciones médicas, sufrirá toda su vida y estará débil".
>
> *(Rambam, Hiljot Deot, 4:15)*

LOS DAÑOS
DE LA OBESIDAD

—————— *Capítulo 9* ——————

¡EL PROBLEMA DE LA GENERACIÓN!

Como es sabido, el mal característico de nuestra generación es la obesidad. Cada vez hay más niños en todo el mundo que desarrollan sobrepeso. Estos niños crecerán y serán adultos obesos, a quienes les será muy difícil deshacerse del excedente de grasas.

"El problema comenzó hace unos cuarenta años, cuando el pueblo Norteamericano fue llamado a reducir el consumo de grasas, a fin de prevenir las enfermedades cardíacas.

"Pero el lema de la reducción del consumo de grasas llevó precisamente al exceso de consumo de grasas, dado que los especialistas transmitían al público que se debe prestar atención solamente a los valores de 'gramos de grasa' que contenía cada producto. Como consecuencia, aparecieron miles de productos 'de bajo contenido graso' pero con muchos hidratos de carbono, lo cual originó la 'revolución de los bocadillos', dado que los carbohidratos también producen un exceso de grasas.

"Todo campesino sabe que si se encierra a un animal en una jaula y se lo alimenta con granos, terminará cebado. Lo mismo ocurre con las personas. Por lo tanto, no alcanza con cuidarse del "colesterol" y de los "alimentos grasos", sino que también se debe limitar el consumo excesivo de carbohidratos. Y especialmente el de los carbohidratos refinados, como la harina blanca y el azúcar, que dentro del cuerpo se convierten en glucosa. El exceso de glucosa es sumamente negativo dado que obliga al páncreas a fabricar insulina en grandes cantidades y ya es sabido cómo termina eso" (*Bait Neemán*, 1 de Yiar del 5764).

La obesidad es un factor de riesgo para distintas enfermedades, como la muerte por diabetes, enfermedades cardíacas y de los vasos sanguíneos, distintas clases de cáncer, hipertensión arterial, cálculos en la vesícula biliar, problemas en el esqueleto, la postura, etc.

Según la declaración de la Asociación Americana de Cardiología, más del cincuenta por ciento de los casos de hipertensión están directamente relacionados con la obesidad, y la probabilidad de padecer diabetes entre la población obesa o con sobrepeso es dos veces mayor a la de la población con peso normal.

En los países industrializados hay un ascenso en el número de enfermos de cáncer como consecuencia del estilo de vida occidental, lo cual incluye una alimentación rica en azúcares, calorías y grasas, y la falta de actividad física. El sobrepeso excesivo incrementa en un 25% las probabilidades de contraer cáncer del intestino grueso o de los riñones.

Una fórmula "milagrosa" para adelgazar

Constantemente aparecen nuevos y distintos métodos para adelgazar; tanto fórmulas prudentes y estrictas, como diversas clases de "medicamentos milagrosos", algunos de los cuales son más peligrosos que beneficiosos.

En este marco es imposible analizar cada uno de los métodos existentes, pero sí puedo decir que si pones en práctica lo escrito en este libro, que te orienta hacia un estilo de vida correcto y saludable –el cual es posible mantener durante toda la vida–, sin duda te alegrarás de ver que has adelgazado aun sin haber tenido específicamente la intención de hacerlo. (Mira lo que escriben los lectores en las cartas que nos enviaron, al final del libro.)

La necesidad de adelgazar no es simplemente una cuestión de estética; es también un asunto de salud. Con ello se cumplen, a su vez, los preceptos de la Torá: "*Venishmartem meod lenafshotejem* – Cuiden mucho vuestras almas" (*Devarim* 4:15); "*Vehalajtá bidrajav* – Y seguirás los caminos de Dios" (*Debarim* 28:9; y véase *Ibíd.* 8:6, 26:17, 30:16), es decir, intentando imitarlos (como ya fue explicado en el capítulo 1); "*Vajai bahem*– Y vivirá con ellos" (*Vaikrá* 18:5), es decir, con los preceptos de la Torá; y también se cumple la enseñanza del sabio rey Shelomó, que dijo: "Quien cuida su boca y su lengua, cuida su alma de las penurias" (*Mishlé* 21:23).

Recuerda: comenzar a engordar a los cuarenta años no es un "decreto Divino", sino el reflejo de una vida sin premeditación. El cuerpo envejecido ya no tiene fuerzas para digerir una y otra vez, y las consecuencias "resaltan", en doble sentido.

A pesar de todo lo expuesto, el hambre constante y el sobrepeso también pueden aparecer como consecuencia de una anomalía en el funcionamiento de la glándula tiroides. Por lo tanto, si aun después de seguir todas las recomendaciones de este libro todavía sufres de hambre o sobrepeso, solicítale tu médico una derivación para realizarte un análisis de sangre y verificar el funcionamiento de la tiroides.

El Índice de Masa Corporal (I.M.C.)

Hoy en día es común evaluar el estado de sobrepeso de la persona en base a una tabla de relación entre su peso y estatura. Este valor se denomina el "Índice de Masa Corporal".

Siguiendo la tabla que se encuentra al final del libro podrás evaluar tu estado personal y ver si te encuentras dentro de los límites de una persona sana (19-25) o si te has excedido hacia los parámetros negativos. Debes saber que las personas con resultados de I.M.C. entre 26 y 30 sufrieron ataques cardíacos tres años y medio antes que los jóvenes con peso regular, en promedio. Y las personas con un resultado de I.M.C. mayor de 30 son, en promedio, ocho años más jóvenes al sufrir el primer ataque al corazón que las que tienen un peso regular.

El perímetro de cadera

Una moderna investigación realizada en Canadá sobre más de 27.000 participantes de 52 países distintos –de los cuales la mitad ya había sufrido un ataque al corazón–, mostró que el perímetro de cadera es un parámetro más exacto aun que el I.M.C. para definir la relación de riesgo entre la obesidad y los problemas de corazón.

Después de haber descartado otros factores de riesgo, resultó que existe un vínculo directo entre la relación del perímetro de la cadera y los muslos, y las probabilidades de sufrir un ataque de corazón. Cuanto más grande es el perímetro, mayores son las probabilidades.

Asimismo, se demostró que la acumulación de grasa principalmente en la zona del abdomen es peligrosa y puede provocar enfermedades como diabetes, etc.

De acuerdo con la Federación de Salud Cardiaca, el perímetro de cadera ideal es de hasta 102 cm. en los hombres y 88 cm. en las mujeres.

Este dato se obtiene midiendo con una cinta métrica en el espacio por encima de la cintura, debajo de las costillas; exhalando y con la panza floja. Escríbete el resultado para poder compararlo más adelante.

Cuatro clases de barriga

Existen cuatro clases de barriga que se diferencian por su forma y su causante. Dos de ellas dependen de lo que uno come y cómo lo hace, y las otras dos obedecen a la conducta del cuerpo.

La **primera** tiene forma de un globo salvavidas, pues rodea el estómago al igual que cuando una persona se coloca un globo salvavidas. Es una gordura del abdomen que deriva de comer en demasía, y del exceso de alimentos grasos. Lamentablemente, en la actualidad es posible encontrarla en muchos jóvenes, e incluso en niños.

La **segunda** es una barriga con forma de pera. Esta gordura generalmente ocurre por beber agua u otras bebidas durante y cerca de las comidas.

Un comportamiento adecuado en base a las reglas expuestas en este libro, puede evitar estas dos clases de barriga.

La **tercera** clase de barriga es la que sobresale en el lugar donde se ajusta el cinturón. Esta forma deviene generalmente de vestir el cinturón flojo.

¿Por qué? En un cinturón con orificios fijos a distancias exactas, ocurre que si al cerrarse el cinturón en cierto orificio se aprieta demasiado la panza, se pasa al orificio siguiente. El problema consiste en que entonces, el cinturón queda flojo, lo cual da una sensación de que el pantalón está desajustado y eso provoca "estirar" el abdomen para sostenerlo. Así es que en lugar de que el cinturón sostenga al pantalón y el abdomen, el cuerpo se acostumbra a aflojar demasiado los músculos abdominales para sostener el pantalón y el cinturón.

Por el contrario, existen cinturones con dientecillos, que tienen numerosas hendiduras entre las cuales el espacio es pequeño y las opciones de "maniobra" son numerosas. Este cinturón siempre sostiene el pantalón, e incluso le recuerda de vez en cuando al cerebro que debe ordenarles a los músculos abdominales "mantener la panza hacia dentro".

Sin duda, se debe preferir el uso de este cinto. Aun así, para quien utiliza el cinturón clásico con orificios, es recomendable agregar orificios entre los agujeros ya existentes, a fin de acortar el espacio entre ellos.

Acerca de la **cuarta** clase de barriga me explayaré un poco más.

A diferencia de las formas anteriores, esta barriga comienza a crecer a partir de los 40-50 años. A fin de evitar esta barriga "sobresaliente", se debe conocer el motivo de su aparición, y entonces se sabrá cómo prevenirla.

Con el transcurso de los años, los músculos del cuerpo se debilitan, algunos tienden a alargarse y otros a acortarse. Los músculos de la espalda tienden a alargarse, mientras que los del tórax tienden a acortarse. Como consecuencia, a una edad avanzada la persona comienza a encorvarse.

Los músculos abdominales también tienden a alargarse. Es por ello que, a pesar de que la persona no come cantidades exageradas de comida ni alimentos grasos, e incluso tal vez come correctamente y no bebe durante las comidas, de todos modos, como consecuencia del debilitamiento de los músculos abdominales provocado por la edad, la barriga comienza a crecer.

Esta es también la causa de los dolores en la espalda inferior. Para impedir el crecimiento de la barriga y evitar los dolores en la espalda inferior se deben reforzar los músculos de la panza y la espalda.

A continuación te propongo un ejercicio para realizar por

la mañana, con el estómago vacío: coloca las manos sobre el abdomen, y ve metiendo la parte delantera hacia dentro, hasta sentir como si estuvieras adhiriendo el estomago a la espalda.

Este ejercicio se debe realizar sentado, a fin de ejercitar únicamente los músculos abdominales; de realizarlo de pie se utilizarían todos los músculos, incluso los del cuello. Como es sabido, cualquier músculo que se ejercita sin previo calentamiento termina encogiéndose, y como consecuencia, pueden aparecer dolores en el cuello. Además, se debe prestar atención a la respiración, cuidándose de no contenerla durante el ejercicio sino seguir respirando normalmente.

Una vez que este ejercicio de sentado sea habitual, se puede realizarlo también de pie, utilizando únicamente los músculos abdominales, metiéndolos hacia dentro.

La presión interna del estómago

Nuestro cuerpo está compuesto por un gran sistema muscular; algunos músculos son rectos y otros anulares. Los rectos, como los músculos de los brazos, las piernas y la espalda, en su mayoría son manejados voluntariamente. Por el contrario, los músculos anulares generalmente no se encuentran bajo nuestro control; es decir que su contracción o relajación no depende de nosotros. Así, por ejemplo, son los músculos de los órganos internos como los pulmones, el hígado, el corazón, la vesícula biliar, el estómago, el apéndice, el páncreas, el intestino delgado, el intestino grueso, etc. Todos estos órganos están compuestos por músculos anulares involuntarios.

A simple vista, no hay forma de influir sobre estos músculos y fortalecerlos. Mas la realidad no es así. La ejercitación de los músculos anulares voluntarios, como los músculos de la boca, etc., puede influenciar y beneficiar indirectamente también al sistema de músculos anulares involuntarios. (En este concepto se basa el "Método de Paula", sobre el cual ya hablamos en el capítulo anterior al referirnos a la próstata.)

La "presión interna del estómago" es el eje central que mueve todos esos órganos. Cuando la presión se aligera, todo el sistema se debilita. Por ello, es conveniente acostumbrarse a "meter la panza adentro". Esto es sumamente productivo para fortalecer los músculos de los órganos internos del cuerpo.

Querido lector, mientras estás leyendo estas líneas, trata de meter el abdomen hacia dentro; no te molestará en la lectura. En cualquier situación que te encuentres sin realizar alguna actividad específica, por ejemplo, al viajar en el autobús o al esperar tu turno en algún lado, tanto sentado como de pie, introduce la panza hacia dentro. Este movimiento masajea los órganos internos, fortaleciéndolos y optimizando su actividad, y te ayudará a conservar un perímetro ideal de cadera.

Este movimiento y sus resultados son sumamente importantes para cualquier persona, en cualquier situación que se encuentre, y especialmente con el aumento de la edad.

Al hacerlo, no se debe contener la respiración, sino acostumbrarse a continuar respirando normalmente al "meter la panza adentro".

LA DIABETES Y LA HIPERTENSIÓN

Capítulo 10

En este capítulo, preciado lector, deseo proveerte de información sobre dos enfermedades muy comunes en nuestra generación: la diabetes y la hipertensión. Más allá de todo lo escrito hasta ahora en el libro, esta información específica te brindará las herramientas necesarias para saber como prevenir mejor estos males.

1. UNA VIDA SIN DIABETES

La "diabetes" es una enfermedad terrible y mucho más peligrosa de lo que se cree. Afecta a todos los miembros del cuerpo y principalmente a los vasos sanguíneos, desde la cabeza hasta la planta de los pies. Puede lesionar el corazón, los riñones, y causar otros daños graves diversos, por ejemplo, en el sistema nervioso.

Un ejemplo de esto último es que la diabetes puede provocar "parestesia", es decir, una sensación de "hormigueo" y entumecimiento (pérdida de sensibilidad) en las yemas de los dedos y en las plantas de los pies, lo que a veces termina en una gangrena que requiere de la amputación de las extremidades.

La diabetes también puede causar la pérdida de la visión. ¡Dios nos libre!

Si quisiera ejemplificarte qué hace en tu cuerpo un alto nivel de azúcar en la sangre, más específicamente en los vasos sanguíneos, te diría que se asemeja a lo que el óxido hace al corroer y carcomer la parte interna de las tuberías de agua.

En los últimos tiempos ha habido un aumento impresionante en el número de enfermos de diabetes en todo el mundo. La Organización Mundial de la Salud proclamó que la diabetes es "la epidemia del siglo XXI".

El consumo permanente de "comidas rápidas" aumenta las probabilidades de padecer diabetes. De los datos publicados en conmemoración del Día Mundial de la Diabetes se desprende que uno de cada tres niños nacidos en Israel es propenso a desarrollar diabetes en el transcurso de su vida.

A continuación cito las palabras del Dr. Julio Vainshtein, director del Departamento para el Tratamiento de la Diabetes del Centro Médico "Wolfson" y presidente de la Organización Israelí contra la Diabetes:

Dado que la diabetes no es una enfermedad dolorosa, no posee síntomas ni molestias, y no se percibe su presencia en el cuerpo hasta que es detectada. Es necesario presentarle al público los indicios de mayor importancia que pueden indicar diabetes:

1. La diabetes es una enfermedad que depende de la edad; por lo tanto, toda persona sana mayor de 45 años corre el riesgo de padecerla, y debe realizarse análisis de sangre periódicos.

2. El sobrepeso causa diabetes en un 90% de las personas obesas. Un contorno de cadera más grande que 102 cm. en

los hombres, y 88 cm. en las mujeres, es un factor de riesgo para contraer diabetes.

3. Personas que en análisis de sangre en ayunas su nivel de azúcar es superior a 100.

4. Si el nivel de azúcar en la sangre obtenido de una extracción dos horas después de comer es superior a 200, se requiere de un estudio más profundo, a pesar de que en ayunas el nivel de azúcar haya sido normal.

5. Personas con familiares cercanos (padre, madre, hermano, hermana, hijo o hija) que padecen diabetes, deben controlarse a partir de los 25 años.

6. Una mujer que dio a luz un bebé que pesó más de 4 kg.

Los principales causantes de la diabetes

La diabetes puede aparecer por tres causas principalmente:

Factores genéticos, mala alimentación y tensión.

Asimismo, las formas de prevenir la diabetes son tres, paralelamente a estas causas:

Factores genéticos: Toda persona con una historia familiar de diabetes debe ser más precavida que las demás. Debe controlar más a menudo el nivel de azúcar en la sangre y prestar atención a los síntomas prematuros de la diabetes, como un alto nivel de triglicéridos, sed excesiva, orina en cantidad excesiva o descenso de peso repentino.

Mala alimentación: La persona debe seguir las normas alimentarias expuestas en este libro, que cubren la mayoría de los causantes de diabetes provenientes de la alimentación. Se trata de una lucha contra el deseo. Es sumamente importante recordar que si bien es difícil cambiar las costumbres, la dificultad de padecer la diabetes es muchísimo mayor. Es preferible abstenerse por propia voluntad, cuando la elección todavía está en nuestras manos, a estar limitados obligatoriamente. ¡Es incomparable la dificultad que atraviesa una persona obligada a limitarse, frente a la de quien voluntariamente elige controlarse!

Tensión: ¿Cómo la tensión excesiva puede llegar a desarrollar una diabetes?

El Profesor Rubén Tzimlijman, director del Departamento de Medicina Interna del Hospital "Wolfson" y director de la Unidad de Investigaciones sobre la Hipertensión, explica:

> Tomemos como ejemplo a una persona que se encuentra ante una situación peligrosa, como estar frente a un león. ¿Qué ocurre en ese momento dentro de su cuerpo? En primer lugar, la segregación de "adrenalina".

> La adrenalina es la "gasolina" del cuerpo. En la actualidad, el problema de la mayoría de la población es el exceso de adrenalina y la escasez de actividad física. La unión de estos dos factores es una fórmula segura para enfermarse. La adrenalina eleva el nivel del azúcar en la sangre, a fin de que el cuerpo y los músculos tengan más posibilidades de utilizar el azúcar y recibir más "gasolina", es decir, que tengan más fuerza para actuar y defenderse mejor.

> Al apresurarnos a cierto lugar o sentarnos en el auto estancados en un gran embotellamiento, observando el reloj inquietos porque nos están esperando y viendo cómo pasa el tiempo, nos ponemos en una situación de tensión anímica que libera enormes cantidades de adrenalina a la sangre. Como consecuencia, los vasos sanguíneos se contraen y sube la presión arterial, provocando con el tiempo modificaciones en las paredes de los vasos sanguíneos. Además, sube el nivel de azúcar. Cuando el nivel del azúcar en la sangre asciende por períodos prolongados, con el tiempo, entre otras cosas, puede desarrollarse una diabetes crónica. Así es que el estilo de vida moderno es una

fórmula bastante segura para provocarse daños, si uno no toma las medidas necesarias para prevenirlos, y se acostumbra a no tomarse todo a pecho.

Sobre estas palabras del Profesor Tzimlijman me permito agregar:

Nuestro cuerpo no discierne entre el peligro de pararse frente a un león y las demás clases de tensión, como al apresurarse a una reunión importante, correr hacia el autobús, o –sin comparar con lo anterior– tratar de llegar a tiempo a la sinagoga para el rezo de *minjá*. En cualquiera de estos casos, la "orden" es emitida, y el cuerpo libera a la sangre las hormonas pertinentes, principalmente la adrenalina. Y cuando éstas son liberadas a la sangre en grandes cantidades, se debilita el sistema inmunológico.

Podemos preguntarnos: si nuestro cuerpo fue creado con una Sabiduría Suprema, así como bendecimos: "Quien creó a la persona con sabiduría", ¿por qué no es capaz de diferenciar entre un peligro grande, pequeño y mediano? ¿Para qué necesita liberar ante cualquier situación de riesgo una cantidad de adrenalina tan grande como si estuviera frente a un enorme peligro?

La respuesta es que justamente en esto se esconde la maravillosa sabiduría del Creador. La segregación de adrenalina tiene por objetivo ayudar a la persona a protegerse ante una situación de peligro. En el momento de peligro, cada segundo es importantísimo; si el cuerpo necesitara calcular la dimensión del peligro frente al cual se encuentra, entonces, hasta tomar la decisión y emitir la orden de liberar adrenalina transcurriría un lapso de tiempo muy preciado, y tal vez se perdería la posibilidad de salvarse. Es por ello que el Creador creó al organismo de forma tal que, frente a una situación difícil, el cerebro no deba tomar una decisión, sino que inmediatamente se libere adrenalina.

Sin duda, la forma de vida cambió en los últimos tiempos.

Antiguamente, la gente sabía solamente lo que ocurría a su alrededor; no existía el teléfono, y si había noticias, llegaban con varias semanas de retraso.

Hoy en día estamos rodeados de los medios de comunicación: el teléfono, los celulares, la prensa –¡en grandes dimensiones!– y demás. Ni bien sucede algo en el otro extremo del mundo, la noticia ya se transmite por los noticieros. En nuestra época la vida es intranquila; no faltan ejemplos de clases de vida bajo tensión. Y por el contrario, es difícil encontrar ejemplos de vida tranquila. Por supuesto, exceptuando el día de Shabat, sobre el cual fue dicho: "Considera como si todos tus deberes ya fueron realizados".

Cómo mantenerse en calma

Ahora sí, algunos consejos para mantener la calma, a pesar de todo:

En primer lugar, cuanto más crea la persona en la Providencia Divina sobre todo lo que le ocurre a ella en particular, y a todo el mundo, en general, menos se preocupará y temerá por cada cosa que le sucede.

Sobre esto, citaré las famosas palabras de Rabí Jaím de Volozhin en su libro *Néfesh HaJaím* (shaar 3, capítulo 12):

> Para salvarse de toda clase de angustias y tormentos provenientes de otros, y a fin de que no sea dominado por ellos, es importante que el hombre se diga a sí mismo, decididamente, que **Hashem es el Dios verdadero, y que fuera de Él no hay otra fuerza en el mundo, y que Su unicidad colma todo el universo. De este modo desconsiderará y anulará en su corazón cualquier otra fuerza o voluntad en la cual pudiera pensar, subyugando y fijando todo su pensamiento exclusivamente en el Único Creador. Y entonces Dios lo ayudará para que realmente no**

pueda actuar sobre él ninguna fuerza o poder del mundo, ni siquiera en forma mínima.

Con esta importante enseñanza en mente, también estamos obligados a hacer lo que esté en nuestras manos para cuidar la salud. Y a eso vienen las siguientes enseñanzas:

Dijo el rey Shelomó: *"Deagá belev ish yashjena* – Si hay preocupación en el corazón del hombre, la debe aplacar" (Mishlé 12:25). Rashí explica que la forma de hacer esto es tratar de distraer la atención de las preocupaciones que la persona guarda en su corazón, y el *Bet Haleví* escribió que a través de la conversación con otros desaparece el pesar. Por ello, un buen consejo es compartir la preocupación con alguna persona allegada.

Otro camino es reflexionar lógicamente hasta entender que la situación no es tan terrible. Es decir, sin que cambie la realidad, observarla desde otro punto de vista; como el "medio vaso" que puede estar vacío, o lleno.

Sobre esto podemos agregar las palabras de Rabí Yaacov Israel Kanievsky, el *Staipeler zt"l* (Karianá Deigretá, tomo I, 53):

> Este mundo es un mundo lleno de cambios, y lo que la persona cree que puede llegar a ser trágico, finalmente se soluciona de la mejor manera posible sin que uno siquiera se hubiera imaginado aquella posibilidad. Y yo mismo he visto esto varias veces...

A quien aún no le alcanza con todo lo anterior, puede utilizar calmantes naturales para no perjudicarse con las tensiones de la vida. Por ejemplo, puede beber té de pasionario[25] antes de exponerse a una situación que sabe que es de tensión. (Pero se debe prestar atención a que el producto no tenga aditivos que crean vicio.) Por supuesto, esto no es una indicación genérica y aplicable para todos, sino para aquellos que se conocen a sí mismos y a sus cualidades personales, y saben que la tensión realmente les afecta.

---

25. También llamado: pasiflora, granadilla, maracuyá o "fruta de la pasión".

De paso, aprovecho para ofrecer una explicación sobre la diferencia entre una costumbre y un vicio, así como la escuché una vez del Profesor Rafael Karaso:

> Una costumbre es algo que yo puedo elegir hacer o no hacer, mientras que un vicio es algo que está casi fuera de mi control. Además, en los "vicios", la dependencia origina un incremento de la dosis, mientras que en las "costumbres" no es así.

Por lo tanto, si sabremos escoger el calmante natural indicado para nuestro cuerpo, y lo utilizaremos sólo antes de situaciones que pueden llegar a provocarnos tensión, podremos prevenir grandes perjuicios originados como consecuencia de la segregación innecesaria de adrenalina. ¡Es preferible vivir cincuenta años tomando calmantes naturales, a estar veinte años con insulina!

La actividad física también ayuda a mitigar la tensión y prevenir el desarrollo de la diabetes.

Algunos conceptos importantes

A continuación, algunos conceptos importantes para quienes sufren de diabetes.

Existen dos clases de diabetes: Una es la diabetes juvenil, denominada diabetes de tipo 1, que es una carencia absoluta de insulina.

La segunda clase es la diabetes del adulto, llamada de tipo 2, que se desarrolla cuando el sistema de segregación de insulina y el equilibrio del nivel de azúcar en la sangre se deterioran. En la actualidad, se sabe que también jóvenes con sobrepeso tienden a padecer de diabetes del adulto.

Los enfermos de diabetes deben controlarse regularmente con un oftalmólogo a pesar de no sentir ninguna molestia. Desde el inicio de la enfermedad hasta su detección puede transcurrir un lapso de cinco años, y cuanto antes se detecte un problema en los ojos, mejor se podrá tratar. Un nivel de azúcar superior a 150 puede ser perjudicial para la vista.

Otro de los órganos más vulnerables en los enfermos de diabetes son los riñones. Los riñones están compuestos de aproximadamente dos millones de pequeñísimos filtros. El primer indicio de decadencia en el funcionamiento de los riñones es el ascenso del nivel de creatinina en la sangre. Sin embargo, un análisis de microalbuminuria puede ayudar a una detección más temprana aun.

Este análisis se lleva a cabo mediante la recolección de orina durante un día entero, o a través de un análisis de orina normal verificando la relación de albúmina y creatinina. Es conveniente cesar toda actividad física enérgica 24 horas antes de comenzar la recolección. La detección de proteínas en este análisis es señal del desarrollo de algún daño, con lo cual es necesario consultar a un médico.

Se trata de un fenómeno que se puede tratar con medicinas y es menester hacerlo. A pesar de que los valores de creatinina todavía estén dentro de lo normal es recomendable llevar a cabo este análisis una vez por año.

En los enfermos de diabetes, la planta del pie es una zona peligrosa, a partir de la cual pueden comenzar problemas. Por ello es necesario cuidarla mucho. Dado que esta enfermedad daña los nervios que trasladan las sensaciones al cerebro, cualquier dolor o golpe no se percibe igual que en cualquier otra persona sana.

Como consecuencia, puede suceder que hasta que un enfermo de diabetes sienta una lastimadura o un corte en el pie, transcurra tanto tiempo que esta ya se convierta en una herida grande y de difícil curación para un paciente de este tipo.

Por lo tanto, es importante revisarse diariamente la planta de los pies, prestando atención a cualquier raspadura, erupción o lastimadura. No se debe andar descalzo y se debe cuidar la higiene de las plantas de los pies, secándolas bien después de bañarse. Es conveniente usar medias de algodón sin costuras superiores ni elásticos que ejerzan presión sobre el pie, y zapatos que no causen raspones o presión.

Es importante cortarse las uñas de los pies cuidadosamente o ayudarse de otra persona para hacerlo. A veces, el descuido puede marcar la diferencia entre la cura y una amputación, Dios nos libre. Sin duda, también es obligatorio cumplir las reglas mencionadas más adelante en el capítulo 12, en la sección que trata sobre las piernas.

Los enfermos de diabetes deben cuidar meticulosamente su salud dental, dado que el descuido y la falta de tratamiento de la osteomalacia dental[26] pueden desarrollar enfermedades cardíacas y renales. Esto se debe a que las encías contienen abundantes vasos sanguíneos y, de haber una infección, esta rápidamente pasaría a la sangre.

Una vez al año es necesario visitar al odontólogo y hacerse una revisión bucal, a fin de detectar cualquier inicio de infección en las encías, provocada principalmente por una diabetes desequilibrada. En caso de haber una infección, debe ser tratada sin demora, pues cualquier infección eleva el nivel de azúcar en el cuerpo.

El equilibrio del azúcar

El equilibrio de la diabetes es un punto muy importante para quienes padecen esta enfermedad.

Los enfermos de diabetes deben saber que un tratamiento constante y correcto reduce generalmente las complicaciones de la enfermedad, y por ello necesitan mantener firmemente un nivel de azúcar equilibrado en la sangre. Para ello, muchas veces se requiere chequear todas las mañanas el

---

26. Llamada comúnmente: piedra o sarro dental. Es la acumulación de sales sobre la superficie dental a causa de la mineralización de la placa bacteriana.

nivel de azúcar y anotar los valores en forma constante para luego mostrárselos al médico. Nunca deben pensar que "no es terrible", y que si hoy el nivel de azúcar está alto, probablemente mañana bajará, o en los próximos días. La realidad no es así. Siempre que el nivel de azúcar esté alto, el cuerpo se perjudicará a causa de ello. Se trata de un daño acumulativo y prácticamente irreversible. El cuerpo "graba" los valores altos que sufrió, y cada ascenso deja su secuela, independientemente de si luego la situación se equilibró.

El nivel de azúcar se puede equilibrar mediante una buena dieta. Es necesario consultar a un nutricionista a fin de saber en qué medida cada alimento aumenta el nivel de azúcar. Asimismo, es importante dividir las comidas, es decir, comer más veces y menos cantidad; por ejemplo, tres comidas pequeñas en lugar de una o dos muy grandes. (A propósito, para cualquier persona es mejor consumir pequeñas cantidades varias veces que pocas comidas muy cargadas).

Un ayuno prolongado, seguido de una comida abundante, es perjudicial y no saludable; aquí también, es conveniente primero cortar el ayuno con una pequeña colación, y luego de un lapso hacer una comida más abundante (según las reglas expuestas en el capítulo 14: "La conducta adecuada antes y después de Yom Kipur [y los demás ayunos]").

Si la dieta sola no alcanza, se debe combinar con medicamentos, con tal de no perder el equilibrio siquiera por un tiempo corto.

Uno de los estados más peligrosos para los enfermos de diabetes es la disminución del azúcar (hipoglucemia), causada generalmente por el exceso de medicamentos para la reducción del nivel de azúcar o por la omisión de comidas. A fin de prevenirla, se debe llevar un seguimiento más constante del nivel de azúcar en la sangre, y ocuparse de que las comidas estén bien planificadas y al alcance de la mano.

Según la Organización Americana de Enfermedades Cardíacas, existen otros factores que pueden causar la diabetes: "Los riesgos de contraer diabetes entre la población que tiene sobrepeso son doblemente mayores en comparación a la población de peso regular".

Fumar también es un factor que duplica los riesgos entre los enfermos de diabetes. Los medicamentos también pueden causar un ascenso en el nivel de azúcar en la sangre; entre ellos la "cortisona" que es conocida como culpable indirecta de la degeneración de los huesos, la osteoporosis.

Las papas (patatas) y la diabetes

La papa, originalmente exportada del continente americano al europeo, encontró al comienzo una gran oposición por parte de la población del "viejo continente", ya que sospechaban que ésta pudiera causar distintas enfermedades. Sólo hace doscientos años, a raíz de una hambruna prolongada que azotó Europa, comenzaron a aceptar allí a la papa.

Si prestas atención, verás que la papa es el único alimento que tiene indicaciones de almacenamiento y comercialización muy meticulosas. Los que saben, advierten que se debe almacenar las papas en un lugar oscuro y fresco. Su exposición a la luz o al calor las puede hacer deletéreas, es decir, perjudiciales y nocivas para la salud. De acuerdo a las normas de comercialización, cuando las papas comienzan a tomar un color verdoso o a brotar, son perjudiciales para la salud. Por lo tanto, es sumamente importante almacenarlas correctamente, y en general es recomendable limitar su consumo. (La siguiente advertencia no se aplica a la papa dulce, llamada "batata", "boniato" o "camote", que es muy beneficiosa.) Especialmente para los enfermos de diabetes el consumo de papa no es recomendable, dado que ya desde su masticación en la boca se convierte en azúcar y el cuerpo necesita segregar una gran cantidad de insulina para poder digerirla.

Cuanto más cuides las normas alimenticias y las recomendaciones de este libro –y cuanto antes comiences a cumplir-las–, más probabilidades de prevenir esta enfermedad tienes.

Un ejemplo en la conducta
de nuestro gran maestro, el Rab Shaj zt"l:

Cambiar la rutina alimentaria

Luego de pasar una intervención quirúrgica en el año 5732 (1972), teniendo ya más de setenta años de vida, el médico le ordenó al Rab Shaj bajar de peso.

Como treinta años antes, el Rab ya había comenzado a beber grandes cantidades de agua y comer menos, y siempre tenía en mente las palabras de los Sabios en el Tratado de *Shabat* 152a, que dijeron que después de llegar a los cuarenta años de vida es más importante para el cuerpo beber que comer. Ahora el médico también le dijo que además debía dejar de consumir tortas (pasteles), papas, fideos y azúcar.

A pesar de que todo su pensamiento estaba "sumergido" en la Torá y no en las cosas de este mundo, a partir de aquel momento, el Rab eliminó inmediatamente todos esos productos de su menú. El Rab Shaj hizo eso a pesar de que esos alimentos eran cotidianos para él, y a pesar de toda la dificultad que implicaba un cambio de conducta de más de setenta años.

El *Rambam* escribió: "La persona siempre debe limitar el consumo de frutas y abstenerse de ellas" (*Hiljot Deot* 4:11), mas no explicó esta indicación.

Tal vez, es posible explicar que en la época del *Rambam* aún no se conocía la enfermedad definida como "diabetes"; pero el *Rambam*, con su amplia experiencia, notó que el exceso en la ingesta de frutas era perjudicial para un gran número de personas.

En términos actuales, podemos decir que el *Rambam* vio esto en todas aquellas personas que tenían tendencia a la diabetes. Es por ello que escribió que se debe limitar el consumo de frutas, cuando en realidad su intención era reducir el nivel de consumo de azúcar. (Además, puede ser que haya cambiado un poco la naturaleza de las personas como la de los frutos; véase *Mishná Berurá* 173:3.)

Si esta explicación sobre las palabras del *Rambam* es correcta, hoy en día, que la diagnosis de la diabetes es clara, es posible comportarse en forma adecuada según las indicaciones de los médicos.

Es decir, que quienes padecen de esta enfermedad deben consumir solamente lo que les está permitido de acuerdo a la dieta prescripta; y las personas sanas, que comen según las reglas de la digestión adecuada y sin exagerar en las cantidades, pueden consumir frutas en forma normal.

2. La Presión Arterial

La presión arterial es la presión que ejerce la sangre sobre las paredes de los vasos sanguíneos en el momento que el corazón se contrae.

Existen dos valores de medición: la presión sistólica y la diastólica. La denominada "sistólica", es la presión más alta, medida en el momento que el corazón se contrae a fin de enviar la sangre a las arterias. La "diastólica" es la presión más baja, mientras el corazón "descansa".

En los adultos sanos, los valores normales de presión arterial son hasta 130/80, es decir, 130 de presión sistólica y 80 de presión diastólica.

Cuando la presión sistólica es mayor que 140, se requiere de un seguimiento médico, al igual que cuando la presión diastólica es mayor que 90 ("hipertensión"). La razón es que estos valores demuestran que aun cuando el corazón "descansa" sigue habiendo presión sobre las arterias.

El tratamiento principal está basado, por supuesto, en una alimentación adecuada, segun las indicaciones de este libro.

La actividad física es muy buena para ayudar a bajar la presión. Si aun así no se logra equilibrar los valores, se debe consultar a un médico y, por lo general, se requiere de un tratamiento medicinal. (Existe también la "baja presión" o "hipotensión", cuando los valores son más bajos de lo normal; sin embargo, ésta no es tan peligrosa como la hipertensión ni tampoco tan frecuente, por lo cual no nos dedicaremos a ella aquí.)

La hipertensión arterial es denominada "el asesino silencioso". Una de cada cuatro personas sufre de ella y, lamentablemente, ni siquiera es consciente de ello. Los enfermos de diabetes tienden a desarrollar también hipertensión. La diabetes y la hipertensión son enfermedades que generalmente van de la mano, y además, poseen varios factores en común: aparecen sin señales de advertencia previas, no duelen, y al comienzo ni siquiera se sienten.

Ambas atacan a los vasos sanguíneos, lo cual implica un daño para todo el cuerpo. Estas dos, junto con un ascenso en el nivel de las grasas en la sangre, pueden representar una unión muy peligrosa, puesto que las tres provocan arterosclerosis.

Las grasas que se acumulan en las paredes de los vasos sanguíneos obligan al corazón a trabajar más, pues éste debe aumentar constantemente la presión de la sangre para que ésta llegue a todos los miembros del cuerpo, principalmente a los lugares donde más se necesita. Esto, con el tiempo, debilita el músculo cardíaco.

Cualquier anomalía en el suministro de sangre puede llegar a provocar un paro cardíaco, un accidente cerebrovascular, enfermedades renales, la obstrucción de los vasos sanguíneos de las piernas y enfermedades en los ojos.

También las arterias se ven obligadas a hacer frente a esta alta presión arterial. Las probabilidades de padecer enfermedades cardíacas son mayores cuando la hipertensión está acompañada de sobrepeso, de exceso de colesterol, de diabetes, o del hábito de fumar.

Al principio, es posible equilibrar estas anomalías sin necesidad de medicamentos, pues responden positivamente a una alimentación adecuada, a la actividad física y, por supuesto, al descenso de peso. Pero no hay que olvidar que el descuido de la hipertensión puede ser letal.

Las causas de la hipertensión

Las causas de la alta presión arterial son similares a las de la diabetes.

Factores Genéticos: La genética cumple un papel central y de alto riesgo. Si tus padres, abuelos o tíos sufrieron de hipertensión, entonces tienes muchas probabilidades de padecerla tú también. Si tú la sufres, entonces tus hijos están en alto riesgo también. Para el público en general, es recomendable controlarse la presión una vez cada dos o tres años a partir de los 30 años, y una vez por año a partir de los 40.

Para los integrantes de familias con tendencia a la alta presión, es importante controlarla aun antes de los 30 años. Ellos también deben reducir el consumo de sal; cuanto antes mejor.

La tensión y el cigarrillo: Ambos estimulan la contracción de los vasos sanguíneos y, consecuentemente, el ascenso de la presión arterial. Con respecto a la tensión, traté de proveerte de algunos consejos en la sección anterior. Con respecto al cigarrillo, podrás encontrar buenos consejos en el capítulo 13 de este libro y en mi obra *Una vida sin fumar según la Torá*.

La alimentación: Se debe seguir las instrucciones expuestas en este libro, que son beneficiosas tanto para aquel que sufre de hipertensión, como para aquel que está sano. La alimentación adecuada, el seguimiento y la actividad física controlada y constante son factores importantes para el mejoramiento del estado de salud. No obstante, se debe consultar a un médico antes de comenzar con cualquier actividad física.

Obviamente, las dietas para quienes ya están enfermos varían un poco. Un enfermo de diabetes debe limitar el consumo de la clase de alimentos que elevan el nivel de azúcar, mientras que quienes sufren de hipertensión deben abstenerse principalmente de la sal, que es la causante número uno de la presión arterial elevada.

La sal está presente también en productos dulces y el azúcar en productos salados, por ello siempre es conveniente acostumbrarse a leer los ingredientes de cada alimento. (En el capítulo 5, en la sección sobre la sal, ya me he explayado bastante sobre este tema.)

El "síndrome del delantal blanco"

Antiguamente se creía que cuando una persona se medía la presión en el consultorio médico y tenía un nivel alto de presión, mas al medírsela en su casa tenía un valor más bajo, se trataba de una situación regular. A este fenómeno no se le prestaba demasiada atención, pues se consideraba que la presión subía por la emoción de "enfrentarse" al doctor. Es por eso que a este fenómeno se lo denominaba "el síndrome del delantal blanco". En la actualidad, los médicos han cambiado de opinión y sostienen que el síndrome del delantal blanco en realidad puede llegar a revelar el comienzo de una hipertensión que requiere de un seguimiento.

La medición de la presión y el azúcar en la sangre

Para quienes tienden a sufrir de presión arterial alta, es recomendable tener un aparato de medición doméstico, a fin de poder llevar un seguimiento preciso y a horarios fijos, registrando siempre los resultados por escrito. Asimismo, en cada visita al médico y al solicitar una receta médica, deben avisar que sufren de hipertensión, dado que ciertos medicamentos, como la cortisona, causan un ascenso de la presión y del nivel del azúcar.

La presión se debe medir en un momento de tranquilidad, después de un descanso de diez minutos. Al medirla, es correcto sentarse con las piernas un poco hacia delante.

Realizar actividades físicas, subir escaleras, beber café, una emoción, e incluso una conversación telefónica, pueden subir la presión por encima de su valor real.

TABLA DE SEGUIMIENTO DE LA PRESIÓN, EL PULSO Y LA SATURACIÓN (OXIGENACIÓN DE LA SANGRE)

Cada uno debe hacer uso de esta tabla según la necesidad personal en base a las indicaciones de su médico, midiendo lo que necesita, y a las horas que requiere.

Fecha	Hora	Azúcar	Presión	Pulso	Saturación	Notas

SOBRE LAS COMIDAS
Y EL CUIDADO GENERAL
DE LA SALUD

Capítulo 11

En este capítulo pasaremos a mencionar varias indicaciones generales relacionadas con los alimentos y las comidas que, a pesar de su importancia, son bastante desconocidas para una gran parte del público. Se trata de puntos específicos que, al tenerlos presentes, tienen el poder de brindarnos una mejor calidad de vida y longevidad. Quizás algunos detalles te parezcan insignificantes, pero igualmente te recomiendo considerarlos con atención.

1. EL DESAYUNO

El *Shulján Aruj* (capítulo 157) escribió que la persona debe sentarse a comer al llegar la "cuarta hora" del día[27], e incluso

27. Se refiere a las denominadas "horas temporales" o "solares". Según la *halajá*, las 24 horas del "día" se dividen en cualquier día del año en dos partes: "las doce horas del día", es decir, de luz, y "las doce horas de la noche", es decir, de oscuridad.

quien está ocupado estudiando Torá no debe postergar la comida más de la "sexta hora", es decir que debe realizarla antes de la mitad del día "solar". Y si se come después de este tiempo, es como "arrojar una piedra a un odre".

La *Mishná Berurá* (157:4) explica que la intención en la expresión "arrojar una piedra a un odre" es decir que si se come después de la mitad del día la comida no es de mucho beneficio.

(Y, cabe mencionar, que otros comentaristas explicaron que la intención es decir que la comida incluso puede llegar a ser perjudicial, como escribió al autor del libro *Perishá*: "cuando el cuerpo no encuentra alimentos, absorbe secreciones dañinas para él".)

Sin embargo, el *Shuljan Aruj* concluye que si la persona ya comió algo por la mañana, la comida después del mediodía no se considera como "arrojar una piedra a un odre".

Es decir que si la persona se cuidó de no dejar su estómago vacío tanto tiempo, aun si come después del mediodía el alimento sí será de beneficio para ella. Sin embargo, la *Mishná Berurá* escribió que de la *Guemará* se entiende que aun si la persona comió algo por la mañana, en principio es mejor que se siente a comer en la "sexta hora".

Por lo tanto, en la actualidad, que se suele comer el almuerzo bastante después del mediodía (por lo menos así es en los cortos días de invierno), aun si se come "algo rápido" por la mañana, es preferible también comer antes de la mitad del día una comida nutritiva para tener fuerzas y vivir una vida saludable el resto del día.

Por otro lado, quienes omiten el desayuno por completo llegan a la comida siguiente con una sensación de hambre tan grande que les provoca comer con suma rapidez y llenarse demasiado el estómago o, alternativamente, "ir picando" lo que encuentren en el camino hasta la hora de comida siguiente.

Una anécdota sobre el gran tzadik, el Jafetz Jaím zt"l:

Comer para tener fuerzas para estudiar la sagrada Torá

Se cuenta que cierta vez, cuando el gran *Jafetz Jaím* visitó al gran Rab Jaím Soloveitchik de Brisk, éste le pidió al *Jafetz Jaím* que reprendiera a su pequeño hijo Velvele (el futuro Rabí Yitzjak Zeev de Brisk), porque no comía. "¡Todo el pueblo de Israel escucha su *musar!*", le dijo Rabí Jaím de Brisk.

Entonces el *Jafetz Jaím* se dirigió al niño y le dijo: "Querido Velvel, debes saber que la Torá es muy grande y compleja, y se necesita mucha fuerza para poder estudiarla. ¡Si uno no come, no tiene fuerza para estudiar Torá, y por eso debes comer, para tener fuerza y poder estudiar la sagrada Torá!"

(*Peniné Rabenu Hagriz*, página 72. *Meír Ené Israel*, tomo II, página 236)

Hoy en día, muchos jóvenes, especialmente en edad escolar, suelen omitir el desayuno por falta de tiempo e interés. Por eso es importante leer los siguientes párrafos, publicados por uno de los seguros médicos de Israel en un artículo informativo donde se describe lo que ocurre en el organismo en los años del desarrollo:

> Durante la juventud ocurre un rápido crecimiento en estatura y peso en un lapso de 4-5 años. A esa edad, el promedio de crecimiento es de 27 cm. cada año. Aproximadamente la mitad de la composición de los huesos se cimienta en esta época. Para esta rápida construcción, se requieren muchísimas calorías; 2.200 calorías diarias en las niñas y 2.500-3.000 en los varones. Además de las calorías, la

alimentación debe contener todos los nutrientes más importantes: proteínas, carbohidratos, calcio, hierro, vitaminas, etc.

Por lo tanto, se debe disuadir a los jóvenes de la idea de que pueden prescindir del desayuno, que es de tanta importancia para ellos. **Cuando crezcan y comprendan esto, se lamentarán enormemente de haber omitido tantas veces el desayuno en su juventud; pero entonces ya será demasiado tarde para reparar la pérdida.**

Una anécdota sobre el gran tzadik, el Jafetz Jaím zt"l:

El cuidado del Jafetz Jaím en desayunar

El Rab Aizik Rabinovitz *zt"l*, Rabino de la ciudad de Minsk, una vez relató:

Cierta vez llegué a la casa del *Jafetz Jaím* luego de la plegaria matutina. El Rab me dijo que estaba por sentarse a desayunar y que, por lo tanto, "regresara dentro de veinte minutos" (Meír Ené Israel).

(Y yo, Y.A, escuché de un testigo fiel, que el *Jafetz Jaím* siempre se sentaba de frente a la entrada; mas al sentarse a comer, lo hacia dando la espalda a la puerta. Y también escuché que él no se inclinaba hacia la comida sino que acercaba la comida a su boca.)

---

2. EL ABASTECIMIENTO DE PROTEÍNAS

Una de las sustancias fundamentales para el mantenimiento del cuerpo humano son las proteínas.

Las proteínas que contienen los alimentos actúan en la

composición de los músculos, los huesos, las células, los tejidos y las hormonas de nuestro cuerpo.

A diferencia de las grasas y los hidratos de carbono, no existe un depósito de proteínas en el cuerpo. Es por ello que las dietas basadas en la abstención en el consumo de proteínas no son saludables, ya que obligan al cuerpo a obtener las proteínas extrayéndolas de los músculos. Los resultados del descenso de peso son muy rápidos y efectivos... a costa de la salud muscular. El problema es que volver los músculos a su estado anterior no es nada fácil. Por eso se debe evitar esta clase de dietas.

Las proteínas se encuentran en la leche y sus derivados, en la carne vacuna, el pollo y la carne de pavo. Una porción de carne o pescado contiene entre 20 y 35 gramos de proteínas, de acuerdo a su tamaño. Un huevo contiene 8 gramos de proteínas.

Las legumbres –como los garbanzos, las arvejas, lentejas, alpiste y quinoa– son ricas en proteínas. (También la soja lo es, mas se debe restringir su consumo; como escribió el Dr. Yonatán Arbel: "El consumo excesivo y prolongado de alimentos a base de soja puede interferir en la fabricación de las hormonas de la tiroides, causando apatía" [Macabitón, Kislev de 5770].)

Un dato interesante: al cocinar las legumbres junto con hidratos de carbono –por ejemplo, arroz–, su nivel de proteínas aumenta. Es de destacar que el consumo de arroz integral es muy recomendable pues contiene varias vitaminas de las clases E y B, y numerosos minerales.

Las galletas de arroz elaboradas con arroz integral, sin sal, satisfacen y también contienen proteínas.

El garbanzo se destaca por su contenido de proteínas relativamente alto. Por supuesto, no nos estamos refiriendo aquí al famoso "*jumus*" industrializado; aquella pasta de garbanzo elaborada, con grandes contenidos de sal y margarina (aceite hidrogenado), estabilizantes, conservantes y demás agregados insanos. En cambio, el siguiente dato muestra la importancia del *"jumus* casero" y su superioridad frente a la *"tejina"* (pasta de sésamo): 100 gr. de garbanzos cocinados contienen 9 gr. de proteínas y 2,6 gr. de grasas, ¡mientras que 100 gramos de *tejina* contienen 17 gr. de proteínas y 54 gr. de gasas! Este es sin duda un dato demasiado importante como para no tomar en cuenta.

Las proteínas también se encuentran en las nueces, almendras y semillas de girasol; pero al consumir estos productos se debe prestar atención a la buena masticación, o bien seguir las "sabias indicaciones para el buen comer", que aparecen al final del capítulo 7.

¡Así no se come!

Cierta vez, el *Jafetz Jaím* se enteró de que su amigo, Rabí Moshé Landinsky *zt"l*, el *Rosh Yeshivá*, solía comer solamente un poco de pan con *"hering"* (arenque, un pescado muy común en aquellas tierras). Entonces se le acercó y le dijo: "Rabí Moshé, así no se come. A tu edad yo solía comer un plato grande y colmado de garbanzos... Es barato y proporciona fuerzas para estudiar" (*Meír Ené Israel*, tomo V, página 502).

Consejo práctico: Hervir (en agua solamente) una cantidad grande de garbanzos y congelar en porciones de 50-75 gramos. Cuando tengas hambre, puedes descongelar una porción y ya tienes una comida lista y nutritiva.

Las personas generalmente no carecen de proteínas debido a que consumen una gran variedad de alimentos. Sin embargo, quienes siguen determinadas dietas o no consumen alimentos variados, y las personas mayores, deben verificar cada tanto si su consumo diario de proteínas es suficiente.

En general se suele calcular el requerimiento diario de proteínas según el peso corporal: aproximadamente 1 gramo de proteínas por cada kilogramo. Es decir, que quien pesa 60 kilos necesita 60 gr. de proteínas. Más específicamente: los niños hasta 7-8 años necesitan 2 gramos de proteínas por cada kilo; los jóvenes 1¼ gr. de proteína por cada kilo, y los adultos 0,8 gramos de proteínas diarios por cada kilo corporal.

Creo correcto despertar tu atención, querido lector, a comprobar la cantidad de proteínas que consumes, dado que la cantidad de proteínas en el cuerpo debe ser medianamente equilibrada. El exceso de proteínas en una persona sana puede derivar en obesidad y, además, sobrecargar a los riñones, especialmente en personas que consumen grandes cantidades de carne. (A propósito, beber agua ayuda a quitar el exceso de los derivados de la descomposición de las proteínas.) Por el contrario, cuando al cuerpo le faltan proteínas, como dijimos, las extrae de los músculos y los huesos, y es por eso que la carencia prolongada de proteínas puede derivar en estados críticos.

En la actualidad, en la mayoría de los productos se escribe el valor nutricional; allí también aparece la cantidad de proteínas que éstos contienen. Puedes calcular cuántos gramos de proteínas consumiste en el desayuno, el almuerzo y la cena, y compararlos con tu peso y edad. Si realizamos este cálculo cada tanto, es muy probable que no lleguemos a tener exceso o carencia de proteínas. También en los análisis de sangre se debe prestar atención al nivel de proteínas y de "albúmina" que es una clase particular de proteína.

Por la mañana, luego de haber dormido varias horas, es conveniente comenzar el día con un desayuno que contenga una buena porción de proteínas (queso blanco, *jumus*, huevo, pescado), pues además de su gran importancia, las proteínas también dan fuerza y una sensación de saciedad más duradera que la de los hidratos de carbono.

3. El Debilitamiento de los Huesos (Osteoporosis)

El metabolismo corporal

Si a pesar de haberse cuidado, una persona se cae, los daños causados –especialmente en la ancianidad– están relacionados directamente con la fortaleza de sus huesos. Cuanto más debilitado está el hueso, mayor puede ser el daño. Para entender esto, debemos anteponer algunas palabras acerca de lo que ocurre dentro de nuestro cuerpo.

El cuerpo humano se renueva constantemente, descomponiendo lo que existe y volviendo a construirlo. La piel, el cabello y las uñas que poseemos hoy, no son los que teníamos un año atrás ni los que tendremos dentro de una semana, un mes o un año.

El cuerpo se auto-reconstruye mediante los nutrientes absorbidos en la sangre a través del intestino delgado. Los excedentes de la descomposición se eliminan en su mayoría a través de la orina y el sudor.

Este proceso ocurre a lo largo de toda nuestra vida a distinto ritmo: diario, semanal, anual e incluso cada varios años. Este proceso ocurre también con los huesos, los cuales se renuevan pero a un ritmo bastante más lento y prolongado. Así es que incluso en una persona adulta existe la posibilidad de unir una fractura de huesos, lo cual de por sí ya es una buena noticia.

Durante la juventud, el sistema digestivo está fuerte y el cuerpo recibe del alimento todo lo que requiere, incluso en exceso. Así se va auto-reconstruyendo para un futuro sano. En las personas más mayores, sin embargo, el cuerpo no alcanza a construir y completar todo lo que se desintegra en su interior, debido a la incapacidad del sistema digestivo de obtener de los alimentos todos los nutrientes necesarios para el organismo.

El proceso de reconstrucción de los huesos

El componente principal de los huesos es el calcio.

El calcio se encuentra en la mayoría de los alimentos que consumimos; con más abundancia en las sardinas, la algarroba en polvo, en la mayor parte de las legumbres (y en especial, en los porotos blancos o alubias), en los productos lácteos (en especial, en el queso duro para cortar en fetas), en las almendras y en las nueces.

La absorción del calcio de los alimentos en el organismo depende de varios factores: algunos que ayudan a su absorción y otros que causan un incremento de la expulsión de calcio del cuerpo.

La vitamina D, a la cual nos referiremos a continuación en detalle, es el factor que ayuda al cuerpo a tomar el calcio de los alimentos y pasarlos a la sangre para la reconstrucción de los huesos. Por el contrario, el sodio de la sal, el azúcar, el cigarrillo y el consumo de alcohol y bebidas con alto contenido de fósforo, incrementan la evacuación de calcio a través de la orina y aumentan el ritmo de pérdida de calcio del cuerpo. Como consecuencia, los huesos se debilitan.

Los medicamentos de la familia de la cortisona son un factor que causa el empobrecimiento de los huesos. Quien necesita tomarlos, debe agregar también vitamina D.

¡Atención! Los medicamentos diuréticos que se administran generalmente para tratar enfermedades cardíacas, o como tratamiento contra la hipertensión, causan la expulsión de minerales del cuerpo. Eso requiere entonces llevar a cabo un seguimiento del contenido de minerales en el organismo, como el calcio, el potasio, el fósforo y el sodio.

Los "ejercicios para reconstruir los huesos"

Uno de los consejos que a veces se les dan a los enfermos de osteoporosis es realizar "ejercicios para reconstruir los huesos", los cuales comprenden el levantamiento de grandes pesos. Eso no significa que al levantar pesas el enfermo hará que sus huesos se fortalezcan, ya que ello depende sólo de un proceso de desintegración y reconstrucción a través de factores hormonales.

Más bien, la intención de aquellos que aconsejan estos ejercicios es provocar que mediante el levantamiento de pesas el paciente fortalezca sus músculos, y como consecuencia, la circulación sanguínea se incremente y el cuerpo disponga mejor de los componentes sanguíneos y hormonales necesarios para la reconstrucción de los huesos.

Sin embargo, a mi parecer, no es tan aconsejable este "tratamiento", tomando en consideración el daño que se le puede provocar a los cartílagos al levantar grandes pesos (como escribiré en el capítulo siguiente al final de la sección 6). Normalmente, aquellos que llegan a necesitar "reconstruir sus huesos" son personas mayores, y el levantar grandes pesos a esa edad más que ayudar a la reconstrucción de los huesos contribuye a deteriorar los cartílagos.

La reconstrucción de los huesos depende del calcio, y la vitamina D es la encargada de la absorción del calcio en el cuerpo. Si la persona tiene un buen nivel de vitamina D, con seguridad ello será de ayuda en la reconstrucción de sus huesos. Es por eso que es importante prestar atención a los niveles de vitamina D desde una edad temprana para prevenir la osteoporosis.

La osteoporosis y la vitamina D

La osteoporosis aparece principalmente a causa de la escasez de vitamina D, y como consecuencia de una carencia de calcio.

Cuando una persona mayor se cae, como sus huesos no están muy rellenos, puede llegar muy fácilmente a una fractura; y la cura es sumamente difícil.

La fortaleza de los huesos es generalmente una cuestión hereditaria; quien tiene padres con huesos fornidos, es propenso a tener también huesos fuertes. Pero si uno de los padres posee huesos menos rellenos, la persona debe controlar este tema desde una edad más temprana.

Por lo general, si se siguen las normas de alimentación presentadas en este libro –se bebe agua en cantidad y en los momentos adecuados (el agua es la base fundamental para un metabolismo favorable), se mastica bien la comida, se consumen alimentos variados y no se comen alimentos perjudiciales– no hay motivo para que el cuerpo desarrolle alguna carencia.

Sin embargo, con respecto a la reconstrucción de los huesos las cosas pueden ser distintas, dado que existe también un factor externo que influye sobre la densidad de los huesos: la vitamina D.

¿Qué es la vitamina D? ¿Cómo llega a nuestro cuerpo y qué influencia tiene sobre la constitución del esqueleto?

Como ya escribí en el capítulo sobre el agua, en la sección "El agua no tiene un respaldo", por el momento se han realizado relativamente muy pocas investigaciones respecto de la vitamina D y su influencia e importancia.

Sabemos que el calcio es sumamente importante para la construcción de los huesos, la salud dental, el funcionamiento de los músculos y todos los sistemas del cuerpo en general, e incluso para contrarrestar el cansancio. Para nuestra suerte, se encuentra en muchos de los alimentos que consumimos, de modo que aparentemente no deberíamos tener escasez de calcio. Sin embargo, para poder absorber el calcio de los alimentos, el cuerpo necesita vitamina D.

La principal fuente de vitamina D es la exposición a los rayos solares. Se dice que alcanza con exponerse al sol cuatro veces por semana, durante 15 minutos. El problema es que si no prestamos atención a hacerlo, incluso estos pocos minutos nos pueden faltar.

Recientemente se ha descubierto que gran parte de la humanidad sufre de escasez de vitamina D, a pesar de que el sol brilla en todo el mundo...

Algunos factores que causan esta carencia:

- En primer lugar, la forma de vida cambió. Antes la gente vivía en casas de una sola planta, con patio. E incluso cuando se comenzó a edificar hacia arriba, cada departamento tenía un balcón, de modo que todavía había un mínimo de exposición al sol. Sin embargo, hoy en día los departamentos no poseen balcones, las ventanas están obstruidas por las persianas y, además, la proximidad de los edificios no permite demasiado el paso de los rayos solares.

- También, antes era indispensable una ventana exterior en cada habitación para permitir el ingreso de la luz y el aire. Sin embargo, en la actualidad la mayoría de los lugares están climatizados con sistemas de aire acondicionado y la luz eléctrica suplanta a la luz solar.

- Otra diferencia radica en que antes la gente solía trasladarse a pie de un lugar a otro, pero hoy en día la mayoría utiliza vehículos. E incluso a los transeúntes no les llega demasiado la radiación solar debido a la gran altura de los edificios que la obstruyen. La realidad es que en el mundo occidental en general, la mayoría del tiempo la gente se encuentra bajo techo y no al aire libre. (Además, muchas veces la vestimenta deja solamente el rostro y las manos expuestas al sol.)

- Otra razón posible es el estado de la capa de ozono que,

como es sabido, en los últimos años se modificó bastante debido al efecto del recalentamiento global.

- Otro punto es que con el avance de la edad, la piel se va envejeciendo. Y a pesar de exponerse al sol, un anciano absorbe menos del cincuenta por ciento de lo que absorbía en su juventud. Y hoy en día, las personas viven en general muchos más años que antes. (Además, es sabido que las personas de tez más oscura absorben menos los rayos solares.)

- Otro dato que cambió en los tiempos recientes es la conciencia general acerca del peligro de estar expuesto a los rayos solares. Antiguamente se creía que un "baño de sol" era saludable, y se dejaba a los niños exponerse al sol durante varias horas. Sin embargo, en la actualidad es aceptado que estos "baños de sol" pueden acelerar en la ancianidad el cáncer de piel (melanoma), y por ello se evita la exposición al sol. La exposición al sol más eficaz para captar la vitamina D es solamente entre las 10 de la mañana y las 3 de la tarde; sin embargo, este es el horario en el cual la radiación es perjudicial para la piel, con lo cual no es recomendable.

- Asimismo, se sabe que algunas clases de antibióticos pueden incrementar las manchas y erupciones en la piel y la sensibilidad al sol. (Por lo tanto, quienes consumen medicamentos, incluso homeopáticos, o hacen uso de toda clase de aceites aromáticos, deben previamente estudiar bien el prospecto adjunto.)

Todos los motivos mencionados provocaron que gran parte de la humanidad presente algún grado de carencia de vitamina D.

Con el transcurso de los años, la falta de vitamina D puede provocar una deficiencia en la absorción del calcio hasta alcanzar un estado de empobrecimiento de los huesos que causa dolor, disminución de la estatura y encorvadura. Además, cuando un adulto que no posee huesos fornidos se cae, fácilmente puede sufrir una fractura. La rehabilitación después de estas caídas es muy compleja y viene acompañada de mucho dolor y sufrimiento, tanto para el paciente como para toda su familia.

El tratamiento puede ser muy prolongado, de gran costo monetario y con falta de esperanzas de poder regresar a la rutina diaria, tanto por el desenvolvimiento como por la dificultad para caminar.

Dado que nuestro libro se dedica a la prevención, a fin de evitar situaciones difíciles de reparar, aconsejo a toda persona controlar permanentemente el nivel de vitamina D en la sangre.

En caso que el nivel de vitamina D no sea suficiente, se debe continuar los chequeos del siguiente modo:

En el organismo hay una glándula denominada "paratiroides", que segrega una hormona llamada PTH o HPT (hormona paratiroidea). En caso de escasez de vitamina D, como dijimos, el calcio no se absorbe en el cuerpo y eso resulta en una carencia en el nivel de calcio en la sangre.

Para salvar la situación, es decir, a fin de evitar la falta de calcio en la sangre, el organismo segrega la hormona PTH en grandes cantidades, lo cual provoca la expulsión del calcio de los huesos a la sangre. En situaciones como estas, los resultados del laboratorio deberían indicar una escasez de vitamina D y un excedente de la hormona PTH.

Si continuamos analizando el nivel de calcio en la orina, también encontraríamos que la presencia de calcio es mínima.

Si todo esto concuerda, se debe llevar a cabo un estudio de la densidad de los huesos. Se trata de un análisis sencillo y corto, y no es costoso ni peligroso. Si los resultados de este estudio son normales, se debe repetir algunos años más tarde y comparar los resultados. En caso de no ser normales, generalmente el médico debería recomendar tomar vitamina D en forma de gotas o de comprimidos; primero en grandes dosis y luego, cuando el calcio alcance su nivel normal, en dosis más pequeñas.

Cabe mencionar que no se debe tomar vitamina D sin antes verificar la necesidad de hacerlo, pues una dosis excesiva puede ser peligrosa. Es por ello que los comprimidos multi-vitamínicos contienen sólo una pequeña dosis de vitamina D.

¡Atención! En caso de encontrarse un alto nivel de calcio en el análisis de orina, no se debe tomar vitamina D. Entre otros perjuicios, un nivel de calcio muy elevado durante un tiempo prolongado puede originar un proceso de formación de cálculos en los riñones.

Es importante señalar que la vitamina D disuelve grasas. Por ello se la debe tomar luego de ingerir algún alimento con alto contenido de grasas; por ejemplo: palta (aguacate), aceite, leche, queso, carne y sus derivados, o huevo. Tomar la vitamina D después de haber comido solamente frutas y verduras –o, por supuesto, con el estómago vacío, antes de desayunar– puede ser perjudicial.

4. LA CENA

Me gustaría recordar aquí un punto importante relacionado con la última comida en la agenda diaria, en base a lo dicta-minado en el *Kitzur Shulján Aruj* (mencionado previamente, en el capítulo 2, inciso 6): "Asimismo, no se debe dormir hasta dos horas después [de la comida]".

Comer muy cerca de la hora de dormir es un grave error. Cuando digo esto en mis clases, lamentablemente con frecuen-cia escucho luego expresiones como: "¡Jamás me lo dijeron!". No vengo a decirte qué y cuánto comer, sino solamente que debes terminar de comer la cena dos horas antes de irte a dormir. Esto también evitará el reflujo (cuando la comida sube desde el estómago), que puede causar una asfixia mientras se duerme.

Trataré de escribir una explicación sencilla que te ayudará a poner esto en la práctica.

En realidad, de acuerdo al reloj biológico, se debe terminar de comer la cena temprano, y en ningún caso después de las nueve de la noche. La razón es porque al concluir el proceso de la digestión en el estómago –donde se separa el desecho del alimento– **la comida se convierte en sangre y pasa al hígado.** El hígado tiene una función de suma importancia para el cuerpo; es como una industria química que participa en el metabolismo, expulsando todo lo perjudicial y almacenando lo provechoso, produciendo calor y fabricando la bilis, que digiere las grasas.

Sin embargo, debemos saber, que las principales horas de actividad del hígado finalizan entre la una y las tres de la madrugada. Hasta estas horas, el hígado traslada **por medio de los vasos sanguíneos** todo el alimento que se absorbió en la sangre durante el día entero. Cuanto más tarde terminamos de comer, menos digeridos estarán los alimentos y entonces el hígado, en lugar de recibir comida digerida, recibe la orden del estómago de acudir en su ayuda dado que aún hay alimentos sin digerir.

Así es que en vez de trabajar en la selección de la sangre, absorbiendo lo beneficioso de ella, el hígado debe ayudar al estómago en la digestión mediante distintas secreciones. El hígado no está preparado para la doble tarea de seleccionar la sangre y ayudar en la digestión al mismo tiempo; de modo que al comer tarde solamente nos perjudicamos, perdiendo el beneficio primordial de la función del hígado.

Si te es difícil terminar la cena antes de las nueve de la noche, intenta "completar la carencia" bebiendo agua. Si esto también te es dificultoso, trata por lo menos de comer solamente alimentos libres de grasas, como frutas y verduras, dado que la función principal del hígado es la digestión de las grasas.

5. CÓMO Y CUÁNTO DORMIR

Así escribió el libro *Turé Zahav* sobre el *Shulján Aruj*, *Ében Haézer*, al final del capítulo 25:

El *Rambam* dijo en relación al versículo: "Conoce al Creador en todos tus caminos" (Mishlé 3:6), que quien come y bebe para estar sano y fuerte para servir al Creador, recibirá una recompensa como si hubiera ayunado. En base a esto es posible decir también que el versículo: "En vano es para ustedes, los que temprano se levantan..." (Tehilim 127:2) alude a aquellos Sabios que renuncian a las horas de descanso necesarias para estudiar más Torá. A diferencia de los primeros, hay otros que duermen el tiempo suficiente que necesitan para tener fuerza y agudeza para estudiar Torá, y así logran estudiar en una hora lo mismo que a los primeros les toma dos horas con gran esfuerzo. Sin duda, ambos reciben la misma recompensa.

Y por eso el versículo dice que es en vano lo que los primero hacen, al despertarse antes de tiempo e irse a dormir muy tarde a causa del estudio, y concluye el versículo diciendo "(pues) igualmente Él (Dios) le dará el descanso a quien Él ama" (Ídem.). Esto quiere decir que a quien duerme lo suficiente para fortalecer su mente para el estudio de la Torá el Creador le concede la misma porción en la Torá que a aquel que sufre durmiendo poco, pues todo se mide de acuerdo a la intención de la persona.

Escribió el *Rambam* (Hiljot Deot 4:4):

El día y la noche suman veinticuatro horas; y alcanza con dormir un tercio de ellas, es decir, ocho horas.

El *Kitzur Shulján Aruj* dijo:

> "A una persona sana le alcanza con dormir seis horas"
> (citado en el capítulo 2, inciso 17).

Y así resumió el tema el *Ben Yish Jai*:

> "La persona no debe pensar que cuanto más duerme, mejor es para su cuerpo. Los médicos más distinguidos concuerdan en que no se debe dormir menos de seis horas ni más de ocho, pues dormir demasiado puede ser perjudicial. Entonces [...] con dormir seis horas uno ya está cumpliendo con la obligación de cuidar la salud" (Año I, *parashat Vaishlaj*, 1).

La falta de sueño

La falta de sueño crea inquietud y nerviosismo, y también puede originar distintas enfermedades. Una persona joven que renuncia a diario a la mitad de las horas de dormir requeridas, se provoca un daño que puede derivar en una diabetes.

Una anécdota sobre el gran tzadik,
el Jafetz Jaím zt"l:

Tarde, después de las doce de la noche, el *Jafetz Jaím* solía entrar a la *Yeshivá* para suplicarles a los jóvenes que se apiadasen de su propia salud y se fueran a dormir.

Él se preocupaba en especial de la salud de los más débiles; cierta vez manifestó acerca de uno de ellos: "Es más preciado para mí cuando él come, que cuando se coloca los *tefilín*".

(*Meír Ené Israel*, tomo V, página 40)

Una anécdota sobre el gran tzadik,
el Jafetz Jaím zt"l:

Rabí Dov Zeev Haleví, el padre del Rab Baruj Yitzjak Levín *zt"l* –fundador y director de la *Yeshivá Mekor Jaím* en Jerusalem– tuvo el mérito de hospedar una vez al *Jafetz Jaím* en su casa.

En una ocasión que Rabí Dov Zeev viajó a Radin a visitar al *Jafetz Jaím*, éste le preguntó cuándo estudiaba con su hijo Baruj Yitzjak. El padre respondió que solía despertarlo temprano por la mañana para estudiar con él antes de la *tefilá*.

Al escuchar esto, el *Jafetz Jaím* argumentó que estudiando de esa forma la pérdida era mayor que el beneficio, pues un cuerpo débil no puede vivir muchos años. "Y si vive muchos años, entonces podrá estudiar más Torá que la que podría estudiar durante una vida corta aun con una diligencia desmedida" (*Meír Ené Israel*).

Dormir temprano

El *Ben Yish Jai* escribe (Año I, *parashat Vaishlaj*, 1):

> Es mejor dormir en la primera mitad de la noche que en la segunda mitad. Esto es beneficioso tanto para la salud del cuerpo como para la espiritual, para el refinamiento del alma.

Allí menciona también que en el libro *Rúaj Jaím* está escrito, en nombre de cierto Sabio distinguido, que acostarse temprano a la noche y levantarse temprano por la mañana le trae a la persona salud, sabiduría y vigor.

Lamentablemente, el comportamiento de muchos jóvenes hoy en día contradice completamente esta recomendación. Asombrosamente, ¡las once de la noche todavía se considera un horario de plena actividad!

El proceso de crecimiento en estatura concluye entre los 18 y 22 años aproximadamente. Este proceso se lleva a cabo mediante las glándulas que segregan al cuerpo hormonas de crecimiento.

Estas glándulas actúan principalmente mientras la persona duerme y sus horas de actividad son desde el comienzo hasta la mitad de la noche. Por eso, en la edad de desarrollo es más importante aún irse a dormir temprano.

La posición del cuerpo al dormir debe ser sobre el lado izquierdo, y preferentemente recta y no curvada como una media luna. (Levantar la cabecera de la cama en forma segura, entre 5 y 10 cm., también es beneficioso.)

6. MISCELÁNEO

El aluminio, las brasas y las microondas

Se debe evitar el uso de utensilios de cocina elaborados con **aluminio**, dado que al entrar en contacto con altas temperaturas, el aluminio expele tóxicos al alimento que se cocina dentro del utensilio. (Algunos incluso sostienen que las enfermedades de Alzheimer y Parkinson están relacionadas de algún modo con la ingestión de alimentos cocinados en estos utensilios, dado que en los análisis de sangre de estos enfermos se encontró sedimentos de aluminio. De todos modos, esto es aún incierto.)

La cocción directa sobre **brasas** debe tratar de ser evitada, prefiriendo la parrilla de un horno eléctrico. Asimismo se debe prestar atención a no asar la carne demasiado, pues la carne quemada puede contener elementos cancerígenos. En caso de haberse quemado la carne, se debe quitar las partes quemadas. (Asimismo, es conveniente evitar los alimentos ahumados.)

Y lo mismo es aconsejable con respecto al uso del horno **microondas**: éste debe ser restringido. Y, por supuesto, no hay que pararse a su lado cuando está en funcionamiento.

El caqui (pérsimo) y el pistacho, la naranja y el pomelo

El Ministerio de Salud de Israel recomienda que el consumo del fruto del **caqui** (pérsimo), no sea más de un fruto por día en los adultos, y dos en los jóvenes. La razón es que este fruto contiene fibras de difícil digestión. Además, para quienes sufren de problemas intestinales, es preferible evitarlo por completo. Y para todos es muy correcto pelarlo y no comerlo con la cáscara.

Con respecto al **pistacho**, la indicación es que no se debe consumir sin antes tostarlo (a diferencia de algunas otras especies que se consumen en Israel como "semillas" [pepas], que se pueden comer sin tostar).

La **naranja** o el **pomelo** se deben comer por separado: por lo menos dos horas después de la comida o una hora antes de ésta.

Las vitaminas y los minerales, el ácido fólico y la vitamina B12

El consumo de alimentos variados generalmente provee las **vitaminas** y **minerales** necesarios para el cuerpo. No obstante, gran parte de la población, principalmente los ancianos, carecen de éstos debido a problemas en los dientes que les originan dificultades para masticar y, consecuentemente, disminuyen el consumo de frutas, verduras y alimentos de difícil masticación. Asimismo, la capacidad de absorción del sistema digestivo disminuye con el avance de la edad y, por lo tanto, a veces es necesario tomar suplementos de vitaminas y minerales.

En el mercado existen distintas clases de vitaminas y minerales, pero debemos ser sabios y tener presente que no se trata de "caramelos". El consumo indiscriminado de estos suplementos puede tener consecuencias muy peligrosas que aún no están totalmente verificadas.

El **ácido fólico** (vitamina B9) es fundamental para la cimentación de nuestro cuerpo y el metabolismo, y para la prevención de enfermedades relacionadas con los vasos sanguíneos; se encuentra principalmente en las verduras de hoja, como la lechuga, etc. Sin embargo, la rutina alimenticia de hoy en día crea una carencia de ácido fólico en gran parte de la población; por lo tanto, es necesario controlar el nivel de ácido fólico mediante un análisis general de sangre, especialmente en los adultos.

En la actualidad, la recomendación médica mundial para las mujeres de entre 20 y 40 años es ingerir una pastilla de 400 mcg de ácido fólico a diario, y controlar en forma permanente su nivel en la sangre. (Uno de los efectos secundarios de este suplemento vitamínico es la constipación, y se debe estar atento a ello.)

La **vitamina B12** se encuentra principalmente en los alimentos de origen animal, como las carnes y el hígado. En Israel, las investigaciones indican una frecuente carencia de vitamina B12 en los adultos, especialmente los vegetarianos. Esta carencia provoca anemia, debilidad, cansancio y dificultades en el funcionamiento neurológico. También puede ser motivo de dificultades para caminar en los adultos, lo cual es posible verificar mediante un análisis simple de sangre.

Si efectivamente se descubre una carencia de vitamina B12,

existen píldoras sublinguales, que al tomarlas una vez al día, ayudan a solucionar el problema. De todos modos, se debe consultar al médico antes de ingerir píldoras de vitamina B12 combinadas con ácido fólico.

EL CUIDADO DE LAS DISTINTAS PARTES DEL CUERPO

Capítulo 12

Hasta ahora nos hemos explayado en el cuidado del cuerpo a través de todo lo que se relaciona con el sistema digestivo. Ahora pasaremos a explicar otros puntos que nos ayudarán a tener un cuerpo sano.

1. LA BOCA

Las encías y los dientes

La gente se preocupa por el estado de los dientes, mas no por el de las encías. De hecho, los dientes son muy importantes, con ellos podemos masticar. Sin dientes, incluso con dientes postizos, es mucho más difícil masticar.

Una persona que sale del consultorio del dentista con la noticia de que no tiene caries está sumamente alegre y satisfecha con su situación. Pero, ¿qué ocurre con las encías?

Las encías son el punto de unión entre el hueso de la mandíbula y el diente. Las encías rodean al diente y lo sostienen. Cuando no se cuida la higiene bucal, se acumulan en las encías restos de alimento y microbios, dando inicio a una infección allí.

Ésta causa un retroceso de las encías que, si no se trata, puede agravarse hasta no quedar otra alternativa más que extraer algunos dientes, a pesar de no tener caries.

En una ocasión un dentista me comentó que, lamentablemente, existen muchos casos de adultos mayores de 40 años que acuden a él con una buenísima dentadura, limpia completamente de caries, pero que debido al estado de las encías es necesario extraerles los dientes que ya no tienen de dónde aferrarse.

Las encías infectadas representan además un punto de contacto directo entre los microbios y los vasos sanguíneos. Las investigaciones demuestran que existe gran relación entre las infecciones bucales y de las encías, y las enfermedades cardíacas. Se sospecha que una infección de encías prolongada puede incrementar los riesgos de contraer enfermedades cardíacas.

(De paso, al hablar de las infecciones, deseo recordar que las "anginas" [amigdalitis] pueden causar un daño irreversible al corazón y a las válvulas cardiacas.

Por eso, los padres deben estar atentos y tratar adecuadamente las anginas de los niños. ¡No deben demorarse en llevarlos al médico, y si éste considera que se les debe dar antibiótico, no dejar de hacerlo!)

Para cuidar la salud de las encías y los dientes se debe prestar atención a varios puntos:

a. Una buena masticación. Al comer y masticar, se fortalecen las encías. Es recomendable comer zanahoria y similares, masticándolos muy bien; esto fortalece las encías e incluso puede prevenir la necesidad de un tratamiento de ortodoncia, ya que la acción de masticar expande las mandíbulas, impidiendo que los dientes se encimen.

No obstante, hay actos de masticación perjudiciales. Por ejemplo, masticar chicle (goma de mascar) durante más de tres horas, roer a diario cosas duras o cortarse ("comerse") las uñas con los dientes puede dañar las mandíbulas, lo cual es un daño irreversible. Por lo tanto, solamente se debe masticar alimentos.

b. No comer alimentos muy fríos o muy calientes. El contacto con el calor o el frío intensos no es saludable para las encías y tampoco para los dientes, pues deteriora la laca que los recubre.

c. El cepillado de los dientes. El objetivo del cepillado es limpiar los dientes y quitar los restos de alimento que se acumulan entre los dientes y las encías. Así como se lavan los utensilios de cocina al terminar de comer, también es obligatorio limpiar los "utensilios de comida" de nuestra boca al terminar de comer y cepillarlos antes de ir a dormir. Es conveniente ayudarse con palillos (escarbadientes, mondadientes) e hilo dental, según las indicaciones del dentista.

Las pastas de dientes que contienen flúor llevan la advertencia de no ser utilizadas con niños menores de 6 años. Se debe tomar en cuenta esta advertencia, dado que tragar flúor puede ser perjudicial para la salud, y los niños pequeños pueden llegar a tragar parte de la pasta; además ellos no saben enjuagarse bien la boca después del cepillado.

d. Limpieza profunda periódica. Es recomendable llevar a cabo una limpieza general de la boca con un dentista cada medio año. Asimismo, es conveniente cambiar los cepillos de dientes después de algunos meses de uso.

e. El vinagre y el limón. Estos elementos pueden causar un desgaste de la laca que recubre los dientes, lo cual implica un daño irreparable. Por lo tanto, es conveniente evitar beber vinagre y jugo de limón, o al menos rebajarlos con una gran cantidad de agua y enjuagarse la boca inmediatamente después de beberlos.

Todas estas recomendaciones que escribí pueden ayudarnos a conservar encías sanas que sostengan a los dientes por muchos años.

El movimiento de los dientes

Después de la extracción de un diente, los dentistas generalmente les explican a los pacientes las distintas posibilidades que hay para suplir al diente faltante. Mayormente el paciente está tan contento de levantarse de la silla del dentista, que después de escuchar dolorido sus palabras, le responde: "Lo pensaré".

Sin embargo, para sí mismo, el paciente piensa: "¿Qué puede pasar? ¿Cuán terrible puede ser un diente menos? Probablemente el dentista quiera ganar dinero conmigo, pero ahora estoy muy ocupado".

El resultado directo de un pensamiento así o similares es que se dilata la decisión al respecto. Por eso me gustaría despertar la conciencia del lector, recalcando que es conveniente suplir el lugar del diente que falta.

De lo contrario, se puede llegar a desencadenar una serie de problemas a raíz del movimiento de los dientes vecinos, así como problemas en las encías y demás.

Conviene considerar bien las alternativas, ya que después es muy difícil volver los dientes a su posición original.

La boca cerrada

Es muy importante cuidar que la boca permanezca cerrada en la mayor medida posible, ¿por qué?

a. Como es sabido, la saliva es muy beneficiosa para nuestra vida. Entre otras cosas, posee una cualidad antiséptica. (Cuando no hay un antiséptico a mano, se puede utilizar la saliva para "desinfectar" heridas, etc.) La saliva protege a los dientes y a las encías, ya que contiene calcio, potasio y otros minerales muy necesarios.

La saliva también enjuaga la acidez que se crea en la boca, la cual es perjudicial para los dientes. Al permanecer la boca cerrada, hay constantemente saliva en la boca; por el contrario, cuando la boca está abierta, no se forma suficiente saliva.

b. Las personas que mantienen la boca abierta, generalmente se ayudan con ella para la respiración, es decir, respiran por la boca. Pero esto tiene dos desventajas: el aire inhalado no pasa por la nariz y pierde la filtración natural que allí se realiza, ingresando a los pulmones sin previa esterilización.

Además, la boca se seca y disminuye notoriamente la cantidad de saliva, faltándole protección a los dientes y las encías.

c. Quien sufre de mal aliento, debe tratar de conservar la boca cerrada para evitar la incomodidad de quienes lo rodean. A su vez, debe buscar el motivo del mal aliento, que puede ser indicador de algún problema de salud.

El aliento

Existe un viejo dicho que dice: "¿Quién habrá de decirle al león que su boca tiene mal olor?". La persona no es capaz de oler su propio aliento; para ello requiere de la "ayuda" de los demás. El problema es que a nadie le agrada decirle a otro que tiene un olor desagradable en la boca.

Quienes comen ajo o cebolla, beben café o fuman, tienen un olor muy desagradable en la boca, que a veces incluso puede despertar cierta incomodidad en la gente que los rodea (véase lo que escribí en mi libro *Una vida sin fumar según la Torá*, capítulo 6). Aun así, ¡es probable que ellos mismos ni siquiera se den cuenta de ello, y por el contrario, se sientan cómodos!

De modo que quienes los rodean prefieren alejarse lo más posible de ellos para evitar el mal olor, lo cual no siempre es posible.

De todos modos, dado que se trata de un inconveniente en la interrelación entre las personas y, además, el motivo del mal olor en la boca puede llegar a ser el indicador de un problema de salud con otras consecuencias, me permito escribir aquí algunos consejos para solucionarlo.

Quizás, al conocer soluciones, será más fácil hablarle a alguien de su problema.

Con respecto al mal aliento en sí, si éste proviene de los dientes y las encías, se debe tratar su higiene con un dentista y seguir sus indicaciones. Existen cepillos especiales para limpiar la lengua.

Si la higiene bucal es perfecta y a pesar de ello la persona sufre de mal aliento, debe consultar con un otorrinolaringólogo, pues es posible que en la zona de las amígdalas se hayan acumulado restos de alimento.

Otro posible motivo del mal olor bucal es la obstrucción de las vías respiratorias como consecuencia de infecciones prolongadas. A veces, la causa es un cuerpo extraño que se encuentra en las cavidades nasales y las concavidades frontales, o incluso en los oídos.

Si el motivo proviene del sistema digestivo, sin duda se debe seguir todas las indicaciones de este libro, especialmente la de no llenarse demasiado el estómago, sino comer comidas pequeñas y masticar bien.

Si el mal olor prevalece, es recomendable consultar a un gastroenterólogo a fin de verificar si existe algún problema en el sistema digestivo que requiere de un tratamiento médico.

Para finalizar, un consejo: obsérvate la lengua en el espejo, si presenta un color blanco, generalmente es señal de un problema digestivo.

2. Los Ojos

El nervio óptico y el glaucoma

El glaucoma es una enfermedad hereditaria y severa que afecta al nervio óptico. Sin embargo, es posible tratarla y reducir sus daños. Ésta se produce principalmente como consecuencia del aumento de la presión interna del ojo, sin relación con la presión arterial del cuerpo en general.

Uno de los problemas de esta enfermedad es que cuando el nervio óptico se daña y comienzan los trastornos en la visión, el proceso avanza desde la pérdida de la visión periférica hasta la pérdida de la visión central. A continuación explicaremos este fenómeno.

El sentido de la vista está compuesto de la visión periférica y la central. La visión periférica nos permite ver lo que ocurre a nuestro alrededor, sin necesidad de girar la cabeza hacia los costados.

Cuando esta visión se daña y comienza a disminuir, el proceso es muy lento y es por eso que la persona no lo percibe, dado que el cerebro y la conducta se acostumbran a él.

En lugar de ver hasta 180 grados hacia los costados sin girar la cabeza, la persona comienza a ver sólo a 175 grados a su alrededor, y luego el número continúa reduciéndose paulatinamente.

La persona aprende a vivir con esta limitación; gira un poco la cabeza hacia la derecha o la izquierda, hasta que, lamentablemente, cuando siente que le falta la visión, la enfermedad ya se encuentra en una fase bastante avanzada.

—Yo denomino a esta enfermedad "el ladrón silencioso" de la visión —dice el Profesor Shlomó Melamed, director del Centro de Glaucoma del Instituto Médico Tel Aviv.

—¿Por qué "el ladrón silencioso"?

—Porque no se siente ningún dolor, no se percibe ningún proceso; y súbitamente, la persona pierde el resplandor de sus ojos. En chequeos médicos incluso encontramos personas al borde de la ceguera. ¡Y no lo sabían!

—¿Cómo ocurre algo así, sin que la persona perciba el proceso que está ocurriendo en su visión?

—La presión interna asciende gradualmente, y el ojo se va acostumbrando a ella. Durante todo este período, el nervio ocular se va dañando, mas no duele. No se percibe ningún síntoma indicador de que se debe hacer algo.

La presión del líquido dentro del ojo actúa lentamente sobre las fibras del nervio, dañándolas. Cuanto más prolongada es la presión, más se dañan las fibras nerviosas y se destruyen las células fotosensibles de la retina. Lo afectado, ya no tiene cura.

En síntesis; es conveniente que toda persona con familiares cercanos (padres, hermanos, abuelos o tíos) que sufrieron de glaucoma, se controle la presión ocular a partir de los 25 años.

Quien no tiene este problema hereditario y no sufre de problemas en la visión, debe llevar a cabo un chequeo con el oculista a los 40 años, y luego cada 3 ó 4 años. A partir de los 50 años, una vez por año o cada dos años. Se debe revisar la presión interna del ojo, el nervio óptico y, de ser necesario, también el campo visual.

"El uso de lentes de contacto encierra numerosos peligros de salud, como cicatrices en la córnea, la formación de úlceras, ¡e incluso el contagio de microbios agresivos que, en casos extremos, pueden llegar a hacer perder la visión por completo!

Todos los meses llegan a los departamentos oftalmológicos de los hospitales decenas de casos de complicaciones como consecuencia del uso de los lentes de contacto. Para todo aquel que vela por la salud de sus ojos, es conveniente que siga utilizando los lentes (anteojos, gafas) tradicionales" (*Extraído de la prensa*).

El color de la luz

El autor del libro *Jovot Halevavot* dice con respecto al color del cielo, que de haber sido blanco, ello dañaría y debilitaría los ojos de los animales [y del hombre] (*Sháar Habejiná*, capítulo 5).

También el *Kitzur Shulján Aruj* escribe que fijar demasiado la vista en el color blanco es perjudicial para los ojos. Es por ello que el color del cielo es celeste y no blanco, para no dañar los ojos (citado más arriba, en el capítulo 2, inciso 21).

De aquí podemos aprender que es conveniente que la iluminación de las habitaciones no sea de "luz blanca", porque eso daña los ojos, sino preferentemente "luz amarilla" o con una tenue tendencia al azul.

El cuidado de la vista

El *Kitzur Shulján Aruj* advierte sobre el peligro que implica el cambio brusco de la oscuridad a la luz y viceversa, pues eso puede ser dañino para los ojos. Y ya cité sus palabras en el capítulo 2, inciso 21).

Por ende, observar una luz que titila no es bueno. Y te propongo una buena costumbre a seguir antes encontrarte con un cambio brusco de luz a oscuridad, o viceversa.

Al apagarse o encenderse una luz, el ojo tiende a seguir el punto donde se encuentra la luz y está por apagarse, o hacia donde la luz está por encenderse.

Por lo tanto, trata de acostumbrarte a buscar otro punto de luz y concentrar la vista en él. Así, al apagarse la luz no te encontrarás en una oscuridad absoluta, pues sin duda encontrarás algún rayo de luz que proviene de afuera, de una ventana o un pasillo.

Concentra la vista en él para que de este modo el ojo no sufra por los cambios bruscos de luz. Lo mismo debes hacer antes de encender una luz, concéntrate en un punto de luz externo y, principalmente, no dirijas la mirada hacia la lámpara que está por encenderse, para que el ojo no sufra un encuentro repentino y brusco con la luz.

Y, en base a esta observación, también recomiendo adoptar la siguiente costumbre:

Para aquellos que utilizan bombillas (lamparillas) eléctricas comunes para iluminar los ambientes, es conveniente que la llave de la luz sea graduable ("luz difusa"). Así se podrá regular la intensidad gradual de la luz al encenderla. Nota que el Creador también se apiadó de la humanidad, iluminando el mundo poco a poco y no bruscamente, de repente; ya que tanto la salida como la puesta del sol son graduales.

Entonces nosotros también debemos cuidar el preciado sentido de la visión con el cual fuimos agraciados.

Del mismo modo, es importante ocuparse también de que haya suficiente luz en las casas y en los lugares públicos, como sinagogas y *Yeshivot*.

Una anécdota sobre la conducta
de nuestro gran maestro, el Rab Shaj zt"l:

En una época, el Rab Shaj sufrió de repetidas conjuntivitis. El médico le dijo que la reincidencia de esa enfermedad seguramente se debía al gran movimiento de gente que pasaba por su casa, pues ello podía traer infecciones. Entonces, el médico le indicó que al lado de cada lavabo (pileta) colocara una jabonera y toallas de papel, no de tela.

A pesar de no haber tenido esa costumbre durante todos sus años de vida, el Rab Shaj se cuidó de seguir las indicaciones del médico, y a partir de aquel momento siempre cuidó de que hubiera toallas desechables al lado de la jabonera. Y, realmente, las conjuntivitis se redujeron notablemente.

Lentes (anteojos, gafas) adecuados

A cualquier edad es importante que los lentes sean adecuados a la necesidad; y más aun, a una edad avanzada. Al debilitarse la visión de los ancianos, un problema característico es el temor de tropezar. En consecuencia, entre otras razones, los ancianos comienzan a caminar encorvados, con la mirada hacia abajo. Con el tiempo, esta postura se torna irreversible, y tiene una mala influencia sobre la estructura de todo el cuerpo.

Por eso, si comienza una tendencia a adoptar esta postura, se debe controlar la visión o los lentes en una óptica, para saber si se necesita usar lentes o si la graduación cambió.

En los niños, las dificultades de aprendizaje y los dolores de cabeza también pueden estar relacionados con un problema de visión. Y los padres deben prestar atención a esto.

Lentes para sol

Las pupilas de los ojos se contraen y se dilatan de acuerdo a la cantidad de luz que reciben. Al haber mucha luz, las pupilas se contraen. En la oscuridad de la noche o de lugares resguardados y umbrosos, las pupilas se dilatan. De este modo, al contraerse las pupilas, éstas protegen a los ojos del daño de los rayos solares.

Los lentes de sol, además de dar una sensación agradable por ser oscuros, están recubiertos de un producto que filtra los rayos solares, a fin de proteger al ojo que se dilata por la oscuridad en que se encuentra.

Los lentes para el sol que no están recubiertos con este material filtrante, provocan que las pupilas se dilaten, mas no impiden la penetración de los rayos solares al ojo dilatado, de modo que la vista se puede dañar. Por eso, antes de comprar lentes de sol es importante verificar si tienen el recubrimiento del material filtrante.

En promedio, las pupilas pierden entre 20-30% de su fuerza para captar la luz a lo largo de su vida; y en mayor parte, ese daño es provocado por la exposición a la luz (extraido de la prensa).

3. LOS OÍDOS

El cuidado de la audición

Es nuestro deber y obligación cuidar el preciado sentido auditivo.

El daño provocado a la audición se manifiesta solamente después de varios años. Los primeros síntomas de su decadencia se exteriorizan cuando el oyente dice: "¿Qué?, ¿qué dijiste?, ¡habla en voz alta!...", y por su mente comienzan a pasar pensamientos acerca de los aparatos de audición.

Cuando el trastorno es severo, la persona comienza a quedar apartada de la sociedad, ya que se torna bastante incómodo conversar con ella. Y ya es conocida la sentencia de nuestros Sabios: "Si alguien provoca sordera a su prójimo, debe pagarle por todo el valor del daño" (Babá Kamá 85b).

Todo se torna más difícil para quien comienza con problemas de audición; se siente ajeno a la sociedad que lo rodea.

Y si bien en la actualidad existen aparatos muy avanzados que pueden ser de ayuda, gracias a Dios, a gran parte de la población que sufre de dificultades auditivas le es difícil adaptar y poner en funcionamiento el aparato auditivo –además del costo tan elevado que implica la compra de un aparato pequeño y de buena calidad–.

A veces, la disminución de la audición simplemente ocurre como consecuencia de un "tapón" de cera en los oídos. Es posible verificar esto con un simple examen en el consultorio del médico otorrinolaringólogo y, de encontrarse un tapón, se lo quita y se limpia el oído, lo cual mejora la audición.

Los timbres y altoparlantes utilizados en las escuelas, llegan a una intensidad de 110 decibeles, un volumen de 30 decibeles mayor a los 80 permitidos de acuerdo a la ley (en Israel).

> La ceguera desconecta a la persona
> de los objetos,
> mientras que la sordera lo desconecta
> de la sociedad.

Estar expuesto a un ruido mayor a 100 decibeles, aun por un corto lapso de tiempo, daña la audición y acelera el ritmo del corazón. El ruido también causa un ascenso de la presión arterial, desordena el ritmo cardíaco y la actividad renal, etc.

Una enfermedad muy común es la insuficiencia auditiva causada por el ruido en ciertos oficios como la carpintería, la soldadura, la manipulación de instrumentos musicales muy ruidosos y demás.

La música que se toca en las fiestas a un volumen excesivamente alto perjudica la audición, causando un daño irreversible, dado que cualquier disminución de la audición, por mínima que sea, es irreversible.

El daño ocasionado por los sonidos musicales muy intensos, especialmente los que son escuchados a través de altoparlantes, es acumulativo. De modo que cuanto más prolongada es la exposición al ruido, más severo es el daño. Los jóvenes y adolescentes que se exponen a ruidos intensos en forma cotidiana, probablemente sufrirán el precio de su actitud con la pérdida de la audición años más tarde.

De hecho, en el "Día Internacional de la Audición" fue expuesto un dato, de acuerdo al cual una de cada diez personas sufre de molestias o insuficiencia auditiva.

Es por eso que toda persona debe tratar de influir para disminuir la intensidad de la música en las fiestas, beneficiando así a todo el público en general.

A quienes acuden a fiestas, les recomiendo no llevar bebés y niños pequeños, para no exponerlos forzosamente al ruido intenso durante tantas horas.

Es sumamente penoso para mí ver en los salones de fiestas a bebés, a veces recién nacidos, que absorben en su cuerpo frágil y tierno una cantidad de ruido tan intenso que ni siquiera los adultos pueden soportar. ¡Se debe contratar a una niñera para dejarlos con ella! El costo será menor que el daño provocado al bebé. En caso de gran necesidad y de no haber otra alternativa, traten al menos de alejarlos lo más posible de los altoparlantes.

Si te ves obligado a permanecer en un lugar muy ruidoso, es importante que sepas que cuantas más interrupciones en la audición hagas y cuanto más te alejes de la fuente del ruido, menor será el daño. Es correcto utilizar tapones para proteger a los oídos del ruido.

4. EL CUELLO

El siguiente fenómeno es singular de nuestra generación: la inclinación prolongada de la cabeza hacia cualquiera de los costados para sostener el teléfono entre la oreja y el hombro durante una conversación muy larga y poder realizar otras tareas al mismo tiempo.

Esto puede causar graves daños a las vértebras del cuello y comprimir los vasos sanguíneos que llevan la sangre al cerebro, lo cual puede a su vez causar convulsiones aun en personas jóvenes. Es por eso que es importante evitar esta postura.

Aprovecho para recordar que no se debe hacer ninguna clase de ejercicios para el cuello.

Una anécdota sobre la conducta
de nuestro gran maestro, el Rab Shaj zt"l:

Cuando el médico le explicó al Rab Shaj la importancia de los masajes en la cintura escapular (no en el cuello) para el sostenimiento correcto de la cabeza y la irrigación adecuada de sangre al cerebro, aceptó realizarse el tratamiento dos veces a la semana.

A pesar de que el Rab Shaj cuidaba mucho cada segundo de su tiempo, y el tratamiento tomaba un poco del tiempo destinado a su cena –después de la cual recibía al público que acudía a él en busca de consejo–, él siempre fue muy cuidadoso en hacerse este tratamiento correctamente, y sólo en casos especialmente excepcionales le pedía al médico que lo acortara.

El trabajo frente a la computadora

Con la innovación de la computadora en nuestra generación, cada vez más personas pasan a la escritura por computadora, sin saber cómo realmente se debe trabajar frente a ella, y como consecuencia lo hacen incorrectamente. El trabajo prolongado frente a la computadora puede derivar en graves consecuencias, como el endurecimiento de los hombros, dolores en las articulaciones y el desgaste de los cartílagos; todos de difícil curación. Asimismo, es conveniente utilizar un sostén para la muñeca de la mano que mueve el "ratón".

Es importante no permanecer sentado durante largos períodos sino pararse de vez en cuando, y realizar los ejercicios publicados ocasionalmente para aquellos que trabajan con la computadora. Se debe prestar atención a la postura al sentarse, y a la ubicación del teclado y la pantalla.

En ciertas instancias, la pantalla de la computadora puede ser perjudicial para las mujeres debido a los rayos que se liberan de ella. Existen filtros de pantalla que impiden el paso de gran parte de la radiación.

5. LOS PULMONES

Ejercicio para mejorar la respiración

Los pulmones reciben el oxígeno del aire que entra en ellos. El oxígeno luego pasa a la sangre y eso es lo que nos da la vida. De aquí la gran importancia de controlar el nivel de oxígeno en nuestro cuerpo. No obstante, normalmente las respiraciones de una persona promedio no son muy profundas y sólo el 20-30% de la cantidad de aire que hay en los pulmones se recambia.

Asiduamente no tenemos la posibilidad de hacer que entre a los pulmones la cantidad máxima de aire que estos podrían recibir, puesto que estos no son un músculo que podemos controlar. Sin embargo, hay un camino para lograrlo por medio de un ejercicio muy simple:

Toma un vaso, llénalo un tercio con agua, toma una pajilla finita y comienza a exhalar aire por medio de la pajita, así como hacen los niños para formar burbujas. Expulsa aire todo lo que puedas. Cuando soplamos podemos tener control sobre los pulmones porque la exhalación sí puede ser provocada por el músculo diafragma, que al presionar sobre los pulmones provoca que estos se contraigan y salga de ellos una cantidad de aire bastante más grande de la que normalmente es despedida.

Después de soplar, inhalarás aire para llenar los pulmones. Esa inhalación hará que entre mucho aire a los pulmones debido al vacío que fue provocado al soplar tanto, y de ese modo se podrá mejorar la renovación y el recambio de aire en los pulmones en forma significativa.

Este ejercicio es muy importante en personas de edad avanzada, y especialmente en aquellas que tienden a padecer de pulmonía (neumonía). De este modo se eleva la cantidad de aire nuevo que entra a los pulmones, y por ende, la cantidad de oxígeno en la sangre se incrementa.

El mejor momento para realizar este ejercicio es por la mañana, con el estómago vacío; y no es necesario hacerlo más que algunas veces por día.

6. LAS PIERNAS

El talón y la planta del pie

El talón del pie no fue creado con abundantes vasos sanguíneos y nervios, dado que su función es caminar y cargar el peso de todo el cuerpo. De ser sensible como las demás partes del cuerpo, no podría cumplir su función, y no podríamos caminar. Con el paso de los años la piel del talón generalmente se endurece y se seca; entonces, cuando ocurre una herida o una lastimadura, es más difícil de curar.

Por eso, es recomendable antes de dormir cuidar los talones, y toda la planta del pie en general, mediante aplicaciones de crema y masajes. Al masajear se debe revisar las plantas de los pies para ver si hay alguna herida o lastimadura. (En todos los casos, y especialmente en los enfermos de diabetes, es recomendable no untar la crema entre los dedos de los pies, al menos que ésta sea especial para ello.)

Asimismo, se debe cuidar la limpieza e higiene de las plantas de los pies, lavándolas y cambiándose las medias, para evitar el ingreso de microbios.

Caminar con los pies grasosos puede ser muy peligroso y puede terminar en una caída. Por ello, se deben adoptar las siguientes precauciones:

Se debe utilizar una crema no demasiado grasosa, para que se absorba más rápido.

Sólo se debe untar la crema en los pies antes de irse a dormir, para lo cual se debe preparar con anticipación todo lo necesario (reloj despertador, recipiente para la *netilat yadáyim*, papel tisú para la nariz, etc.) para poder quedarse en la cama después del untado.

También se debe prestar atención a que no sea necesario pararse para apagar la luz.

Es conveniente utilizar guantes desechables para no tener que levantarse a limpiarse la crema de las manos.

Yo aconsejo untar la crema, alternativamente, del siguiente modo: un día, apoyando el tobillo del pie derecho sobre la rodilla izquierda y al día siguiente el tobillo izquierdo sobre la rodilla derecha, y masajear.

De este modo, después de haber untado la crema será posible introducir el pie untado dentro de la sábana sin necesidad de apoyarlo en la pantufla. La cantidad de veces que se es apropiado utilizar la crema dependerá del estado de sequedad del pie.

Insuficiencia venosa y várices (y las medias elásticas)

Muchas personas utilizan medias elásticas debido a problemas de insuficiencia venosa en las piernas. Explicaremos lo que esto significa.

El músculo del corazón envía sangre a todo el cuerpo a través de unos conductos llamados arterias. Para que la sangre llegue a todas las partes del cuerpo, el corazón ejerce presión: la presión arterial. Las paredes de las arterias deben ser suficientemente fuertes para poder soportar esa presión.

Una vez que la sangre llegó a su destino, regresa al corazón por medio de otros conductos llamados venas. Este trayecto se lleva a cabo sin la presión del corazón, sino que la sangre nueva que va llegando desde el corazón empuja a la anterior en dirección a éste.

Además, las venas de las piernas están rodeadas de músculos que se contraen al realizar alguna actividad con las piernas. Esta contracción ejerce presión sobre las venas, empujando la sangre contenida dentro de ellas hacia arriba, en dirección al corazón.

Dentro de las venas hay, por así decirlo, "válvulas". Cuando la sangre sube, las válvulas se abren hacia arriba, permitiéndole el paso. En cambio, cuando la sangre tiende a bajar debido a la fuerza de la gravedad, las válvulas se cierran impidiéndole el regreso.

Las venas no necesitan soportar gran presión y, por eso, sus paredes son menos fuertes que las de las arterias. Esta flaqueza de las paredes venosas permite su dilatación. Con el avance de la edad, estas paredes se debilitan cada vez más, lo cual, junto al hecho de permanecer de pie por períodos prolongados, da lugar a que aún más sangre se acumule en las venas. Entonces se crea como un círculo vicioso: las venas se dilatan, la sangre se acumula en ellas, y eso mismo provoca que éstas se dilaten más. El resultado de ese círculo vicioso es que cada vez se hace más difícil permanecer de pie. Para este problema la solución es usar medias elásticas especiales que contengan las venas, impidiendo que éstas continúen dilatándose más.

A continuación, algunos consejos a modo de medicina preventiva:

• Evitar permanecer de pie durante mucho tiempo, e incluso evitar estar largos períodos en posición de sentado. Lo ideal es cambiar de posición cada tanto, de parado a sentado y viceversa.

• Cuanto más movamos las piernas, más se activarán sus músculos, provocando que la sangre regrese al corazón. Por eso, además de los cambios de posición, también es recomendable accionar los músculos de las piernas; caminar es el mejor movimiento para activarlos.

A continuación citamos la opinión del Profesor Yaír Yodéfet, experto en medicina familiar e hipertensión, tal como fue publicada por la prensa: "Uno de los peligros de las cirugías ortopédicas es la aparición de cuágulos en las venas, que tienden a llegar a los pulmones. Esto es provocado por el yeso, que impide el movimiento de las piernas. Quien padece de colesterol, es más propenso a ello. Por eso en muy importante realizar un tratamiento adecuado y suficiente por medio de anticoagulantes de la sangre".

• Existen aparatos de plástico para movilizar las plantas de los pies mientras la persona está sentada, y así optimizar el regreso de la sangre al corazón.

• Es muy recomendable acostarse varias veces al día con los

pies un poco levantados, aunque sólo sea durante uno o dos minutos.

- Quienes ya sufren de este problema y necesitan usar medias elásticas para impedir la expansión de las venas, también pueden beneficiarse de comprender el proceso que les provoca la dilatación y seguir los consejos aquí expuestos.

(De paso, al referirme a este tema, no quiero dejar de mencionar que en caso de desmayo, es decir, que no llegue suficiente sangre oxigenada al cerebro, es recomendable acostar a la persona con las piernas más altas que la cabeza; así, en pocos segundos la sangre oxigenada de las arterias llegará al cerebro. Así es posible salvar al cerebro de algún posible daño, dado que sin oxígeno éste no puede funcionar.)

Reglas para una caminata correcta

Una caminata correcta es aquella en la cual constantemente se varía el ritmo de la marcha. Es decir que se comienza caminando normalmente, luego más ligero y luego con rapidez. Cuando las palpitaciones se aceleran y la persona se cansa, se debe aminorar el ritmo de la marcha y, después de un lapso, acelerar el ritmo de la caminata nuevamente; y así sucesivamente.

Al caminar se debe tratar de que las plantas de los pies permanezcan derechas y no hacia fuera. (Mi intención es decir que los jóvenes deben hacer esto, y que los padres deben acostumbrar así a los niños; si un adulto que ya se acostumbró a caminar con las plantas de los pies hacia fuera trata de cambiar su conducta, es posible que hacerlo le cause una falta de estabilidad, y se debe tener cuidado. Más adelante me referiré más en detalle al tema de la estabilidad en los adultos.)

Las rodillas deben estar ligeramente hacia delante y no tirantes hacia atrás. Se debe introducir el abdomen, los hombros deben estar hacia atrás, y la cabeza erguida y no doblada hacia abajo.

Durante la caminata la boca debe permanecer cerrada, es recomendable inhalar por la nariz y exhalar por la boca. Por lo tanto se debe evitar hablar por el celular o con un acompañante.

Los adultos deben prestar atención a que los brazos no estén paralizados sino que tengan libre movimiento a los costados; de este modo la caminata será más ligera, como la de los jóvenes. La razón de esto es que, para poder caminar, necesitamos mantener el equilibrio, a fin de no caernos. El balanceo de los brazos brinda al cuerpo ese equilibrio. Así, mientras la pierna izquierda se adelanta, lo mismo hace el brazo derecho, y cuando la pierna derecha se adelanta, paralelamente se adelanta el brazo izquierdo. Cuanto más joven es la persona y más rápido se balancean sus brazos, más rápido puede caminar. En cambio, caminar rápido con los brazos arrimados al cuerpo es muy difícil. Cuando las manos cargan peso o están metidas en los bolsillos, provocan que se aminore el ritmo de la caminata e impiden una caminata ligera.

Las caminatas optimizan la capacidad mental y pueden frenar en parte el proceso de deterioro cerebral en los adultos mucho más que otros ejercicios físicos. También se demostró que las caminatas, especialmente las ligeras, son favorables para tratar estados de depresión; a veces, con más éxito que un tratamiento medicinal.

Una advertencia importante para las personas mayores de 40 años que realizan o consideran realizar actividades físicas es que éstas se deben comenzar gradualmente.

Las caminatas sobre un aparato de gimnasia con la superficie inclinada pueden ser perjudiciales para las piernas. Por eso, se debe cuidar siempre que la caminata sea sobre una superficie lisa y completamente horizontal. Asimismo, ejercitar sobre una bicicleta de gimnasia firme puede ser perjudicial, y es preferible no utilizarla.

Ejercicios para fortalecer los músculos de las piernas y la pelvis

Para fortalecer los músculos de las piernas: pararse y sentarse sin la ayuda de las manos. Pararse despacio y sentarse muy lentamente, siempre con la espalda derecha. Se debe repetir este ejercicio diez veces. Además, siempre es preferible levantarse de la silla sin la ayuda de las manos.

Para fortalecer la pelvis: sentarse frente a un atril (como se usa en las *Yeshivot*) con las piernas dentro de las paredes del mismo, y presionar suavemente hacia fuera contra las paredes. Luego colocar las piernas por afuera del mismo y presionar suavemente contra las paredes hacia dentro.

Cómo evitar las caídas en la ancianidad

Las caídas en la ancianidad son muy peligrosas y pueden originar desgracias.

Con el fin de adelantar el remedio para que no llegue la enfermedad, me explayaré sobre este tema.

Imagina la siguiente situación: Muchas personas transitan por la calle. De pronto se escucha que alguien, Dios nos libre, se cayó. Enseguida todos corren a ayudarlo a levantarse. Por lo general, quien se cayó es una persona anciana. Al preguntarle qué pasó, simplemente responde "tropecé y me caí".

Ahora, preguntémonos: Si por el mismo lugar transitan miles de personas, ¿por qué justo los ancianos tropiezan? ¡Es muy poco habitual ver a una persona joven caerse! ¿Por qué?

En primer lugar, es preciso saber que al caminar, los ancianos no levantan las piernas tanto como lo hacen los jóvenes, y por esta razón tienden a tropezar más con los obstáculos que se encuentran casi a la altura del suelo. Por eso es importante prestar atención a levantar las piernas al caminar. No arrastrar los pies, sino caminar.

Otro punto es que las personas jóvenes ven mejor y llegan a captar con su vista muchos obstáculos que un anciano quizás no ve debido al deterioro de su visión. (Es por eso que antes escribí acerca de la importancia de verificar que la graduación de los anteojos de los ancianos sea adecuada.)

No obstante, más allá de los dos primeros puntos, el motivo principal de las caídas de los ancianos es la falta de flexibilidad de los órganos.

Para prevenir este problema, se debe realizar entre los 40 y 60 años ejercicios que fortalezcan la tonicidad muscular. Así se podrá llegar a la vejez en buen estado, con la ayuda de Dios.

Las caídas durante la noche

Entre los ancianos también son usuales las caídas al levantarse de la cama durante la noche, ¿a qué se debe esto?

Los ancianos suelen dormir totalmente a oscuras, dado que tienen un sueño muy liviano y la luz les molesta. (Quizás también sea una cuestión de ahorro de energía.) Generalmente, con el avance de la edad, la persona se levanta cada vez más veces a la mitad de la noche para ir al baño. Dado que cualquier tropiezo, por más sutil que sea, puede causarles una pérdida del equilibrio que termina en una caída, hasta que llegan a encender la luz del pasillo se encuentran en peligro de caerse; por ello, en función de la necesidad, será obligatorio para ellos dejar una luz encendida en el baño y una luz adicional en el pasillo, que ilumine el camino desde la habitación hasta el baño y la cocina.

Asimismo, se deberá cuidar que el entorno sea seguro, ya que cualquier obstáculo en el suelo, como una alfombra con pliegues o algún otro objeto, puede causar tropiezos tanto de día como durante la noche.

Otro motivo de las caídas nocturnas son los cambios de posición repentinos, como el giro de posición acostada a sentada, o de posición sentada a parada, y más aún, de posición acostada a parada. Esto puede provocar un descenso de la presión arterial y, como consecuencia, el anciano se puede caer.

Por lo tanto, los ancianos se deben acostumbrar a cambiar de posición lentamente, y tratando de que tengan de donde asirse y sostenerse en caso de necesidad. (Y ya en el Talmud encontramos algo similar: "Quien se saca sangre y se para [repentinamente], corre peligro de muerte", Dios nos libre y guarde.)

Otra razón es que después de orinar la presión arterial baja. Por eso, un anciano que va al baño durante la noche, debe sentarse en el sanitario para que el descenso de la presión no le provoque una caída. Luego debe reposar unos instantes y sólo después puede regresar a la cama.

La estabilidad en los adultos

La falta de equilibrio y estabilidad en la adultez no son iguales que en la juventud. Una persona joven, aun si se tropieza, enseguida logra estabilizarse; por el contrario, un adulto no siempre recupera la estabilidad y tiende a caerse.

Te propongo algunos ejercicios para mejorar el equilibrio y lograr estabilidad. Estos ejercicios te salvarán de las caídas en la ancianidad. Un fisioterapeuta sin duda podrá agregarte más ejercicios de distintas clases.

Ejercicio 1:

Primera fase: Ponte de pie con los pies distanciados y mira hacia ambos costados sin mover la cabeza.

Segunda fase: Haz lo mismo pero con los pies juntos.

Tercera fase: Ponte de pie con un pie delante del otro, es decir, que los dedos del pie de atrás toquen el talón de adelante, y mira hacia ambos costados sin mover la cabeza.

Una vez que te acostumbres a este ejercicio, podrás comenzar directamente por la tercera fase. Luego puedes realizar el ejercicio fijando la vista hacia adelante y moviendo un poco la cabeza hacia los costados, pero manteniendo la mirada fija en el punto anterior. Este ejercicio también ayuda a evitar los mareos.

Ejercicio 2:

Diariamente o algunas veces por semana, ponte de pie durante uno o dos minutos sobre un sólo pie y luego sobre el otro pie. Si te es difícil, puedes sostenerte levemente y comenzar gradualmente. (Este ejercicio es recomendable sólo hasta los 30-35 años, para no dañar los cartílagos.)

Los cartílagos (de las rodillas)

El cuerpo humano está compuesto de huesos grandes y pequeños. Los huesos de las piernas son los más grandes. Las rodillas cargan la mayor parte del peso de la persona, mientras que las vértebras de la columna vertebral cargan menos peso. Los huesos de los dedos son los más pequeños del cuerpo humano.

Entre un hueso y otro, así como entre una vértebra y la siguiente, hay una articulación que les permite a los huesos moverse libremente sin chocar entre sí, y les proporciona gran medida de suavidad y flexibilidad. Esta articulación contiene ligamentos y cartílagos.

El conjunto de cartílagos sufre un proceso de construcción y disolución al igual que todas las demás células del cuerpo. Este proceso se denomina "metabolismo", y ya nos explayamos sobre esto en el capítulo anterior, sección 3. Aun así, a diferencia de lo que ocurre con las demás células, en este sistema el proceso de construcción y disolución se interrumpe a los 30-35 años. En otras palabras: los cartílagos no se vuelven a reconstruir en los adultos; lo que quedó es lo que habrá.

Es por ello que debemos cuidarnos de no dañar los cartílagos. No se conocen exactamente los causantes del desgaste de los cartílagos, aun así, la obligación de cuidarse sigue en pie en la misma medida. Saltar, correr, levantar objetos pesados o realizar cualquier actividad que implica un esfuerzo para las rodillas (como pedalear en una bicicleta de gimnasia), puede provocar el desgaste de los cartílagos y, por lo tanto, no es recomendable.

En los jóvenes los saltos no son perjudiciales mayormente, pero a partir de la edad mencionada no se debe saltar ni correr. Se puede caminar ligeramente, mas no correr, pues con el tiempo se puede provocar un daño irreversible a las vértebras y los cartílagos de la columna vertebral.

Bajar escaleras implica un esfuerzo para las rodillas, por eso es conveniente apoyarse suavemente en la baranda al descender. Lo ideal es subir por las escaleras y bajar por el ascensor. En caso de dolores ortopédicos, especialmente en los cartílagos, no se debe realizar movimientos dolorosos y resistir al dolor; excepto si se recibió una orden médica de realizar actividades que causan dolor.

Generalmente, cuando la persona tiene dolores, trata de sobreponerse a ellos. Sin embargo, hay que saber que en lo que se refiere a dolores de huesos o articulaciones y cartílagos, los movimientos que van acompañados de dolor sólo contribuyen a incrementar la complejidad de la enfermedad.

Algunos ejemplos:

- Alguien que sufre de dolor en los cartílagos de las rodillas, si se esfuerza en hacer toda clase de actividades a pesar del dolor –como levantar grandes pesos, bajar rápidamente escaleras, saltar o correr–, lo único que estará haciendo será apresurar el proceso de deterioro del cartílago.

- Alguien que recibió un golpe en la rodilla y siente dolor, seguramente puede llegar a tener allí una pequeña fractura. Si trata de luchar contra el dolor la fractura no se curará.

- Alquien a quien el médico le dijo que no puede pisar con la planta del pie, y le indica usar muletas por un tiempo, no debe intentar sobreponerse al dolor tratando de pisar con la planta del pie.

- A quien tiene una lesión en el hombro se le aconseja no realizar movimientos, sino dejar que el hombro se cure solo. Asimismo, a quien se le endurecieron los músculos del cuello.

> En el Centro Médico "Rambam" de Haifa, Israel, han desarrollado un nuevo método para el tratamiento del desgaste de los cartílagos de las rodillas. Tras la extracción de un poco de tejido del cartílago, éste es llevado al laboratorio, donde es cultivado, y después de algunas semanas es implantado nuevamente en el paciente.
>
> *(Extraído de la prensa)*

7. MISCELÁNEO

Advertencias para las mujeres

Por falta de atención y amor excesivo, muchas mujeres levantan a sus hijos a pesar de que ya no son bebés y pesan bastante. Este fenómeno se torna más problemático aún al tratarse de abuelas en edad avanzada que levantan a sus nietos.

Cada esfuerzo como este debilita los músculos del abdomen y, con el tiempo, incluso puede causar un desgarro de estos músculos. Además, los embarazos y los partos también influyen, y puede llegar a ocurrir que a una edad avanzada los músculos de la pelvis se hundan, lo cual generalmente requiere de una intervención quirúrgica. Cuanto antes se comience con un tratamiento preventivo a base de ejercicios, más probabilidades de reducir los daños habrá. Pero, principalmente, se debe evitar levantar niños u objetos pesados en forma incontrolada.

Además, las mujeres deben evitar permanecer de pie desde la mañana hasta la noche sin intervalos; y también es importante para ellas recostarse dos veces al día, durante diez minutos, con los talones más altos que la pelvis.

Los insecticidas

Hay mujeres que al ver una hormiga o algún otro insecto en la casa, instintivamente toman el mata-insectos y lo usan en contra de aquellos "visitantes indeseados". Sin embargo, es preciso saber que los insecticidas contienen componentes tóxicos muy peligrosos; por lo tanto, no deben ser utilizados en forma acelerada y desmedida. ¡No es necesario fumigar un solo insecto con la cantidad de insecticida capaz de exterminar a toda "una manada"! Sería preferible hacer una fumigación de la casa una vez por año, o cada dos años.

El uso inteligente del termómetro

En las mañanas de invierno es común ver a niños pequeños camino a la escuela, con vestimenta inapropiada, desabrigados; y algunos incluso con un resfriado muy notorio. Uno se sorprende y se pregunta: "¡¿Cómo es posible que estos niños salgan de su casa sin abrigo cuando afuera hace tanto frío?! Otras veces ocurre lo contrario: hay niños vestidos con suéter o pulóver en un día de mucho calor, ¿por qué?

La respuesta es que los padres mismos no saben cómo está la temperatura afuera; puede ser un día soleado, mas no caluroso, o un día de calor intolerable que aún no se comenzó a sentir dentro de la casa.

Hoy en día, con el desarrollo de la tecnología, existen distintas clases de termómetros que nos pueden ayudar a saber la temperatura exacta que hay afuera. Algunos poseen un hilo largo y delgado, con un sensor en el extremo, que se coloca fuera de la casa (puesto que el hilo es tan delgado, no impide cerrar la puerta o la ventana).

Otros termómetros están compuestos de dos partes, una se coloca dentro de la casa y la otra, del tamaño de una cajita de fósforos, se cuelga afuera en cualquier lugar, y le transmite la temperatura exacta a la unidad interna. Una vez que tengamos el medio de medición, podremos observar cada mañana cuál es la temperatura afuera en comparación a la del día anterior. Unos segundos de observación del termómetro nos ayudarán a vestir adecuadamente a los niños antes de salir de la casa; y así podremos protegerlos del frío y del calor, lo cual está en nuestras manos y es parte de nuestra obligación de cuidar la salud.

El teléfono celular

Varias investigaciones alegan en contra del uso de los teléfonos celulares.

Este asunto rememora los inicios de la lucha contra el cigarrillo, antes del año 1960. A partir de esa fecha todo se fue esclareciendo, hasta que finalmente en el año 1990 yo mismo escuché una confesión explícita del vicepresidente de la compañía "Phillip Morris International", una enorme compañía de producción de tabaco de los Estados Unidos, que dijo frente a un comité gubernamental para la prevención del cigarrillo las siguientes palabras:

> Es aceptado, tanto médica como científicamente, que el cigarrillo provoca cáncer de pulmón, enfermedades cardíacas, enfisema pulmonar y otras enfermedades graves. No disentimos ni habremos de oponernos a esta idea. La postura de "Phillip Morris" es que el cigarrillo no es seguro y que el fumar es vicioso.

Como judíos, que cuidamos nuestra salud al igual que cumplimos los demás preceptos de la Torá, es lógico hacer todo lo posible para evitar cualquier daño o perjuicio al organismo.

De todos modos, hasta que lleguemos a un esclarecimiento más exhaustivo de las distintas opiniones sobre este asunto, me gustaría enumerar algunas indicaciones que ya fueron publicadas con respecto al tema de los teléfonos celulares:

1. Reducir en todo lo posible el uso del teléfono celular.

2. Si esto no se puede lograr completamente, por lo menos se debe tratar de realizar las llamadas más largas desde el teléfono normal. No es exagerado decir que cada minuto menos de celular aporta algo a nuestra preciada salud.

3. Si bien todavía no fue demostrado a ciencia cierta que la radiación del teléfono celular es peligrosa, ya tenemos bastantes pruebas que justifican evitar absolutamente la exposición de los niños a esta radiación. Los niños en edad de crecimiento poseen células cerebrales más sensibles, y por ende se debe evitar el uso del celular en los niños menores de 14 años. El teléfono celular no es un juguete para que los niños jueguen con él.

4. Al usar el celular es conveniente utilizar el comando de "altavoz" o un micrófono con audífonos.

5. Cuando se pueda, se debe mantener el celular lo más lejos posible del cuerpo; incluso un alejamiento de 5 cm es importante.

6. Se debe alejar del rostro la boquilla del micrófono incorporado; el micrófono capta lo que decimos aun si no está pegado a la boca.

7. Cuando tenemos el celular sobre el cuerpo, por ejemplo enganchado en el cinturón, debemos colocarlo con la parte de los números hacia el cuerpo.

8. La mayor emisión de radiación ocurre desde el momento que se marca el número deseado hasta la recepción de la

llamada del otro lado; durante ese lapso aleja el celular de tu cuerpo.

9. Trata de pasar el celular de una oreja a la otra varias veces durante la conversación.

10. Cuando la calidad de la comunicación no es buena, el campo magnético del celular se fortalece. Trata de evitar el uso del celular en estos casos, así como cuando te encuentras en un ascensor o en un subsuelo.

11. Como el celular intercambia las comunicaciones a través de antenas, al viajar a gran velocidad se fortalece el campo electromagnético. Por lo tanto, trata de evitar el uso del celular sin micrófono durante un viaje ligero, aun si no conduces tú.

No sentarse directamente sobre metal, piedra o madera

No es bueno sentarse directamente sobre metal, mármol o piedra, dado que estos absorben el calor natural del cuerpo y enfrían los órganos internos. Asimismo, es sabido que sentarse sobre madera también puede ser perjudicial. Por lo tanto, se debe tratar de sentarse siempre sobre un asiento tapizado y no directamente sobre estos materiales.

En verdad, en Babilonia acostumbraban a no sentarse sobre bancos de madera sin tapizado, y a eso se debe que en todas las sinagogas de las comunidades provenientes de allí, los asientos estén tapizados. Aparentemente, la base de este comportamiento es la *Guemará* (Berajot 62b), que dice en nombre de Ben Azai: "Recuéstate sobre cualquier lecho, mas no sobre el suelo; siéntate en cualquier asiento, excepto en uno de madera".

EL CIGARRILLO: EL PELIGRO DE LA GENERACIÓN

Capítulo 13

¡**F**umar es el factor de muerte más habitual, y está en manos de la persona evitarlo!

Aun si comes en la forma correcta y en los momentos propicios, duermes a horario, realizas actividades físicas adecuadas y vives una vida tranquila, sin enojos y frustraciones, no verás bendición ni satisfacción de tu vida si tienes el cigarrillo encendido colgando de los labios. La calidad de tu vida se deteriorará casi irremediablemente como consecuencia de fumar.

Es indescriptible e inimaginable el terrible daño que la humanidad se provocó desde que los indios acostumbraron a los hombres blancos a aspirar humo. Se cuenta que el *Jafetz Jaím zt"l* solía decir: "No sé cómo es posible que los judíos hayan adoptado una costumbre tan ridícula como la locura de fumar cigarrillos" (*Netivot Hakódesh* del Rabino de Krakov *zt"l*, pág. 162).

¡Cuánto tiempo y esfuerzo invierte la gente para elegir un departamento en una zona donde el aire es favorable a su criterio; luego calculan la orientación de la casa, miran cuánto espacio verde tiene a su alrededor, etcétera! ¡Todo esto es en vano para una persona que fuma! ¿Para qué necesitas mirar alrededor, si tú mismo, con tus propias manos, intoxicas tus pulmones y dañas tu salud día a día, en todo momento?

No alcanza el papel para detallar todos los perjuicios provocados por el cigarrillo. Las investigaciones descubren constantemente daños más grandes, así como las mentiras e infamias que esconden las grandes industrias de cigarrillos en todo el mundo.

Recientemente ha habido un despertar de movimientos mundiales sobre este asunto. Se han presentado reclamos en contra de los fabricantes de cigarrillos y los tribunales norteamericanos han impuesto multas de millones de dólares como respuesta a las demandas colectivas.

La Imagen de un Joven Fumador va en Descenso

¡Cuando se realizan investigaciones médicas se sabe que no existe un fumador sano! Es por eso que al reunir grupos de personas para investigaciones sobre asuntos diversos, para los cuales se necesitan personas sanas, siempre aparece en el cuestionario para los postulantes la pregunta "fuma/no fuma". Si el candidato se presenta como fumador, jamás será escogido para esta clase de investigaciones, pues "¡No existe un fumador sano!".

Las jóvenes que buscan un *shiduj* deben saber que un muchacho que fuma encierra un peligro para su propia vida, y para la de toda su futura familia. Y el riesgo es más grande que el de cualquier otra enfermedad que pueda poseer algún familiar cercano del muchacho, por la cual normalmente se temería contraer matrimonio con él. **¡No existe un fumador sano!**

Un Error Común

El caso de un error muy difundido, que los fabricantes de cigarrillos no se esfuerzan por corregir es, por ejemplo, lo que se cree respecto de los cigarrillos "light" y los comunes.

Seguramente piensas, al igual que la mayoría de tus amigos, que los cigarrillos "light" son menos perjudiciales para la salud que los cigarrillos comunes. ¡¿Acaso sabes que un importante representante de la gran empresa americana de cigarrillos "Morris y Tujler" reconoció explícitamente frente a un comité gubernamental –y yo personalmente lo escuché– que "en lo que respecta al daño que causa el fumar, no hay diferencia entre los cigarrillos 'light' y los comunes"?!

Asimismo, la Corte Suprema de la Unión Europea confirmó este dato, prohibiendo la comercialización de cigarrillos "light", pues implica un engaño al público. ¡Este es sólo un ejemplo de cómo se oculta la información, mintiéndole al público durante muchísimos años!

En mi libro *Una vida sin fumar* he dedicado un capítulo entero a detallar los daños que provoca el cigarrillo, mira allí. De todos modos, me gustaría agregar tres puntos más que descubrí después de la publicación de aquel libro:

- El fumar es el factor más poderoso y la causa principal de, por lo menos, la mitad de los nuevos casos de cáncer de vejiga. ¡Dios nos libre!

- Los discos que se encuentran entre las vértebras se van secando con el avance de la edad. Se descubrió que los discos de un fumador de cuarenta años que fuma tres paquetes de cigarrillos por día, están tan secos como los de una persona de sesenta años. El desecamiento de los discos provoca una sobrepresión sobre las vértebras de la columna vertebral, lo cual comprime los nervios y provoca fuertes dolores.

- El oxígeno que obtenemos del aire se mezcla en la circulación sanguínea por medio de un gran número de alveolos pulmonares, unas terminaciones muy finas y delgadas. Todo humo perjudica mucho a dichos alveolos, y con más razón el del cigarrillo, que tiene una gran cantidad de tóxicos y venenos. Con el tiempo, en el fumador se va perdiendo de forma significativa la capacidad de funcionamiento de dichos alveolos. Estos no pueden obtener el oxígeno del aire. Entonces ocurre que la persona siente que no tiene "aire"; al comienzo, durante la realización de esfuerzos físicos, y luego, incluso al hacer cualquier clase de acción diaria común. (La siguiente fase es la de necesitar una máscara de oxígeno.)

Esta enfermedad científicamente se conoce como "enfisema pulmonar", pero a quien la padece, los médicos popularmente lo llaman "el vivo-muerto": una persona con vida en su cuerpo, pero que no tiene aire para vivir; una persona que quiere y busca aire pero no puede encontrarlo porque los alveolos pulmonares encargados de tomar el oxígeno del aire están arruinados. Esta es una enfermedad terrible. ¡Dios nos guarde!

LOS GUEDOLIM ESTÁN EN CONTRA DEL CIGARRILLO

Los grandes Rabinos de la generación anterior objetaron severamente contra el cigarrillo. A ellos se les sumaron actualmente los *Guedolim* de la nuestra, redoblando la conciencia sobre la severidad de la prohibición, al esclarecerse el gran peligro y daño que el cigarrillo provoca al cuerpo. Ellos formularon la siguiente declaración:

A través de esta declaración nos dirigimos a los queridos y estimados jóvenes que aún no se sumaron a la mala costumbre de fumar, la cual puede terminar en grandes desgracias.

¡Queridos jóvenes, no se dañen a ustedes ni a a las

personas de su entorno adoptando esta costumbre! Nuestra sagrada Torá nos enseña a **vivir** con la Torá y con los preceptos, y Dios anhela que cada uno cuide su salud para poder servirlo. ¡Pobre de aquel que es insensato en el cuidado de su salud; y cuánto más, al saber que los médicos opinan que el fumar indudablemente es perjudicial!

Todo aquel que puede librarse a sí mismo y a los demás del cigarrillo debe hacerlo. Y quien ya asimiló esta mala costumbre, debe tratar lo máximo posible de superarla; y por supuesto, evitar fumar en lugares públicos donde otros inhalan el humo.

Este llamado fue publicado en nombre de los grandes Rabinos: Rabí Yosef Shalom Eliashiv, Rabí Aharón Leib Shteinman, Rabí Nisim Karelitz, Rabí Shmuel Auerbach (*shlita*), y Rabí Moshé Shmuel Shapira y Rabí Mijel Yehuda Lifkowitz (*zt"l*).

Años más tarde, en el mes de Av del año 5764, los *Guedolim* afianzaron lo dicho mediante un nuevo llamado al público, aclarando en su proclama que **"no existe ninguna opinión que permita fumar"**.

(Y todo fumador sabe que se comienza con algún cigarrillo ocasional, y luego se termina en un vicio muy difícil de abandonar.)

DICTAMEN HALÁJICO DEL GAÓN RABÍ SHMUEL HALEVÍ WOSNER

Luego de haber recibido consultas con respecto a mi opinión acerca de la costumbre de fumar cigarrillos, que como es sabido, es sumamente perjudicial para la salud, paso a responder concisamente:

1. Escribió el *Rambam*: Hay varias prohibiciones que los Sabios establecieron debido al peligro que dichas acciones implican; y quien las traspasa y se expone al peligro

diciendo que a los demás no les debe incumbir lo que hace, o que no le importa, es castigado (*Leyes del asesinato y el cuidado de la vida* 11:5).

2. Entre estas prohibiciones se encuentran las diversas clases de alimentos y bebidas que los Sabios prohibieron por riesgo a que sean insalubres, detallados por el *Rambam* allí y por el *Ritvá* en el Tratado de *Shevuot* 27, quien escribe que los alimentos perjudiciales para la salud están incluidos dentro de la prohibición bíblica de cuidar la vida.

3. En sus *Jidushim* (Tratado de Avodá Zará 30), el *Jatam Sofer* cita las palabras del *Rambam* anteriormente mencionadas, y agrega que los Sabios de la Torá deben supervisar que esta prevención se respete, pues de lo contrario, se los responsabilizará por todas las vidas que se pierdan por no haber reprendido a la gente.

4. En lo que a nosotros respecta, vemos que la obligación de los Sabios de la generación es publicar y pregonar acerca del gran peligro que implica el cigarrillo, pues por fumar, cientos de miles de personas mueren antes de tiempo. Y asimismo resulta de las investigaciones médicas en todo el mundo. Y el cigarrillo es conocido como uno de los causantes principales de la terrible enfermedad (el cáncer) en los pulmones y el corazón, y de otras enfermedades adicionales.

5. Por lo tanto, queda claro que está prohibido halájicamente comenzar a fumar en la adolescencia, y sobre los padres y maestros de los jóvenes recae la obligación bíblica de impedir que lo hagan.

6. Quien ya adoptó esta mala costumbre, debe esforzarse por superarla, a favor de su propio futuro, y entonces se beneficiará.

7. Se debe cuidar de no fumar en lugares públicos, pues la inhalación del humo en sí es perjudicial, como han demostrado las investigaciones.

8. Dado que se trata de una costumbre sumamente dañina, recae una gran responsabilidad sobre aquellos que publican anuncios en los diarios y fomentan este perjuicio.

9. En base a lo dicho, todo aquel que puede evitar apoyar a los fumadores, está bíblicamente obligado a hacerlo.

El dictamen del Rab Wosner *shlita* termina con una bendición especial:

> Y todo aquel que escuche nuestras palabras, vivirá tranquilo y merecerá una larga vida por cuidar su alma y la de sus familiares, como lo indica la Torá. Merecerá los aseguramientos de nuestra sagrada Torá: "No padecerás de todas las enfermedades..." y "... para que se alarguen tus días y se te agreguen años de vida".

Cabe señalar que este dictamen halájico aparece impreso al final del décimo tomo de la responsa *Shévet Haleví* del Rab Wosner.

—※—

Debido a la gravedad de este tema, considero correcto recordar la enseñanza de *Rashí* en nombre del *Midrash Torat Cohanim* (*Vaikrá* 20:15) acerca de la obligación de matar a los animales de una ciudad pecadora.

> Pregunta Rashí: "Si las personas pecaron, ¿qué culpa tienen los animales?". Y responde: "Por cuanto los seres humanos pecaron por medio de ellos". Continúa diciendo: "De aquí podemos aprender, con más razón, la severidad del pecado de aquel que sabe discernir entre el bien y el mal y aun así hace que su prójimo cometa una transgresión.

> Y lo mismo se aplica a la orden de exterminar los árboles de dicha ciudad: a pesar de que éstos no ven ni oyen, puesto que sirvieron para el pecado, la Torá ordenó destruirlos. ¡Cuánto más grave es, entonces,

la acción de aquel que hace errar a su compañero, alejándolo del camino de la vida y acercándolo al de la muerte!

Se relata sobre el Rab Yaacov Kaminetzky *zt"l*, que una vez le preguntaron si a alguno de sus compañeros de la *Yeshivá* de Slabodka quisieron reclutarlo para el ejército ruso, a pesar de los esfuerzos realizados para evitarlo. Él respondió: "Sólo uno, ¡el compañero que me enseñó a fumar!". Luego explicó que él consideró que su amigo se vio obligado a huir de Lituania como castigo por haber promovido activamente a que él comenzara a fumar (*Rabí Yaacov*, tomo II, página 318).

El Rab Moshé Shterenbuj *shlita* escribe (responsa *Teshuvot Vehanagot*, capítulo 354, página 133):

Y conozco un hecho ocurrido con cierto distinguido Rabino que fumaba mucho y se enfermó. Cuando los médicos le informaron que sus pulmones se habían dañado y que no le quedaba más de un mes de vida, pidió reunir a diez personas y les dijo lo siguiente:

"Yo sé que en la Corte Celestial me sentenciarán como a un suicida por haber fumado. Pero espero que al haberme arrepentido y confesado frente a ustedes mi pecado, y pedirles que no hagan lo mismo que yo, quizás esto sirva de expiación para mí".

"La mayoría de las personas se dejan llevar por sus deseos".

(*Ibn Ezra, Bamidbar* 6:2)

LA CONDUCTA ADECUADA ANTES Y DESPUÉS DE YOM KIPUR (Y LOS DEMÁS AYUNOS)

Capítulo 14

El *Tur* comienza las leyes de Yom Kipur con las palabras de nuestros Sabios del *Talmud*:

> Todo aquel que come y bebe el día noveno (de Tishré, víspera de Yom Kipur) es considerado como si hubiera ayunado el día noveno y el décimo (en la víspera y en el día de Yom Kipur). Esto demuestra el amor del Creador a Su pueblo, pues les ordenó comer y beber primero para tener fuerzas de ayunar y no perjudicarse a causa del ayuno.

Asimismo, está escrito en el *Shulján Aruj* (capítulo 608):

> En la víspera de Yom Kipur se debe consumir alimentos de fácil digestión, para no rezar con una sensación de arrogancia y saciedad.

Una persona sabia debe saber planificar correctamente su conducta con respecto a la comida y la bebida.

A continuación, expongo un método sencillo, del cual

muchas personas se beneficiaron, logrando prepararse correctamente para el ayuno en el Día Sagrado. Se comienza desde la mañana del día octavo de Tishré, es decir, el día previo a la víspera de Yom Kipur.

Presta atención a beber en la cantidad adecuada y en los momentos indicados; y consume proteínas y mastica bien la comida. Estos dos elementos te proporcionarán la fuerza necesaria para ayunar.

El saciado del cuerpo con agua debe comenzar en la mañana del ocho de Tishré. Se debe beber un 50% más de agua que en un día normal. Asimismo, el nueve de Tishré se debe beber por lo menos la ración diaria de agua, o más, antes del mediodía.

Antes de la *Seudá Hamafséket*, la última comida antes del ayuno se puede beber uno o dos vasos, mas el saciado del cuerpo con agua debe finalizar antes.

Con respecto a la cantidad de agua que se debe beber en un día normal y al modo correcto de hacerlo, mira lo que escribí en el capítulo 6 del libro.

Lo mismo se aplica con respecto a la cantidad de proteínas. A partir de la mañana del 8 de Tishré, se debe agregar un 50% más de proteínas que la ración diaria de 1 gramo de proteína por kilogramo de peso corporal, como expliqué en el capítulo 11, sección 2. Por ejemplo, alguien que pesa 70 kg debe consumir en un día normal 70 gr. de proteínas, y el ocho de Tishré 105 gr. Durante el nueve de Tishré debe consumir 70 gr o más, incluidas las proteínas de la *Seudá Hamafséket*.

En el envoltorio de la mayoría de los productos aparece su contenido proteico. Cabe señalar que un huevo contiene 8 gr de proteínas y una porción de pescado, pollo o carne, entre 20 y 35 gr de proteínas, según el tamaño. Los garbanzos y el arroz integral son muy ricos en proteínas.

También en este día se debe tratar de consumir comidas

variadas, incluyendo frutas y verduras en el menú, masticando bien el alimento, y cuidándose de no hablar durante la comida.

Estimado Rabino Yejezkel Asjayek *shlita*:

Por la presente me gustaría expresarle mis sentimientos y los de muchas otras personas que sienten agradecimiento hacia usted por los prácticos consejos que publicó varias veces sobre cómo prepararse para pasar el ayuno saludablemente, sin sufrimiento innecesario.

Puedo atestiguar que varias personas a quienes les mostré sus artículos se tranquilizaron mucho, en lugar de estar preocupados e inquietos por no saber qué comer antes del ayuno. Estas personas se llenaban antes del ayuno comiendo cualquier cosa, y sufrían notablemente a causa de este comportamiento. Pero ahora actúan en base a lo que usted escribió: consumen más proteínas y beben gradualmente y en las cantidades necesarias.

Lo felicito, y creo conveniente que vuelva a publicar detalladamente sus indicaciones para antes del ayuno.

Asimismo, grande es el beneficio que se obtiene también de los consejos alimenticios que publica de vez en cuando, durante todo el año.

Lo saludo y le agradezco de todo corazón

Tz. Y. A. de Bené Berak

Durante todo el año es importante reducir el consumo de sal, y especialmente en la víspera de Yom Kipur y los demás ayunos. Asimismo, se debe limitar el uso de condimentos, aun si no son salados, pues aumentan la sed. También llenarse demasiado el estómago provoca sed.

Se debe reducir el consumo de almidón, por ejemplo absteniéndose de comer papas (patatas), pues éste requiere de insulina para disolverse. Y, por supuesto, se debe evitar las frituras y las comidas ricas en grasas.

La manzana asada es un postre recomendable, y es importante recordar cepillarse los dientes antes del ayuno.

Al igual que todos los días, también durante el día del ayuno no se debe permanecer parado durante períodos prolongados, pues ello puede dañar las venas de las piernas. También se debe evitar permanecer sentado demasiado, y contener las necesidades.

¡Y sea Su voluntad, que seamos todos sellados para un buen año!

Al concluir el ayuno se debe comenzar bebiendo, y sólo transcuridos diez minutos después de haber terminado de beber se puede comenzar a comer.

No se debe comer rápido, hay que masticar bien, y tampoco es recomendable comer demasiado de una vez.

La comida debe iniciarse con alimentos livianos y fáciles de digerir, como frutas y verduras, y también se debe prestar atención al consumo de proteínas.

A continuación cito una sección que escribió el autor del libro *Pele Yoetz*, en el capítulo *Yom Kipur*:

> Y también esto es parte del amor del Creador a Su pueblo, que ordenó comer con abundancia el día noveno, al igual que un padre que ama a su hijo y le dice que coma para que tenga fuerzas para ayunar. Lo mismo hizo Dios con Su pueblo elegido, Su hijo primogénito...
>
> Y el sabio debe actuar con prudencia y comer en

abundancia durante la mañana, para que el alimento tenga tiempo de digerirse...

Y se debe sentar a comer la *Seudá Hamafséket* con tiempo, de modo que pueda comer pausadamente y dejar que el alimento "descanse" en sus intestinos antes de ir a la sinagoga. La comida de la *Seudá Hamafséket* debe ser poca en cantidad y grande en calidad.

---

5 de Elul, 5768

Estimado Rabino Yejezkel Asjayek *shlita*:

Hoy en día ya soy una mujer mayor. Sin embargo, desde la niñez tengo un recuerdo de los días de ayuno como días sumamente difíciles, en los cuales sufría de fuertes dolores de cabeza, náuseas y vómitos. En Yom Kipur mis rezos eran interrumpidos, y ya desde el mediodía no podía rezar en la sinagoga.

Dos años atrás, en la víspera de Yom Kipur, encontré en el diario sus indicaciones con respecto a cómo comer y beber antes de un ayuno. Seguí minuciosamente sus consejos, tratando de beber en abundancia y consumir proteínas en los momentos indicados.

¡Jamás había pasado un ayuno así! Me sentí excelente y recé en la sinagoga desde la mañana hasta el atardecer, sin ninguna dificultad.

¡Recomiendo cálidamente a todos adoptar sus consejos!

Que sea recompensado desde el Cielo con un año próspero y bueno, y que sus plegarias sean aceptadas. Ketivá vajatimá tová.

Con aprecio,
H. Sh. – Bené Berak

A LOS ESTUDIANTES DE YESHIVÁ

Capítulo 15

En este capítulo me dirijo específicamente a ustedes, queridos jóvenes, instruidos en las enseñanzas del *Rambam*, y les presento algunos párrafos de lo que se considera su testamento, a fin de no desperdiciar esta gran sabiduría que seguramente no se encuentra a vuestro alcance.

El título que recibió dicha composición es: "Agradables enseñanzas de *musar* (ética) que escribió el *Rambam z"l* para su sabio hijo, Rabí Abraham".

Bendeciré a Dios, Quien me concedió la sabiduría, y me encaminó por el sendero de la verdad. Recordaré Sus bondades por todo lo que hizo conmigo.

...Con Su amor me despertó, para instruir a los hijos que me concedió a seguir el camino de Dios y transmitirles mis enseñanzas, legándoles lo que yo recibí...

¡Escuchen, hijos míos, benditos para Dios, el Creador del cielo y la tierra...!

...Sepan que la integridad del cuerpo antecede a la

del alma; es como la llave que abre la sala. Por ello, la finalidad de las enseñanzas acerca de la integridad del cuerpo y la rectificación de los modales es abrirles los portones Celestiales...

...Estudien de joven, cuando están libres de las obligaciones y con el corazón libre, antes de llenarse de pensamientos, antes de que la memoria les comience a fallar. Pues llegará un momento que desearán mas no podrán, e incluso lo que podrán será con arduo esfuerzo y fruto escaso. Pues el corazón no logrará seguir el estudio, e incluso en la medida que sí lo haga, no lo almacenará, ya que lo olvidará.

...Coman para vivir, y el resto descártenlo. No crean que el buen comer y beber fortalece al cuerpo y beneficia al cerebro al igual que un saco, que siempre se llena de su contenido. ¡Al contrario! Al comer poco el estómago tiene fuerza para recibir y digerir el alimento mediante su calor natural; entonces la persona sí se vigoriza y fortifica. Mas si come en exceso su estómago no lo recibe y el calor natural no lo digiere; el cuerpo se debilita, su mente se degrada y su bolsillo se vacía.

Cuídense de no comer [nuevamente] antes de haber digerido [lo anterior], lo cual implicaría una pérdida tanto para el cuerpo como para el bolsillo, y eso es el causante de la mayoría de las enfermedades. Hagan ejercicio antes de comer y descansen después de la comida. No coman apresurados como una persona hambrienta, y no se llenen la boca sin pausa entre un bocado y el otro.

Detesten los alimentos perjudiciales así como un hombre se distancia de otro si éste lo odia y busca matarlo. No coman en los caminos ni cual ratones, sino a horarios fijos y dentro de la casa. Eviten frecuentar las comidas de reunión de jóvenes. Sepan que al comer en sociedad se conoce los modales de la persona, y muchas veces regresé hambriento y sediento a mi casa al ver la deshonra de mis compañeros.

Cuídense del vino que pervierte a los grandes y humilla a los nobles. ¡Y cuán correcto es a mis ojos el testamento de Yehonadav a sus hijos! (véase *Yirmeyahu* capítulo 35). Mas yo no les ordenaré a ustedes lo mismo, pues no los eduqué de ese modo desde el comienzo. Aun así, rebájenlo con agua y bébanlo como alimento y no como placer. Sepan que no en vano fue escrita la crítica en contra del piadoso Nóaj (Noé); su objetivo es para aprender de ella".

UNA CONVERSACIÓN TELEFÓNICA

A continuación ejemplificaré una de tantas llamadas telefónicas que recibí después de escribir mi libro. Se trata de un estudiante de *Yeshivá* que no creía que en el ámbito de la *Yeshivá* fuera posible cuidar las normas de salud expuestas en esta obra.

—Shalom. Soy un estudiante de *Yeshivá*. He leído su libro. Entendí la importancia de los temas tratados y me gustaría llevarlos a la práctica. ¡¿Pero cómo es posible hacerlo en el entorno de la *Yeshivá*?!

—Beber agua, ¿puedes? —le pregunté.

—¡Sí! —me respondió.

—¿Beber las cantidades necesarias?

—¡Sí!

—¿Puedes beber en los momentos indicados; es decir, 10 minutos antes del desayuno y por lo menos 20 minutos antes de las demás comidas?

—¡Sí!

—¿Alguien te obliga a beber agua en medio de la comida?

—¡No!

—¿Puedes abstenerte de beber agua hasta transcurrir dos horas después de haber terminado la comida?

—No es fácil, pero si es importante, entonces ¡sí!

—¿Eres consciente de que debes evitar conversar en medio de la comida, lo cual incluso está mencionado en la *halajá*?

—¡Sí!

—¿Puedes masticar la comida?

—¡Sí!

—"Masticar" significa masticar bien, a tal punto que si bebiste antes de comer y masticas bien, sin hablar en la mitad, y no agregas sal a la comida, no sientes necesidad de beber.

—Entendí, y supongo que puedo cumplirlo.

—¿Puedes realizar algún tipo de actividad física antes del desayuno; por ejemplo, 10 minutos de caminata enérgica?

—¡Sí!

—¿Puedes evitar el uso de agregados perjudiciales, como el azúcar?

—Sí, excepto lo que ya viene preparado así desde la cocina.

—¿Puedes evitar el consumo de toda clase de bebidas?

—¡Sí!

—¿Puedes evitar las tortas, pasteles o bizcochos elaborados con harina blanca, las *burekas* y los dulces y panificados que no son saludables?

—Debería acostumbrarme, ¡pero a la larga, parece ser posible!

—¿Puedes evitar las comidas grasas, prefiriendo, por ejemplo, un queso con 5% de grasa en lugar de 9%, no comiendo la piel del pollo ni la cobertura de las frituras elaboradas, como las distintas clases de milanesas?

—Prestando un poco de atención, es posible.

—¿Puedes abstenerte de consumir *faláfel* y papas fritas, que son sumamente perjudiciales?

—¡Sí!

—¿Tienes la posibilidad de elegir entre un pan más o menos fresco, y preferir el menos fresco?

—¡Sí!

—¿Puedes cuidarte de no agregar sal a la comida?

—¡Sí!

—¿Puedes tratar de consumir abundantes frutas y verduras?

—¡Verduras sí; frutas, cuando las sirven!

—¿Puedes prestar atención de ir al baño apenas sientes la necesidad, e incluso ir cada dos o tres horas aun si no sientes que lo necesitas?

—¡Sí!

—¿Puedes evitar fumar?

—¡Sí!

—¡Muy bien! Te invito a leer mi libro *Una vida sin fumar según la Torá*. Ese libro te ayudará a dejar los cigarrillos durante la semana en el mismo lugar donde lo dejas en Shabat. Si lo lees desde el principio hasta el final, sin omitir nada, tienes grandes probabilidades de dejar de fumar, así como muchos otros hicieron, sin necesidad de pagar costosos tratamientos con especialistas en la materia.

—Lo haré.

—¿Puedes evitar permanecer en el entorno de gente que está fumando?

—¡Sí, hoy en día eso no es difícil!

—¿Puedes cepillarte los dientes antes de ir a dormir?

—¡Sí!

—¿Puedes hacerte una limpieza de sarro dos veces por año?

—Si mis padres aceptan cubrir el costo, ¡seguro que sí! —respondió riéndose.

—Trata de hacer uso del teléfono celular solamente cumpliendo las indicaciones escritas en mi libro.

—⁂—

Al considerar todos los puntos que mencioné en esa conversación, verás que he pasado por la mayoría de los temas importantes de este libro. Entonces resulta que tú, como estudiante de *Yeshivá*, puedes llevarlos a cabo incluso en el ámbito en que te encuentras. Por supuesto, debes tener un cuidado especial en todo esto al concurrir a bodas u otras fiestas, donde la comida no saludable es el principal invitado.

En verdad hay otro punto importante que depende únicamente de ti: no llenarte demasiado el estómago, lo cual también contradice la *halajá* y es sumamente peligroso; como escribe el *Rambam*: "la persona no debe comer hasta llenarse el estómago" y "para toda persona, comer glotonamente es similar al veneno, y es la causa principal de todas las enfermedades". En el capítulo 7, sección 7, ya me explayé sobre este tema y propuse algunas ideas mediante las cuales podrás fácilmente cumplir las palabras del *Rambam*.

Lo único que necesitas, es poner un poco de atención, vivir con medida, y deseo de vivir. Si lo posees, podrás vivir una vida larga y saludable, para así llegar a cumplir tu misión en este mundo y recibir la merecida recompensa en el Mundo Venidero.

Así, cuando con la ayuda de Dios te cases y construyas tu propio hogar, podrás realizar también las demás conductas expuestas en este libro.

¡LA SALUD ESTÁ EN VUESTRAS MANOS!

Aprovecho para solicitar a los encargados de cocinas instituciones: ¡Presten atención! En la cocina a vuestro cargo, sólo de ustedes depende no dañar la salud de los jóvenes. Encarguen productos lácteos con 5% de grasas como máximo, reduzcan el uso del aceite y la sal en la cocción. Usen menos azúcar, menos frituras. ¡Vuestra recompensa será muy grande!

―――

Para concluir este capítulo deseo citar la continuación de las palabras de Rabí Shimshón Rafael Hirsch *zt"l* que comencé a mencionar en el capítulo 1:

> Y especialmente a ustedes, los jóvenes, la Torá sugiere: No sean impulsivos y se dañen la salud, ¡por favor! ¡Dejen de lado los deseos y las ambiciones; apártense del libertinaje y la deshonra! No destruyan ni deterioren su cuerpo en el auge de su desarrollo; no se priven de una longevidad sana y fuerte, con fuerza física y espiritual. Para que no se marchiten como una planta sino que sean fuertes y vigorosos viviendo delante de Dios.

¡ESTIMADOS PADRES!

Capítulo 16

En este capítulo quiero dirigirme con afecto a ti, querido lector, como padre de hijos, abuelo o cabeza de familia.

Los padres se entregan por completo a la crianza y educación de sus hijos. Tratan de que no les falte comida, vestimenta y todo lo que necesitan. Cuando ellos crezcan y se casen con la ayuda de Dios, formarán sus propios hogares casi sin haberse dado cuenta de la dificultad que toda su crianza implicó para sus padres. Los padres hacemos todo esto con gran sacrificio a fin de que los hijos prosperen en sus vidas sin molestias ni impedimentos, y puedan crecer en el camino de la Torá.

Sin embargo, si nosotros como padres no cuidamos nuestra propia salud, entonces, a pesar de todas las dificultades y preocupaciones que tratamos de solucionar y evitarles a nuestros hijos, es probable que ellos terminen cargando un problema mucho más grande que el yugo que quisimos evitarles. Lamentablemente, todo ese dolor puede llegar a surgir en el futuro a raíz de la falta de autocontrol frente a la ambición y el deseo de consumir alimentos innecesarios e incluso perjudiciales para la salud.

Cuando la persona sea consciente de que no solamente se daña a sí misma, sino que también perjudica a sus seres más queridos, por quienes entregó toda su vida, sin duda le será más fácil dominar el deseo. Además, quien cree que no vale la pena el tiempo que se invierte para llevar un estilo de vida saludable, debe saber que quizás ahora ahorre un par de horas, pero es posible que en el futuro su esposa, hijos y familiares deban pagar por ello el doble y aun más.

LO MÁS FRECUENTE

El *Staipeler*, Rabí Yaacov Israel Kanievsky *zt"l*, escribió:

> Al aproximarse la ancianidad [...] la persona se convierte en una carga para su familia y para quienes hasta hace poco respetaban su autoridad. Y luego, (normalmente) visita a uno y otro médico por un tiempo, hasta llegar su día [...] y al final acaba su vida con una muerte llena de sufrimientos, Dios nos libre y guarde (*Jayé Olam*, capítulo 6).

LO IDEAL, ¡Y POSIBLE!

Por el contrario, ya citamos más arriba las palabras del *Rambam*:

> Y a todo aquel que se conduzca según estos caminos que he enseñado, yo le garantizo que no estará enfermo ni un día de su vida; y llegará a vivir una larga vida, y morirá sin requerir de un médico. Su cuerpo será íntegro y fuerte todos los días de su vida (*Hiljot Deot* 4:20).

TU PLACER ES EL DOLOR DE TU FAMILIA

Imaginemos una caricatura donde se ve a una persona joven sentada junto a la mesa, disfrutando de alimentos "prohibidos". Luego se la ve adulta y enferma, siendo cuidado por sus hijos, nietos y demás familiares...

Creo que con este "trazado" es suficiente.

Debes saber que he dedicado muchísimo esfuerzo para presentarte a ti, querido lector, la orientación más indicada y acorde a nuestra época; para que puedas seguir las enseñanzas del *Rambam* y merecer su aseguramiento.

Querido lector, si eres sabio –lo cual no dudo– dales a tus hijos un padre sano. Así, con la ayuda de Dios, tendrás satisfacción de ellos en vida. Amén.

> Dijo un sabio:
> "Las personas malgastan la salud para acumular dinero, y luego derrochan el dinero para recuperar la salud...".

JÓVENES INTELIGENTES

—————— *Capítulo 17* ——————

D espués de haberme dirigido a los padres, ahora me dirijo a los jóvenes.

Cuando un joven lee las palabras del *Rambam* al comienzo de las leyes del cuidado de la salud: "Dado que el estado saludable e íntegro del cuerpo es uno de los caminos [del servicio] de Dios –pues es imposible adquirir comprensión o sabiduría si se está enfermo–" (*Hiljot Deot* 4:1), no comprende el significado del concepto "enfermo". Según sus parámetros, es posible estar resfriado un día o pasar dos días con dolor de estómago, pero luego se cura y regresa al estudio. ¿Cuál es el problema?

Sin embargo, para un adulto, "estar enfermo" significa otra cosa. No es estar enfermo un día, sino que se trata de una enfermedad que permanece con él.

Diariamente vemos personas bien vestidas, que por fuera aparentan estar perfectas. Pero, en verdad, no sabemos lo que se esconde dentro de sus cuerpos. Cuántos medicamentos toman y de qué sufren: diabetes, hipertensión, grasas en la sangre, acidez, úlceras, constipación, dolor en las articu-laciones, las rodillas, el cuello, la espalda, dolor de cabeza, migrañas, próstata, glaucoma, cataratas, problemas de visión, de audición y demás, ¡Dios nos libre! Todas estas enfermeda-des realmente son una gran molestia para concentrarse en el estudio o el trabajo. No están uno o dos días solamente. La gente que sufre de complicaciones como éstas o similares vive toda la vida limitada, e incluso atemorizada.

Podemos entonces preguntarnos: ¿Por qué no se prepara a los jóvenes, encaminándolos para el futuro? ¿Por qué no se comparte con ellos los problemas de los adultos, o se los hace partícipes de lo que puede llegar a ocurrirles con el avance de la edad? ¿Por qué privarlos de conocer la importancia del cuidado de la salud y del conocimiento de cómo hacerlo?

La respuesta es que, individualmente, todos desean aparentar estar sanos y ocultan sus problemas. Particularmente los padres, quienes prefieren no mostrarse débiles frente a sus hijos.

Si se necesita acudir al médico, los padres van solos y no les cuentan a los hijos. Y aun cuando ellos los acompañan, es a modo de apoyo anímico y ayuda práctica, mas no comparten con ellos todos los problemas. (Por supuesto, siempre hay excepciones.)

Como resultado, los jóvenes no tienen noción de lo que les ocurre a los adultos. No es fácil hacerle entender a una persona joven que ve todo el futuro por delante y en este momento su cuerpo funciona a la perfección, cómo se siente un adulto. Se trata de conceptos que su mente, su corazón y sus sentimientos aún no están maduros para comprender ni dispuestos a sentir.

Entonces los jóvenes terminan siendo inconscientes de lo que ocurre en la ancianidad. Todo les parece lindo, y dado que se sienten sanos y frescos, no son capaces de comprender las palabras de Rabenu Yoná (*Shaaré Teshuvá, Shaar 2, 7*), quien describe el estado de una persona adulta con las siguientes palabras escalofriantes: "Los días transcurren, se van reduciendo, y comienza el derrumbe de la construcción...".

Sin duda, ninguna persona extraña se acercará a un muchacho joven para comentarle que ya comienza a percibir dentro de sí el "derrumbe de la construcción". ¿Por qué habría de hacerlo?

Para que alguien tome el coraje de hacer esto es necesario que reúna varios requisitos:

1. Que conozca los sentimientos del joven.

2. Que conozca las dolencias de los adultos.

3. Que sepa cuáles son las causas que dan inicio al "derrumbe de la construcción".

4. Que tenga la voluntad de transmitirle sus conocimientos a la juventud.

5. Que posea el don de la expresión y la facilidad de la escritura.

6. Que tenga tiempo y dinero para hacerlo.

Por este y otros motivos, hasta el momento no han sido publicadas obras como ésta.

Si, por ejemplo, un médico de familia con buena voluntad y visión del futuro, sintetizara todas las consultas que recibió durante la semana y les relatara a los jóvenes los problemas y molestias que atendió, quizás la juventud se comportaría de forma diferente...

Y si, además, les dijera: "Yo creo que el motivo de la enfermedad tal es éste, y el de la otra, es ése. Y ustedes, jóvenes, sepan que aunque ahora se sienten bien, llegará una edad en la cual quizás comiencen a sentir dolores; entonces hagan tal y cual cosa para evitar estas situaciones". Y luego pasara a describirles cómo todo comienza y cómo va avanzando, y les dijera que la fuerza no es eterna... y les implorara que cuiden la salud y pongan en práctica los consejos...

Si eso ocurriera, no hay duda de que los jóvenes guardarían el mensaje bien profundo en su corazón.

Todas estas enseñanzas solían ser transmitidas de padre a hijo, de abuelo a nieto, de madre a hija. Pero el mundo ha sufrido grandes cambios, hasta el punto que aun la escasa tradición acerca del cuidado de la salud y medicina preventiva que solía ser transmitida de una generación a otra, se perdió.

Es por eso que hoy en día todo joven se ve obligado a comenzar desde el principio, sin la experiencia y la sabiduría de las generaciones anteriores.

Existe un dicho que lamenta: "¡Si los jóvenes supieran, y si los adultos pudieran...!"

Se relata que cierta vez el *Gaón* Rabí Yíser Zalman Meltzer *zt"l* se acercó a un joven en la edad de *Bar Mitzvá* –quien en el futuro se convertiría en una de las grandes personalidades del pueblo judío– y le dijo: "¡Te obsequiaré un regalo para toda la vida! Es el siguiente consejo: los adultos se lamentan y dicen que si en la juventud hubieran sabido lo que saben ahora, hubieran obrado de diferente manera. Yo te recomiendo aconsejarte con los adultos, así no tendrás que lamentarte. ¡Este regalo te beneficiará a lo largo de toda la vida!".

He tratado de reunir en este libro vastos conocimientos, a fin de que no necesites lamentarte por lo que no sabías y no hiciste.

Queridos jóvenes, sepan que cuanto antes comiencen a leer y poner esto en la práctica, en mejor estado llegarán a una edad adulta. Como nos asegura el *Rambam*: "¡no necesitarán al médico!".

Es imposible describir la magnitud de la bendición y el beneficio que obtendrán de esto, ni cuánto les conviene invertir para no estar enfermos. En Norteamérica se acostumbra decir: "No eres tan rico como para permitirte estar enfermo...".

Sin embargo, todo esto no se encuentra al alcance de la mente si no se medita muy bien...

Por eso, tómenlo en cuenta; y llegado el momento, sean padres sensatos y sanos para sus hijos, y abuelos sanos para sus nietos y bisnietos. Esto será para ustedes muchísimo más placentero que comer ahora toda clase de alimentos insalubres, como el *faláfel*, las papas fritas, los helados y las *burekas*, o beber bebidas "cola" y demás bebidas que producen placer por un instante pero luego no dejan siquiera un recuerdo, excepto el daño que provocan al cuerpo.

Lo normal en el mundo es que algo nuevo se cuida mucho. Por ejemplo, cuando una persona compra un traje nuevo, lo cuida muy bien. Una vez que está usado, lo cuida menos. Quien adquiere un auto nuevo, lo protege de cualquier rasguño y lo lava constantemente. Pero a un auto viejo, arruinado y sucio no se lo cuida de otro golpe o de alguna suciedad más.

Es verdad que todos, tanto jóvenes como adultos, estamos obligados por la Torá a cuidar nuestro cuerpo; sin embargo, a los jóvenes, cuyo cuerpo es como un "traje o un auto nuevo", incluso la lógica los obliga a cuidarse mucho más. Y, por supuesto, con esto también se cumpliría el precepto de la Torá y se consideraría una santificación del Nombre Divino, pues todo el mundo vería que el judío no se deja llevar por las ambiciones, y cuida su salud. El problema es que siempre que hay una *mitzvá* de por medio, el instinto de mal viene a trabajar para tratar de arruinarnos la *mitzvá*...

¡Joven inteligente! Acabas de aprender algo que no sabías acerca del mundo de los adultos. Mañana, con la ayuda de Dios, ese adulto serás tú. Me dirijo a ti para que interiorices hoy lo expuesto aquí y comiences a cumplirlo desde ahora. Así, con la ayuda de Dios, serás un adulto sano, alegre y colaborador para tu familia, por largos y prósperos años de vida.

28 de Shevat, 5768.

Estimado Rabino Yejezkel Asjayek *shlita*:

Soy un joven de 19 años que hasta hace medio año pesaba 134 kg. Me costaba mucho concentrarme y casi no tenía compañeros de estudio. También tenía dificultades para caminar y respirar. Y todo esto era aun más difícil para mí porque mis padres viven fuera de Israel.

Hace medio año comencé una dieta, mas no logré cuidarla demasiado. Tres meses después, alguien me propuso leer su libro y decidí intentar hacer lo escrito en él junto a una dieta no tan estricta.

Lo que ocurrió, sin exagerar (y si no me cree, puede verificarlo en mi Yeshivá), es que sin dificultad alguna, ¡en dos meses y medio llegué a pesar 102 kg!

Actualmente, gracias a Dios, ya soy un muchacho ordenado, me siento a estudiar desde la mañana hasta la noche con suma concentración, y tengo varios compañeros de estudio.

Me levanto temprano todas las mañanas, pues con uno de mis compañeros comienzo a estudiar a las 5 a.m. (Antes sólo podía levantarme a las siete y cuarto, después de mucho esfuerzo). Mi estilo de vida cambió completamente.

Aquí en nuestra Yeshivá hay otro muchacho que comenzó a hacer lo mismo que yo, y también él dice que comenzó a percibir un gran cambio.

Si desea, puede publicar esta carta, mas no en mi nombre. ¡Y muchas gracias por el CD!

Su discípulo, Yosef... actualmente alumno en la Yeshivá...

EPÍLOGO

E spero que hayas disfrutado de esta obra.

Quizás, llevar todo lo expuesto a la práctica, no sea fácil, ni ocurrirá de una sola vez. Pero ahora eres consciente de ti mismo y de tu salud.

Te deseo buena salud y éxito en la parte práctica. Muchos lo hicieron y prosperaron; espero que tú también.

Te recomiendo ponerte en contacto con algún compañero que también esté tratando de cuidar su salud. Como dijo el rey Shelomó: "Es mejor dos que uno, pues ellos reciben una mejor recompensa por su esfuerzo. Pues si ellos caen, uno levantará al otro; pero si uno que está solo cae, no tendrá quién lo levante" (*Kohélet* 4:9-10).

¡Suerte!

> "Tanto la persona sana como la enferma no deben desviarse de todas las conductas que mencioné en este capítulo, ya que cada una de ellas conduce a un buen fin".
>
> (*Rambam, Hiljot Deot,* capítulo 4, *halajá* 22)

Apéndice

RECETAS SALUDABLES

JALOT

Ingredientes

1 kg de harina integral

50 gr de levadura

1 cucharada de azúcar o mejorador de panificación

1 cucharadita al ras de sal

2-3 vasos de agua tibia

¼ vaso de aceite

Modo de preparación

Mezcla todos los ingredientes, excepto el aceite, y amasa. Agrega el aceite y sigue amasando hasta obtener una masa que se separe del recipiente con facilidad.

Deja levar durante una hora.

Vuelve a amasar y deja levar nuevamente para obtener una masa más esponjosa.

Forma las *jalot*, diciendo: "En honor al sagrado Shabat".

Receta de Masa "Mezonot" Básica

Ingredientes

1 kg de harina integral

50 gr de levadura

1 cucharada de azúcar o mejorador de panificación

1 vaso de aceite

4 huevos

2-3 vasos de agua tibia

Modo de preparación

Mezcla todos los ingredientes y amasa hasta obtener una masa que se separe del recipiente con facilidad.

Tápala y déjala levar.

Separa la masa en porciones y amasa cada una en forma de rectángulo.

Rellena a gusto cada rectángulo (alternativas posibles, a continuación).

Coloca la masa en una bandeja previamente aceitada o cubierta con papel para hornear.

Pinta con huevo y adorna con semillas de sésamo.

Pon la masa en un horno precalentado a 190° y hornea aproximadamente por treinta minutos. El exceso de cocción puede secar demasiado la masa.

Variedad de Rellenos

Manzanas: Corta manzanas en rodajas y agrega canela y pasas de uvas.

Dátiles: Remojarlos en un poco de agua y pisarlos, el resultado es una sabrosa mermelada de dátiles.

Almendras: Almendras molidas se pueden agregar a los dátiles o utilizar por separado, mezcladas con miel o almíbar de dátiles sin azúcar.

Frutas de estación: Damascos (albaricoques) / duraznos (melocotones) / ciruelas (prunas); córtalos en rodajas finitas y colócalos sobre la masa.

Tejina **y miel:** Mezclar bien y untarlos sobre la masa.

OTRAS OPCIONES DE PRESENTACIÓN

Galletas rellenas arrolladas: Estirar la masa, rellenarla, arrollarla para formar un cilindro y luego cortar la masa rellena en rodajas de 1 cm. de espesor y colocarlas en la bandeja con un poco de espacio entre unas y otras.

Galletas saladas: Agregar a la masa un condimento que realce el sabor, como anís, hinojo o kummel, y darle forma de anillos o de panecillos.

Galletas dulces: Agregar a la masa un vaso de nueces o almendras molidas y pasas de uva. Amasar y dejar levar. Formar los panecillos y dejar levar nuevamente.

GALLETAS RELLENAS

Sambusak de garbanzo (guisante)

Rehogar cebollas en un poco de aceite, agregar los garbanzos cocinados y molidos, condimentar con comino, un poco de pimienta y sal.

Estirar la masa y formar círculos de 7 cm de diámetro; colocar una cucharada de relleno en el centro de cada círculo. Cerrar con la forma deseada y reforzar las puntas. Hornear hasta que estén listas.

Galletas de queso

250 gr de queso blanco con 5% de grasa como máximo.

150 gr de queso rallado.

1 huevo.

1 cucharada de harina.

Preparar igual que las galletas de garbanzos, cerrando con distinta forma para diferenciar entre las de relleno lácteo y las de relleno *parve*.

Todas estas masas se pueden congelar.

DATOS BIOGRÁFICOS DE ALGUNOS SABIOS

Báal Haturim: Sedónimo de Rabí Yaacov ben HaRosh, autor de la obra halájica Arbá Turim ("el Tur") y de un famoso comentario sobre la Torá (1270-1344).

Blazer, Rab Yitzjak: Renombrado alumno de Rabí Israel de Salant; autor de la obra *Shaaré Or* (1837-1907).

Caro, Rabí Yosef: También llamado "el *Bet Yosef*", por el nombre de su famoso libro. Autor de varias obras, entre ellas el código legal *Shulján Aruj* (1488-1575).

Gantzfried, Rabí Shlomo: Autor de la famosa obra *Kitzur Shulján Aruj*. Nació en Ungvar (Uzhhorod, Hungría-Ucrania) en el año 1804 aprox.; falleció en el año 1886.

HaCohén, Rabí Israel Meír: También llamado *Jafetz Jaím*, como el nombre de su famoso libro. Autor del código legal *Mishná Berurá*. Falleció en el año 1933, a los 95 años de edad.

Hirsch, Rab Shimshón Refael: Líder y autoridad rabínica de las comunidades de Alemania; autor del libro *Jorev*, entre otros (1808-1888).

Jazón Yish: Seudónimo de Rabí Abraham Yeshayahu Karelitz, por el nombre de su famoso libro; líder y autoridad rabínica de su generación (1878-1953).

Kanievsky, Rabí Yaacov Israel: Llamado también "el *Staipeler*", por el nombre de su ciudad de origen, fue una gran autoridad rabínica de su generación (1899-1985). Es el padre de Rabí Jaim Kanievsky, *shlita*.

Ramá: Acrónimo de Rabí Moshé Iserles, renombrada autoridad Rabínica ashkenazita (1530-1572).

Rambam: Acrónimo de Rabí Moshé ben Maimón, también llamado Maimónides (1135-1204). Su gran obra es conocida con el nombre de *Mishné Torá* o *Yad Hajazaká*. Dicho código está compuesto de *Halajot*, "Leyes", según los diversos temas que necesita todo judío. Una de aquellas *Halajot* es *Hiljot Deot*, título que bien podría traducirse como las *Leyes de los Caracteres* o, más conceptualmente, como *Leyes de las Actitudes* o *Leyes de las Conductas*. También escribió el libro *Guía de los Perplejos*.

Rambán: Acrónimo de Rabí Moshé ben Najman, también llamado Najmánides (1194-1270).

Rashí: Acrónimo de Rabí Shelomó Yitzjaki, el gran comentarista de la Biblia y el *Talmud* (1040-1105).

Salant (o Salanter), Rabí Israel: Líder rabínico de su época, fundador del Movimiento del *Musar*; autor de la obra *Or Israel* (1810-1883).

Seforno, Rabí Ovadiá: Renombrado comentarista Bíblico (1475-1550).

Shaj, Rabí Elazar Menajem Man: Director de la *Yeshivá* de Ponovitz; falleció el 16 de Jeshván de 5762 (2 de noviembre de 2001), a los 104 años de edad.

Soloveitchik, Rabí Jaím: Líder de su generación, Rabino de la ciudad de Brisk (1853-1918); padre de Rabí Yitzjak Zeev.

Soloveitchik, Rabí Yitzjak Zeev: Líder de la generación. Fue el Rabino de la ciudad de Brisk y luego se mudó a Jersualem (1886-1959); hijo de Rabí Jaím Soloveitchik de Brisk.

Volozhin, Rabí Jaím de: Alumno del *Gaón* de Vilna y Director de la *Yeshivá* de Volozhin. Autor de los libros *Néfesh HaJaím* y *Rúaj Jaim* (1749-1821).

Yaabetz: Acrónimo de Rabí Yaacov ben Tzvi de Emden, líder rabínico de su generación, autor del *Sidur Bet Yaacov*, entre otros (1698-1776).

Yoná, Rabenu: Autoridad rabínica de renombre, vivió en la ciudad de Gerona; autor de la famosa obra *Shaaré Teshuvá* (f. 1263).

GLOSARIO

ASHER YATZAR: Bendición que se recita luego de salir del toilet.

BEIT MIDRASH: Casa de Estudios; Yeshivá.

BIRKAT HAMAZÓN: Bendición para después de las comidas. Consiste en un conjunto de cuatro bendiciones que se recitan después de comer pan.

GADOL (HADOR)-GUEDOLIM: Rabino eminente en la generación, muy versado en el estudio de la Torá.

GAÓN-GUEONIM: Lit., genio. Rabino ilustre.

GUEMARÁ: Talmud; libro que reúne todas las leyes de la Tradición Oral.

HALAJÁ-HALAJOT: Ley judía.

HASHEM: Lit.: "El Nombre". Se refiere a Dios.

JALILA: ¡Que Dios no lo permita!; ¡Dios nos guarde!

JAS VEJALILA: Ídem.

JAS VESHALOM: Ídem.

KASHER: Apto para ser consumido o utilizado.

KIDUSH: Bendición que se recita sobre un vaso de vino al comenzar el Shabat o las fiestas para proclamar la santidad de estos días.

LASHÓN HARÁ: Chisme, difamación, calumnia.

LEJEM MISHNE: Dos piezas enteras de pan sobre las cuals se recita la bendición Hamotzí en Shabat y días de fiesta.

MASHGUÍAJ: Supervisor.

MASHGUÍAJ RUJANÍ: El supervisor, asesor, consejero y guía espiritual de los alumnos en una Yeshivá.

MENAHEL RUJANÍ: Mashguíaj; el supervisor, asesor, consejero y guía espiritual de los alumnos en una yeshivá.

MEZONOT: Nombre común de la bendición que se recita antes de comer productos elaborados a base de harina.

MIDÁ-MIDOT: Cualidad; característica.

MIDRASH: Nombre genérico de los libros que reúnen las interpretaciones de nuestros Sabios de distintos libros de la Biblia.

MITZVÁ-MITZVOT: Precepto; mandamiento.

MUSAR: Ética, moral y buen comportamiento.

NETILAT YADAIM: Lavado de manos.

PARASHÁ-PARASHOT: Sección semanal de la Torá que es leída cada Shabat.

POSEK-POSKIM: Rabino que se dedica a emitir dictámenes halájicos.

RABÍ: Rabino.

ROSH YESHIVÁ-RASHEI YESHIVOT: El director de una Yeshivá.

SEGULÁ-SEGULOT: Acto específico que puede surtir un efecto práctico determinado.

SEUDÁ: Comida; banquete.

SHABAT: El día sábado.

SHLITA: Sigla que significa: *"SHeijié Leorej Iamim Tovim, Amén - Que viva muchos y buenos días, Amén".*

TALMUD: Guemará; libro que reúne todas las leyes de la Tradición Oral.

TEFILÁ-TEFILOT: Rezo; plegaria.

TZADIK-TZADIKIM: Justo; persona íntegra y santa.

YESHIVÁ: Casa de Estudios; Beit Midrash.

YESHUÁ-YESHUOT: Salvación y ayuda de Dios.

YETZER HARÁ: Impulso del mal que forma parte de la naturaleza humana.

YOM KIPUR: El Día del Perdón.

YOM TOV-YAMIM TOVIM: Día festivo, festividad.

Z"L-ZT"L: Sigla de las palabras: *"Zejer (Tzadik) Librajá* - De bendita memoria".

FRAGMENTOS DE CARTAS RECIBIDAS

...Es una obra importante acerca del cuidado de la salud, a fin de que no nos reclamen en la Corte Celestial por las *mitzvot* y la Torá que podríamos haber cumplido.

Sea la voluntad de Dios que logremos cumplir sus maravillosas enseñanzas, concisas y abarcadoras, las cuales considero una gran *mitzvá* publicitar, tanto en forma escrita como oral.

Rabí Yaacov Ben Naím
Rosh Yeshibat Najalat Moshé, Jerusalem

Sin duda, su libro es de gran aporte para el público en general. Gracias a él ya hemos comenzado a mejorar nuestro estilo de vida, y aunque aún queda mucho más por corregir, con la ayuda de Dios trataremos de continuar implementándolo.

Su obra es un gran mérito y quiera Dios que pueda seguir ayudando al público con sus vastos conocimientos en esta importante materia de la vida durante muchos años más.

Rabí Yitzjak Péretz
Rabino de la ciudad de Raanana

...Aporta un gran beneficio, especialmente en nuestra generación, donde la búsqueda de los placeres domina a los jóvenes y todo el tema de la comida se ha convertido en un acto vicioso, haciendo olvidar las palabras del *Rambam*, que quien consume alimentos perjudiciales para su salud por el placer de su paladar, es comparado a un animal.

Creo que su obra viene a despertar una nueva perspectiva acerca del comer con el propósito primordial.

Rabí Abraham I. Hacohén Kuk
Rosh Yeshibat Meor HaTalmud, Rejobot

—✦—

...Consejos, prácticas enseñanzas y moralejas para nuestra generación acerca del cuidado de la salud y las fuerzas físicas. Enseñanzas que a pesar de ser antiquísimas y sumamente importantes, están abandonadas y descuidadas...

He ojeado su libro y he descubierto que se trata de una gran obra. Sería muy bueno que éste llegara a todos los judíos del mundo, para incentivarlos a cuidar el cuerpo y la salud, y así puedan en el futuro continuar sirviendo a Dios y estudiando la Torá con salud y tranquilidad.

Rabí Jaím Wolkin
Mashguíaj Rujaní de la Yeshivá Atéret Israel

—✦—

Me sorprende su capacidad de concentrar tanto contenido en pocas palabras, y expresarlo con claridad y con un lenguaje especialmente delicado, para su fácil lectura y comprensión.

Supongo que otros, al igual que yo, no dejarán el libro antes de terminar de leer la última palabra del mismo.

Sin duda es una obra que aporta a una vida saludable de acuerdo a la Torá.

Rabí Shelomó Lorentz z"l
Ex miembro de la Knéset, representante de los Guedolé Israel

—✦—

...El libro, claro, conciso y de gran calidad, trata acerca de la obligación de cuidar el cuerpo y la salud.

Realmente me maravillé de su capacidad de escribir en forma tan clara y concisa, a fin de no molestar al lector sin necesidad. He visto indicaciones para el buen cuidado de la salud, en base a las palabras del *Rambam* y otras fuentes talmúdicas, junto con las anécdotas sobre la conducta del Rab Elazar Menajem Man Shaj *zt"l.*

Su obra es un gran mérito, especialmente porque disuade a los jóvenes de costumbres perjudiciales como el fumar; y es sabido que en la actualidad abunda la negligencia acerca del daño que este hábito provoca.

Rabí Eliahu Aba-Shaúl
Rosh Yeshibat Or LeTzión

Ha tenido el mérito de despertar impresionantemente al público en el cuidado en la comida en poca cantidad, la buena masticación, la importancia de los alimentos nutritivos y no simplemente deliciosos... Habla sobre el perjuicio de beber durante la comida, la necesidad de reducir el consumo del azúcar... ¡Todo maravilloso!

Y ya se ha acercado a mí mucha gente que me comentó que su forma de vida cambió gracias a su obra. El último de ellos era un residente de nuestra ciudad, Jolón, que durante tres años sufrió de constipación y le aconsejaron someterse a toda clase de estudios y tratamientos en el área de la gastroenterología. Yo le indiqué que esperara antes de hacérselos e intentara cambiar sus modalidades alimenticias, "como escribe el Rabino Asjayek". Aquel hombre se me acercó después de dos semanas, y me dijo que su situación mejoró y que ya se comenzó a sentir como una nueva persona.

Incluso este último Shabat hablé acerca de la prohibición de fumar, en base a su maravilloso libro, y después de la plegaria de Arvit se me acercaron varias personas que me dijeron que habían decidido dejar de fumar.

Es para usted un gran mérito habernos despertado la conciencia acerca de estos importantísimos asuntos.

Rabí Jaím Rabi
Rosh Yeshibat Atéret Jajamim, Jolón

—✦—

Su libro *Una vida saludable* me pareció importante e interesante en varios aspectos.

Nuestros Sabios nos enseñaron que tenemos la obligación de cuidar la salud en forma activa, y también en forma pasiva, absteniéndonos de cosas perjudiciales. Es muy importante la sentencia: "Y elegirás la vida".

No debemos descuidar la salud con la excusa de que "todo está en manos del Cielo".

También es verdad lo que escribe, respecto a que la mayoría de los médicos no son expertos en la medicina preventiva. Por ello, no imparten indicaciones apropiadas en este ámbito.

De aquí se deriva la gran importancia de su libro.

Prof. Moshe Mani
Director del Departamento de Urología,
Centro Médico "Shiba", Tel Hashomer, Israel

—✦—

Muchas gracias por su cálida carta y el libro que la acompañaba, *Una vida saludable*. No tengo dudas de que una alimentación cuidada es la base necesaria para tener una vida sana y completa. Encontré su libro muy interesante y apasionante, y estaré muy feliz de compartir con mis pacientes la información que hay en él.

Prof. Z. Halpern
Director del Centro de Gastroenterología,
Centro Médico "Tel Aviv - Sorasky",
Facultad de Medicina "Sakler", Universidad de Tel Aviv

—✦—

Ya desde la primera ojeada a su libro encuentro varias ense-ñanzas importantes para la salud. Su activismo en este asunto es sumamente beneficioso y de gran influencia para el público en general.

El cuadro del I.M.C., por ejemplo, es excelente, así como el capítulo acerca del cigarrillo.

Profesor Yoná Amitai
Director de la Dirección para la Madre, el Niño y el Adolescente
Ministerio de Salud, Israel

...Quedé muy impresionado de su obra tan interesante, ins-tructiva y profunda. Le deseo mucho éxito a lo largo del camino.

Dr. Julio Vainshtein
Presidente de la Organización Israelí Contra la Diabetes

He leído atentamente su interesantísimo libro. Realmente, para ayudar y curar, no alcanza solamente con los conocimientos médicos, sino que es necesario también el deseo de ayudar y el amor al prójimo.

Su libro combina todos estos elementos, reconociéndose en cada una de sus páginas su verdadero deseo de ayudar al prójimo. Por esto lo bendigo.

Dr. Eitán Bardan
Vicedirector del Centro de Gastroenterología
Centro Médico"Shiba", Tel Hashomer, Israel

Muchas gracias por enviarme su interesantísimo y maravilloso libro, el cual leí de una sola vez. Me identifico con todo lo escrito en él.

Dr. Yehudá Haskel
Experto en Medicina Familiar

He leído con afán su libro, escrito en forma profesional y clara, así como convincente, y quedé impresionada de sus vastos conocimientos. La combinación de los consejos actuales para el cuidado de la salud junto a nuestra maravillosa tradición realmente transmite una conducta sana y favorable al público en general.

Considero que su libro puede llegar a salvar vidas y apoyo todo lo escrito en él.

Le deseo éxito, con estima y aprecio,

Esti Mak
Nutricionista clínica

Por la presente, le agradezco profundamente por su gran labor al estimular la correcta alimentación; un tema que en la actualidad fue dejado de lado y muy pocos son conscientes de su importancia.

Usted ha logrado demostrar e inculcar en mucha gente, que más allá del beneficio médico para el cuerpo, existe también un aspecto halájico, no menos importante, de por medio.

Es indescriptible el beneficio que sentí desde que comencé a implementar sus consejos; incluso en mi peso, que en pocos meses logré bajar diez kilos, sin esfuerzo alguno. (Además de otros beneficios que no detallaré aquí.) Sus recomendaciones para antes de los ayunos son maravillosas y productivas; y sus resultados, incomparables a lo experimentado en cualquier ayuno anterior. ¡Recomiendo ponerlos en práctica!

Supongo que el secreto de su éxito reside en que no se ha dedicado a métodos extremistas y extraños que se basan en un sólo elemento de la dieta para explicar todos los perjuicios o beneficios de la alimentación. En su libro usted cita solamente enseñanzas aceptadas de nuestros Sabios, teniendo en cuenta la opinión de médicos de renombre...

Yo creo que éste es el secreto de su éxito, a diferencia de muchos otros que fracasaron.

¡Continúe ayudando al público!

—❦—

Gracias a su libro he realizado grandes cambios en mi forma de comer, que resultó haber sido totalmente incorrecta. Bajé notablemente de peso. Según la tabla presentada en el libro me encontraba en la categoría de "peligro para la salud". Y ahora ya estoy sólo a la categoría de "sobrepeso", y aún sigo adelante, dado que no se trata de una dieta, sino de una correcta alimentación, que como resultado trae un descenso de peso.

Asimismo, me siento mucho mejor; más despierto y efectivo. Mi sobrepeso desembocaba en una conducta pesada, pero ahora logro concentrarme mejor y recordar lo que estudio, lo cual es para mí la mejor recompensa. También me incentivó mucho la buena sensación de haber mejorado mi aspecto físico.

Su libro es distinto de los demás métodos conocidos; logra un cambio en la mente de la persona antes de hacerlo en el plato, lo cual es la llave para el éxito y el verdadero deseo del lector.

Creo conveniente fomentar su libro entre el público en general, el cual sufre de muchos problemas en este ámbito, y en vano busca soluciones fáciles y rápidas.

Asimismo, estoy enseñando su método a otras personas, en base al libro, y el cambio en mi apariencia física me ayuda en este aspecto, pues los resultados son evidentes y todos aspiran a lograr un efecto similar. ¡Su obra es importantísima, ya que influye para bien en la vida de familias enteras!

—❦—

Por la presente, deseo expresar mi aprecio, agradecimiento y respeto por su libro tan especial. Éste demuestra, sin lugar a dudas, cómo el Creador estampó en la Torá la bendición de

"Yo soy Dios, tu sanador", y que mediante el seguimiento de conductas simples es posible cuidar la salud.

Es un libro breve, escrito en forma concisa y minuciosa, y su lectura es maravillosa y amena. Sea la voluntad de Dios que yo también logre llevarlo a la práctica.

Disfruté mucho de su maravillosa obra *Una vida saludable*. La verdad es que, cada vez que estudiaba en el *Rambam* el capítulo 4 de la *Hiljot Deot*, anhelaba poder cumplirlas, mas no sabía si sus palabras eran actuales también según la medicina de hoy en día.

Gracias a su libro, se me iluminaron los ojos. Usted me demostró que todo es muy actual incluso en nuestra época, y así pude cumplir con lo escrito por el gran Maestro. Le deseo que tenga el mérito de publicar más obras como esta, con más detalles para conducirnos sólo de forma saludable.

...Ya desde pequeño comencé a sufrir de dolores de estómago que me debilitaban y me hostigaban. Principalmente sufría después de Shabat, y el problema se fue incrementando con los años. Los análisis clínicos no revelaban ninguna causa ni razón... En mi trabajo, en el campo educativo, los viajes eran de gran molestia...

Pero todo esto continuó sólo hasta que compré su CD, en el cual usted transmite en forma ordenada sus enseñanzas acerca de la correcta alimentación, basadas en el *Rambam* y el *Kitzur Shulján Aruj*, y aplicadas según los avances médicos de hoy en día...

Sus palabras me llegaron al corazón y decidí comprar su libro. Pensé que nada malo me podría ocurrir si intentaba acostumbrarme durante un tiempo al método de alimentación propuesto por el Rabino Asjayek. Entonces comencé a comprender que nuestra forma de vida, especialmente en el aspecto alimenticio, es completamente errónea y perjudicial. Lo intenté, y a los pocos días, gracias a Dios, comencé a sentirme mucho mejor.

Ahora, después de algunas semanas, veo que su método es sumamente favorable y por ello decidí escribir estas líneas –líneas de gratitud al Creador, que me ayudó a encontrar la verdadera fórmula para una vida saludable de acuerdo a la Torá–. Reconozco que mi vida cambió completamente para bien.

Opino que toda persona debería tomar en cuenta las enseñanzas propuestas en su libro.

Con estima,

D. R., Ashdod, Israel

—⊱⊰—

Shalom,

Tengo como treinta años de edad, y desde la niñez sufrí de asma en forma muy aguda.

Siempre estuve "pegado" al vaporizador de "Ventolín" durante todas las horas del día. Frecuentemente debía salir al balcón a respirar. Mi caminar era lento y pesado. Me costaba muchísimo subir escaleras o realizar cualquier otro esfuerzo físico.

Durante años quise encontrar una forma de alimentación que me beneficiara, además de reducir el consumo de lácteos. Pero no hallaba ninguna. Sin embargo todo cambió al conseguir el libro *Una vida saludable* del Rab Asjayek.

¡Y la maravilla es que tan sólo un mes después de poner en práctica los consejos del libro, por primera vez en mi vida pude salir de la casa sin el vaporizador! ¡No lo podía creer! Y así continué progresando, hasta que hoy en día no necesito del "Ventolín" en absoluto.

Tuve dos vidas: la anterior al libro, y la que comencé a vivir después de leerlo...

¡No tengo palabras para agradecerle!

―∞―

El libro *Una vida saludable* llegó a mis manos hace casi dos años. Disfruté mucho de su lectura y traté de llevarlo a la práctica. No siempre me fue fácil, pero la costumbre se convierte en naturaleza.

Gracias a Dios, desde entonces comencé a sentirme mucho mejor, y además bajé de peso (¡34 kilos!) sin hacer ninguna dieta. Simplemente seguí las indicaciones de su libro. Me siento maravilloso...

―∞―

Su libro abarca asuntos sumamente esenciales y básicos para nuestra existencia, a los cuales no solemos dedicar suficiente atención. Llegué a su libro luego de intentar comprender lo que es una correcta alimentación con la ayuda de nutricionistas y la medicina no convencional; pero vi que jamás me revelaron la verdad, así como la he encontrado en su libro, con explicaciones detalladas, lógicas y simples.

¡Su libro salva la vida de muchísimas personas!

―∞―

...Era un *abrej* de 25 años de edad, con un sobrepeso excesivo. Como es de suponer, la obesidad me molestaba en todos los aspectos de la vida. No tengo duda de que mi obesidad provenía del comer en exceso, mas todas las dietas que intenté fracasaron, por cuanto no me sentía satisfecho después de comer.

Con su libro descubrí un nuevo mundo. Tomé conciencia del error de llenarse de comida el estómago, y aprendí que la forma de prevenir ese hábito era mediante una correcta masticación. Comencé a acostumbrarme a masticar bien cualquier alimento, y de pronto comencé a sentirme satisfecho sin necesidad de llenarme el estómago. A raíz de mi nueva costumbre, adopté un lema: "En lugar de luchar contra el comer en exceso, hay que luchar contra el comer de prisa". Hace dos meses pesaba 106 kilos y ahora ya peso 96 kg. Es decir que bajé casi 10 kilos. (Debería pesar 72 kg, pero ahora me siento muy bien al caminar, en mi respiración, al dormir, e incluso no sudo en exceso.)

––∞∞∞––

Por la presente, me gustaría agradecerle por habernos dado a todos el mérito de leer su importantísimo libro.

Es indescriptible la gran recompensa que usted se merece por ayudar al público tanto física como espiritualmente. Sobre este libro realmente se puede decir que es un "elixir de vida". Personalmente puedo atestiguar que el beneficio que he obtenido de su lectura ha sido inmenso, hasta el punto que podría dividir mi vida en dos: antes y después de la lectura de su libro.

––∞∞∞––

...Ya hace varios años quería cumplir las palabras del *Rambam*, de no beber después de la comida, y no lo lograba. Ahora, ya llevo medio año cumpliendo el orden que usted propone; ¡y, maravillosamente, es algo realmente fácil de hacer!

––∞∞∞––

Descubrí cuán inexperto era en la comprensión del funcionamiento de la sofisticada y maravillosa "máquina" que me obsequió el Creador. Carecía de los conocimientos básicos sobre los diversos procesos que ocurren en el cuerpo al comer, dormir, etc. Ahora me instruí. Aprendí y cambié muchas costumbres erróneas que había adoptado debido a esta falta de conocimiento. Ahora ya sé cómo manejarme respecto al suministro de agua que mi cuerpo requiere, cómo y qué comer, etc.

¡Todo esto y mucho más, gracias a usted! Por lo tanto, le agradezco de todo corazón, y estoy seguro de que son muchos los que comparten mi sentimiento, pero debido a sus ocupaciones no le escriben.

En las reuniones familiares y entre compañeros, o en cualquier oportunidad que surgen los temas tratados en el libro, trato de exponer y aclarar lo que aprendí. La mayoría se maravilla y entusiasma de las explicaciones, ansiosos por saber más y comprar su libro...

—❦—

Muchas gracias por haber provocado la "revolución espiritual" que hicimos en nuestras vidas gracias a su libro *Una vida saludable*.

Creíamos que un sinfín de sucesos nos hacen sentir débiles y tienen influencia en nuestra concentración (como los partos, el sobrepeso, etc.). Pero ahora que comenzamos a seguir los fundamentos de su libro, nos sentimos fuertes, con concentración, más joviales; y, con la ayuda de Dios, con capacidad de sobrellevar las responsabilidades de la vida en el camino hacia adelante.

—❦—

He recibido su escrito, lo he estudiado e incluso escuché partes de su CD sobre el tema.

Quiero decirle que mi esposa, mis hijos, mis compañeros y yo estamos sumamente maravillados y llenos de aprecio hacia usted por el excelente trabajo que realizó respecto del cuidado de la salud. Usted realmente le abre los ojos al público, iluminando el camino a seguir. Y principalmente, pone un poco de orden en el gran caos que reina en la actualidad en todo lo concerniente a la alimentación y la salud.

Sin exagerar, usted ha hecho una labor sagrada que realmente salva vidas. Lo felicito y bendigo, para que tenga éxito y continúe iluminando los ojos de los jóvenes y del público en general.

—❦—

Muchas gracias por su libro sobre el cuidado de la salud.

Durante varios años supe que algunos alimentos son perjudiciales, como el azúcar, pero las indicaciones a seguir eran muy difíciles y sin sentido. Cuando uno no sabe el por qué, es muy difícil cuidarse. Pero, después de haber leído su libro, donde usted explica todo con lógica, comencé a cuidarme.

Por lo tanto, le pido que continúe su labor, escribiendo un libro más amplio, detallado y explicado.

El libro *Una vida saludable* nos ayuda muchísimo a mí y a mi marido. Ya hemos sacado de la casa el azúcar y la harina blanca, y redujimos la cantidad de sal en los alimentos.

Desde que comencé a beber dos vasos de agua a la mañana, con el estómago vacío, dejé de sufrir de constipación. Trato de beber correctamente, de acuerdo a las indicaciones del libro y, gracias a Dios, me siento excelente. Por supuesto, dejé de atragantarme al dormir, pues erróneamente me iba a dormir enseguida después de comer.

Muchas gracias por haber escrito el libro y difundirlo. ¡Es un libro obligatorio para todo hogar judío!

Soy un hombre de 35 años. Oí hablar mucho acerca de su libro *Una vida saludable*, hasta que gracias a Dios lo conseguí. Lo leí del principio hasta el final y disfruté enormemente de haber encontrado, por primera vez, un libro instructivo y sencillo a la vez, que incluso quien no es conocedor de los conceptos médicos lo puede entender. Lo leí varias veces, pues sentía que lo escrito en él era digno de volver a estudiarse. Asimismo, se lo recomendé a mis compañeros y amigos, quienes me lo agradecieron, pues faltaba una obra así, basada en la Torá. Es grande el beneficio que obtuve del libro, y por ello le agradezco.

Aprovecho aquí para señalar lo mismo que les dije a mis amigos:

Lo más gracioso del libro fue lo que escribe en la introducción, que a los 20 años uno desprecia este asunto, etc., pero a los 40 lo toma con respeto y seriedad. ¡Eso es muy real!

En primer lugar, quiero agradecerle de todo corazón por el libro que me abrió los ojos, encamina mis pasos y hasta puedo atestiguar que me cambió completamente la forma de vivir: comiendo correctamente, consumiendo alimentos saludables y absteniéndome de los que no lo son.

Con la ayuda de Dios, cumplimos casi todo lo escrito en el libro, estudiando y repasándolo cada tanto.

Este gran mérito suyo nos incumbe a nosotros como padres, junto a nuestros cuatro hijos. ¡Dios los bendiga!

Quiero agradecerle por el maravilloso libro que escribió. A mí me llegó "como anillo al dedo", en un momento que buscaba hacer algo a favor de mi salud.

Comencé a llevar lo escrito a la práctica. Pasé a utilizar harina integral y reduje las cantidades de sal y azúcar. Apliqué el punto relativo a beber y masticar correctamente, y obtuve gran beneficio de ello. Por supuesto, "arrastré" conmigo a toda mi familia: hoy en día mis hijos le devuelven al maestro las golosinas que les reparte y no se desesperan cuando ven una bebida gaseosa.

Debo reconocer que mejorar en el tema de la comida también me fortaleció espiritualmente, sanándome la mente, separándome de la ambición que tenía por la comida y que me mantenía ocupado y atareado moralmente. Mi cuerpo se equilibró y toda mi sensación mejoró notablemente.

Por la Providencia Divina, llegó a mis manos el libro *Una vida saludable*. Debo reconocer que desde que lo leí, mi vida cambió enormemente para bien, gracias a Dios. ¡Su recompensa es incalculable! Lo bendigo para que Dios le ayude y continúe prosperando en su labor.

Quiero agradecerle por su obra singular que, literalmente, salva vidas.

Hasta hace medio año atrás, yo sufría de una grave anorexia y no parecía tener probabilidades de curarme de ella. Estuve internada, y mi vida se encontraba en peligro.

Como es sabido, en esa enfermedad se busca bajar de peso y adelgazar a toda costa. Yo buscaba toda clase de medios para adelgazar cada vez más, a pesar de que no era gorda. A través de conocidos y compañeras me enteré de su libro sobre la correcta alimentación, por medio de la cual es posible adelgazar en forma saludable y sin enfermedades. Conseguí el libro, lo leí y comencé a seguir todas sus enseñanzas (influenciando también a mi familia, que comenzó a consumir harina y arroz integral, y a beber agua en los momentos adecuados y en las cantidades correctas).

Gracias a Dios logré salir de la anorexia. Hasta aquel momento no quería comer nada; solamente bebía café instantáneo todo el día. Pero gracias a su libro, donde dice que no es sano beber café y que se debe consumir una variedad de alimentos y cuidar el cuerpo que Dios depositó en nuestras manos, puede salir de todo eso.

Con mucha ayuda Divina pude subir de peso hasta llegar a un peso normal; y hoy logro conservarlo al seguir las indicaciones saludables escritas en su libro. Ya no me siento débil ni sufro de temblores, desmayos, insomnio y los demás síntomas de la enfermedad. Gracias a Dios me estoy recuperando.

¡Lo felicito y le agradezco!

Quiera Dios bendecir su labor y recompensarle con todo lo mejor.

―∞―

Por la presente, quiero expresarle mi agradecimiento por haber sido un buen enviado Divino, en el momento y lugar indicados.

Hace aproximadamente un año y medio me hice unos análisis rutinarios y los resultados indicaron un nivel de azúcar alto y alta presión. Por la hipertensión, el médico me indicó tomar unas pastillas para regular la presión, y por el azúcar, me dijo que visitara a un nutricionista para que me indicara de qué abstenerme. Sin embargo, yo no logré asumir la situación y entré en pánico. Comencé a averiguar sobre métodos naturales para bajar la presión y me enteré de que si uno pierde peso, la presión desciende también. Entonces decidí bajar de peso, pero ¿cómo? Intenté diferentes métodos, pero no lo logré, de modo que decidí hacerlo mediante una intervención quirúrgica...

Fue entonces que me encontré a un conocido, residente de Benei Berak, y noté que había perdido bastante peso. Me acerqué y le pregunté sobre el asunto, a lo cual me respondió que efectivamente había bajado treinta kilos en medio año mediante una "intervención quirúrgica", pero no en el estómago sino en la mente. Le pedí que me explicara a qué se refería, pero él se negó diciendo que no había nada para explicar. Me dijo que si yo deseaba, podía dirigirme a la tienda de libros para comprar un libro llamado *Una vida saludable* del Rabino Asjayek.

Así lo hice, y me sorprendí al ver que en su libro usted cita con destreza *halajot* del *Rambam*, enseñanzas de *Rabenu Yoná*, e indicaciones del *Kitzur Shulján Aruj*, explicando todo maravillosamente, en forma amena y lógica. Literalmente, su libro es "una vida saludable en el camino de la Torá".

Comencé a cumplir cada detalle de lo que usted menciona

allí, sintetizándome dos reglas fundamentales: 1) todo lo que como debe ser conforme a los parámetros de una correcta digestión, y 2) no debo ingerir alimentos perjudiciales. En aproximadamente cuatro meses logré bajar veinte kilos y me siento renovado, más despierto y liviano y, principalmente, mi presión arterial bajó a un nivel normal.

No tengo palabras para agradecerle por el libro que escribió y, especialmente, quiero decirle que comprendo perfectamente cuánto esfuerzo y dedicación invirtió en esta obra...

Lo felicito por su trabajo y espero que todos nuestros hermanos también aprendan a comer y comportarse de acuerdo a la *halajá*, procurando beneplácito ante el Creador. Todo por su mérito. Lo bendigo que pueda seguir enseñando y engrandeciendo la Torá.

Le estoy muy agradecido.

—∞—

Soy un estudiante de *Yeshivá* de 20 años. Durante casi un año sufrí de constipación –un dolor indescriptible– hasta que el Creador hizo llegar a mis manos el libro *Una vida saludable*. Desde entonces comencé a cumplir lo escrito en él. A pesar de que no estaba acostumbrado a esas modalidades, con buena voluntad y mucha *tefilá* –especialmente luego de un año de terribles sufrimientos–, una vez que comencé a cumplir todo lo escrito, el dolor pasó y valió la pena todo el esfuerzo.

Comí harina integral, mastiqué bien la comida, dejé de beber bebidas "cola" y solamente bebí agua (no durante la comida, sino dos horas después de acabarla). Muy importante: caminé o hice gimnasia 10 minutos antes del desayuno. No comí masas ni otros alimentos perjudiciales...

Es por ello que agradezco, en primer lugar, al Creador, por haber hecho que llegara a mis manos este libro, sin el cual no hubiera logrado semejante cambio aun después de haber visitado a toda clase de doctores (y haberme olvidado de Quien está por encima de todos ellos: Dios). También le agradezco a usted, por haberme salvado mediante su libro de todo el sufrimiento que tenía, permitiéndome sentarme a estudiar Torá con tranquilidad, con un cuerpo sano y limpio.

Gracias a su libro también comencé a comprender el verdadero significado de la bendición *Asher Yatzar*. ¡Todo gracias a usted! No tengo cómo retribuirle, sino escribiendo estas líneas.

Y a todos los que sufren como yo sufría: ¡Por favor, no esperen un año, sino comiencen ya a comportarse según el *Shulján Aruj* y este importantísimo libro! Se beneficiarán tanto en este mundo como en el Mundo Venidero.

—∞—

También es importante fortalecerse en la fe, confiando en que todo proviene de Dios, y no entrar en pánico, pues los nervios son la principal causa de la constipación...

—∞—

Tengo 43 años y solía sufrir enormemente de debilidades ocasionales que aparecían y desaparecían, así como de palpitaciones. Cada tanto acudía al médico, mas sin resultado alguno.

Después de leer su libro varias veces, y llevarlo a la práctica, milagrosamente las debilidades desaparecieron casi por completo, excepto en algunos casos excepcionales. Asimismo, las palpitaciones del corazón que tanto me molestaban, cesaron casi completamente.

Por ello quiero agradecerle el gran favor que hizo conmigo, pues realmente me siento renovado. Y le pido, que si tiene más ideas maravillosas, las publique.

Le agradezco y felicito enormemente.

—∞—

Por la presente quiero agradecerle de todo corazón por su importantísima labor de transmitir e inculcar la imperiosidad de vivir una vida saludable de acuerdo a la Torá.

Yo (al igual que muchos otros) no solía prestar demasiada atención a mis hábitos alimenticios; ¡nací prematuro, y en el transcurso de mis más de veinte años de vida llegué a pesar 114 kilos! Hasta que un día el médico me advirtió que si no me cuidaba, mi vida podría estar en peligro.

Gracias a Dios, llegó a mis manos su distinguido libro, el cual me abrió las puertas a un mundo maravilloso. Sin embargo, después de leer el libro desde el principio hasta el final, enseguida me dije a mí mismo: "¡Seguramente es imposible de cumplir! ¿Cómo es posible dejar de consumir azúcar y golosinas? Y, principalmente, ¿cómo se puede dejar de beber durante y después de la comida?".

No obstante, después de reflexionar, decidí que valía la pena intentarlo. Y así, lentamente, pasé a cumplirlo capítulo por capítulo (dentro de lo posible, en el entorno de la *Yeshivá*) ... Y, asombrosamente, ¡funcionó!

Luego de un poco más de un año de esfuerzo constante por seguir lo escrito en su libro (junto a una actividad física a diario), bajé más de 30 kilos. Los cambios que percibí en todos los aspectos de mi vida son imposibles de describir...

De mi experiencia, puedo asegurar que no es algo difícil de cumplir. Solamente es necesario acostumbrarse y perseverar, teniendo en cuenta que el cuidado de la salud también es parte de nuestro Servicio a Dios. Realmente no es algo difícil.

Muchos conocidos, amigos y familiares que notaron el cambio en mí, gracias a Dios también comenzaron a estudiar su libro y comportarse de acuerdo a él. Ellos también atestiguan que sus vidas mejoraron notablemente.

Por siempre agradecido.

—≈—

Shalom, tengo 32 años, no necesito hacer dieta, aunque no soy muy delgado. En los últimos tiempos comencé a experimentar varios fenómenos que me provocaron mucho sufrimiento.

Primero: después de la comida de Shabat por la noche, casi siempre me levanto al día siguiente (Shabat por la mañana) con dolor de cabeza. Me preguntaba: ¿Por qué me pasa eso? ¿Qué había de malo en la comida de ayer, en la noche de Shabat?

Segundo: cuando estaba invitado a fiestas de casamiento y comía allí todos los platos, después no podía conciliar el sueño por muchas horas. (Y eso luego me perjudicaba enormemente en el trabajo.)

Me preguntaba: ¿Qué diferencia hay entre la comida de la noche de Shabat y la de un casamiento, que una no me impedía dormir después y la otra sí?

Y he aquí, en las últimas semanas he conseguido el libro *Una vida saludable* del Rab Asjayek, y al leerlo me sorprendí enormemente de la similitud de lo que escribe allí con mi caso.

Gracias a su libro entendí que la razón por la cual después de la comida de la noche de Shabat no tenía problemas para conciliar el sueño era porque comía en forma relajada, sin apuro, empezando por alimentos más fáciles de digerir, etc. Además, como tenemos hijos pequeños, no ponemos bebida en la mesa (ya que ellos tienden a beber todo el tiempo y entonces después no comen casi nada). Y por último, como la comida es casera, en general es mucho más natural y simple que la que se sirve en los casamientos.

Por otro lado, en las bodas uno come rápido, porque hay que bailar, y los mozos apresuran. También se bebe mucho durante la comida, por el calor y la transpiración de los bailes, etc. ¡Esa era la razón por la cual no podía dormirme por varias horas después de volver de los casamientos!

Después de leer el libro del Rab Asjayek también entendí

que la razón por la cual en la mañana de Shabat me levantaba casi siempre con dolor de cabeza era porque me iba a dormir inmediatamente después de comer, y los "humos" de la comida subían al cerebro, como escribe allí. ¡Y he aquí, en verdad me di cuenta de que en las noches de invierno, donde se come temprano y no nos vamos a dormir rápido después de la *seudá*, no me levantaba por la mañana de Shabat con dolor de cabeza!

Muchas gracias por la carta que me envió el pasado 16 de Adar de 5770, junto a su importantísima obra *Una vida saludable*.

Sin duda, es un gran mérito para usted haber enriquecido al público deseoso de cuidar el cuerpo y el alma, mediante la publicación de esta obra.

Le agradezco por el libro que me envió... Su libro abarca, instruye y estimula a vivir una vida saludable a la luz de las enseñanzas de la Torá.

Sin duda, su labor es considerada una gran *mitzvá*. Sea usted bendecido, como dijeron nuestros Sabios, con muchas *mitzvot* más.

Con mis mejores deseos.

Profesor Jaím Tal
Universidad de Tel Aviv, Facultad de Medicina "Sakler",
Escuela de ortodoncia "Goldshlaguer", Secretaría Directiva.

Estimado Rabino Asjayek,

Shalom...

...Llevo 5 años sin comer sal y comida agria o ácida. Carne y pescado como sólo en Shabat, por la artrosis y la osteopenia que padezco... Además, en una endoscopía salió que tengo una hernia diafragmática que me causa el reflujo que todo el tiempo siento...

Hace 2 años hice un curso de ocho meses de comida sana... basada en gran parte en las indicaciones del *Rambam*. Fue de mucha utilidad para mí, pero no pude poner aquella dieta en práctica porque me falto el enfoque que hoy sé que usted, Rab, expresa en su libro.

Hace 5 meses también se había agravado el tema de la acidez. Comencé a sentir mucho dolor de estomago, no podía dormir bien. Todo lo que comía me causaba dolor de estomago. Tuve que subir la cabecera de mi cama... empecé con remedios para bajar la acidez del estomago, e incluso hice una dieta especial de 8 días, sólo a base de jugos de verdura y fruta. También comencé a tomar un preparado especial para fortalecer el estomago.

Pero después tuve la gran ayuda del Cielo de llegar a su libro. La forma en que usted llegó a mi persona con sólo leer su obra no la tuve en aquel curso que había hecho, ni en otras instancias en forma particular con aquellos que estaban a cargo de dicho curso. A diferencia de ellos, Rab, la flexibilidad y simpleza de su método sí me motivó a llevar a la práctica lo que usted sugiere; todavía no por completo, pero espero algún día hacerlo.

Gracias a Dios, después de leer su libro sigo sus instrucciones. Soy cuidadosa en beber la cantidad necesaria de agua, me cuido con el azúcar, las frituras, las grasas, las harinas blancas, sólo me voy a dormir 2 horas después de comer, mastico bien la comida, hago ejercicios por la mañana, y muchas otras cosas.

Su libro *Una vida saludable*, basado en la Torá y en la guía de los *Jajamim*, es realmente como su nombre en hebreo: *Jaím Briím Kahalajá*, es decir, ¡correcto y apropiado!

Después de 2 meses de poner en práctica sus consejos he bajado de peso; no sé si en kilos, pero sí lo noto en la talla de la ropa. Me siento muy bien, duermo mucho mejor, y especialmente después de la cena de Shabat. Gracias a Dios los dolores de estomago se fueron. Puedo comer una cena como todos en Shabat, quiero decir, con carne o pollo y sin dolores. Puedo comer quesos, que había dejado de comer...

Antes tenía apetito todo el tiempo; hoy ya no tengo esa sensación de hambre permanente. Como poca cantidad, y mastico muy bien. También trato de no hablar al comer...

En resumen: su libro me ayudó a ordenar mi vida, a entender que hoy en día comemos chatarra, y que el daño que eso les provoca a nuestros hijos y nietos es enorme. Entendí que sí tenemos la posibilidad de comer sano, y de cuidarnos y prevenir enfermedades. No es difícil, ¡sólo hay que querer! Sólo hay que decidir culturizarse en el tema.

Que el Todopoderoso continúe dándole a usted salud y sabiduría para que siga ayudando a más y más personas a vivir una vida sana y con Torá.

M.G.

TABLA DE ÍNDICE DE MASA CORPORAL (I.M.C.)

El "Índice de masa corporal" se calcula mediante la siguiente fórmula: **peso (en kg.) / altura² (en m.) = I.M.C.**

Ejemplo de cálculo del I.M.C. de una persona obesa:

$$81 \text{ kg.} / (1,70 \text{ m})^2 = 28$$

Altura	Bajo peso	Saludable				Sobrepeso				Peligro para la salud		
I.M.C.	18	19	23	24	25	26	27	28	29	30	35	40
147	40	41	50	52	54	56	59	61	63	65	76	87
149	41	43	52	54	56	58	60	63	65	67	79	90
152	42	44	54	56	58	60	63	65	67	69	81	93
154	43	45	55	58	60	62	65	67	69	72	84	96
157	45	47	57	59	62	64	67	69	72	74	87	99
160	46	49	49	61	64	66	69	72	74	77	89	102
162	48	50	61	64	66	69	71	74	77	79	92	105
165	49	52	63	65	68	71	74	76	79	82	95	109
167	51	54	64	67	70	73	76	79	81	84	98	112
170	52	56	66	69	72	75	78	81	84	87	101	116
172	54	57	69	72	74	78	80	84	86	89	104	110
175	55	58	70	74	77	80	83	86	89	92	107	123
177	57	60	73	76	79	82	85	89	92	94	110	126
180	59	62	75	78	81	84	88	91	94	98	113	130
182	60	64	77	80	84	87	90	93	97	100	117	133
185	62	65	79	83	86	89	93	96	99	103	120	137

Busca tu estatura en la columna indicada, y encuentra en la misma fila tu peso.

Según la ubicación de tu peso en la tabla verás tu factor de I.M.C. en la segunda fila de la tabla.

Una fila más arriba podrás ver la definición de tu estado de salud en base a la relación entre tu estatura y tu peso.

¡Trata de estar saludable!

Libros Recomendados

El Gran Diseño y Dios ¿Necesita Stephen Hawking y su multiverso a Dios? *Por Matias Libedinsky*

Cuentos para el Alma: Basados en la Torah y el Talmud. *Por Rabino Isaac Sakkal*

Y La Biblia Tenia Razon (Coleccion de la Biblia de Israel). *Por Werner Keller*

La Biblia de Israel: Torah Pentateuco: Hebreo - Español : Libro de Bereshít - Génesis . *Traductor: Uri Trajtmann y Yoram Rovner*

El Poder De La Mente Subconsciente (The Power of the Subconscious Mind). *Por Joseph Murphy*

Como un Hombre Piensa Asi es Su Vida / As a Man Thinketh. *Por James Allen*

El Hombre Mas Rico de Babilonia. *Por George S. Clason*

La Torah: Los 5 Libros de Moises. *Traductor: Uri Trajtmann*

Leyes de los Fundamentos de la Tora. *Por Maimonides*

Disponibles en www.bnpublishing.net

Made in the USA
Middletown, DE
05 February 2017